知竞文库

专利滥诉的法律规制

胡小伟　著

WUHAN UNIVERSITY PRESS
武汉大学出版社

图书在版编目(CIP)数据

专利滥诉的法律规制/胡小伟著.—武汉：武汉大学出版社,2021.11
知竞文库
ISBN 978-7-307-22603-6

Ⅰ.专…　Ⅱ.胡…　Ⅲ.专利权—民事诉讼—司法制度—研究—中国　Ⅳ.D923.42

中国版本图书馆 CIP 数据核字(2021)第 195718 号

责任编辑:张　欣　　责任校对:汪欣怡　　版式设计:韩闻锦

出版发行：**武汉大学出版社**　(430072　武昌　珞珈山)
(电子邮箱：cbs22@ whu.edu.cn　网址：www.wdp. com.cn)
印刷：武汉邮科印务有限公司
开本:720×1000　1/16　印张:16.5　字数:237 千字　插页:1
版次:2021 年 11 月第 1 版　2021 年 11 月第 1 次印刷
ISBN 978-7-307-22603-6　定价:88. 00 元

总　序

日新月异的科学技术进步和商业模式创新，正推动知识经济从网络时代、数字时代迈向智能时代，知识产权已然成为最重要的生产要素和竞争工具，知识产权保护与竞争自由的关系日益深刻而复杂，如何正确处理二者的关系，既是时代性大命题，也是世界性大难题。知识产权作为法定垄断权不能僭越反垄断法的底线，但二者的界限并不清晰；知识产权作为市场竞争的工具不能被用来实施不正当竞争，但正当的标准常常模糊不清。实践中，标准必要专利的正当行使与滥用规制、游戏直播产业链上的法益厘分、数字化作品的保护与传播、商业标识符号资源的独占与共享、数据的控制与流通、算法秘密的保守与公开等这些问题，都蕴含知识产权问题和竞争法问题的复杂纠缠，它们是知识产权法和竞争法必须共同面对的课题，它们要求知识产权法和竞争法既从各自的角度也从交叉的角度，进行深邃研究。《知竞文库》的推出，正是为了呈现这些研究的成果，促进这些研究的持续深化，推动这些研究成果的应用。

近年来，武汉大学法学院在经济法学科和知识产权法学科分别培养竞争法方向和知识产权法方向的博士生，他们的博士学位论文，或者专于一域，深耕知识产权法或竞争法的某一专题，或者彼此勾连，得陇望蜀地致力于二者的贯通，形成了一批有分量的学术成果；同时，武汉大学还成立了专门的知识产权与竞争法研究所，机制化地促进二者的交叉与融合，并以研究所为平台和支点，整合民商法、经济法、环境法、国际法等学科的相关研究力量，进一步拓展和加深知识产权法与竞争法两个领域的研究和它们的交叉研究，对知识产权作为民事权利、作为竞争手段、作为国际贸易规则也作为遗传资源和生物多样性等环境要素的法律调整工具，作出科学普适的理论构建和细致务实的实践回应，其思想成果正待聚集；再者，武汉大学知识产权与竞争法研究所举办了一系列旨在推动研究不断深化的活动，如知竞讲坛、知竞博士论坛、中国知竞论坛等，吸引有志于该两个领域的年轻学者加入研究队伍，他们以新生代的眼量和学术担当带来更多新锐的思想，相关学术成果亦颇值期待。《知竞文库》将首先从这些已经或正在形成的研究成果中挑选佳作。

《知竞文库》的选题范围以知识产权法、竞争法以及二者的交叉研究为主，也将视野延展到与这两个学科相关的学术领域；所选作品性质以学术专著为主，也兼收部分文集、译著、释法、史料乃至应用性质的作品；作者团队以武汉大学竞争法学科和知识产权法学科的师生为主，也竭诚欢迎学术界的国内外同行惠赐佳作；出版周期为不定期出版，成熟一部，出版一部，宁缺毋滥。

《知竞文库》的出版得到了武汉大学法学院、武汉大学出版社和部分关心学术的中介机构的大力支持和慷慨赞助，在此一并表示诚挚谢意。我们的出发点是想借文库的出版为知识产权法与竞争法的学术研究做点微薄贡献，为知识产权保护与自由竞争关系难题的解答作出我们的回应。但由于水平和各种条件的限制，《知竞文库》的不足之处也定不在少数，恳请学界同仁和广大读者不吝赐教，多多批评指正。

是为序。

武汉大学知识产权与竞争法研究所　宁立志

2020 年 2 月 2 日于武汉

目　　录

导　论

第一节　选题背景与研究价值

一、选题背景

伴随新一轮科技革命和产业变革的孕育兴起，知识经济步入如火如荼的发展阶段。专利权在知识经济全球化进程中扮演着日益重要的角色，并成为经济发展的战略性资源和竞争力核心要素。专利权一面连着创新、一面连着市场。作为一种民事权利，专利权是实现激励技术创新和促进经济发展的重要手段；作为一种竞争工具，专利权是企业获取自身优势与提升市场竞争力的重要方式。① 换言之，专利权不仅是法律手段，也是商业竞争工具。② 专利权的竞争工具属性既在于专利权是一种“无形财产权”，通过专利的创造和运用可实现资产增值、提高生产力、获得垄断利润等；也在于专利权是一种“法定垄断权”，市场主体可通过专利权的行使及专利维权等手段，如组建技术联盟、运用诉讼策略等，达到增强市场控制、遏制竞争对手、占领市场的目的。所以，对于市场主体而言，拥有核心竞争力的专利技术，意味着对内可“强基固本”，提升市场优势；对外可“弱肉强食”，确立垄断优势。

① 王先林：《从个体权利、竞争工具到国家战略——关于知识产权的三维视角》，载《上海交通大学学报（哲学社会科学版）》2008 年第 4 期。

② ［日］富田彻男：《市场竞争中的知识产权》，廖正衡等译，商务印书馆 2000 年版，第 13 页。

专利权作为一种竞争工具，生发于专利制度对其所赋予的“天然垄断属性”，强化于竞争法在一定限度内对专利权行使的容忍，异化于专利权在参与市场竞争中所浸染的逐利特性。受“理性经济人”影响，为追求利益的最大化，专利的竞争工具属性被权利人发挥得淋漓尽致。专利不再仅仅以“阳春白雪”的高大上形象示众，“下里巴人”式的斤斤计较、睚眦必报色彩愈加明显。专利权行使过程中既有刀光剑影，又有静水流深，无论是专利权申请过程中的“跑马圈地”“布雷设阵”，还是专利行权过程中的“放水养鱼”“待肥而食”，抑或是专利诉讼过程中的“明争暗斗”“难解难分”，都可以看到权利人将专利权作为一种市场竞争利器，竞争主体磨刀霍霍、袖中挥拳，专利侵权纠纷一触即发。

知识产权的排他效力，以专利权为最强，商标权次之，著作权较弱。凡事皆有度，过犹不及。知识产权并非法律赋予权利人排除他人实施其发明创造的绝对权，而是权利持有者进入法院主张知识产权排他权的“入场券”。① 专利权和司法程序的过度工具化利用，使得“诉讼策略”极易异化为“诉讼滥用”。如专利权人发送专利侵权警告函、提起专利诉讼、申请禁令等这一理应被视为正当的维权或权利救济行为，往往可能掺杂着打击竞争对手、牟取非法利益等不良商业动机。换言之，权利人为掩人耳目，可能以权利救济为名，行不公平、不正当竞争之实，这在专利侵权诉讼相关领域便可窥一斑而知全豹。无论是“三星与苹果”专利纠纷的世纪大战，还是“思科诉华为案”“Uniloc 诉微软案”“中兴诉 Vringo 案”“华为诉 IDC 案”等案例，都可嗅到“专利诉战”中尔虞我诈、争权夺利的硝烟气息。

专利滥诉主要包括“专利蟑螂”、专利恶意诉讼、标准必要专利禁令滥用、专利懈怠行为等类型。与诸如拒绝许可、专利搭售、专利许可中的不争执条款、差异化许可、回馈授权、专利联营以及专利许可中的数量限制、销售区域限制、价格限制等专利的实体性

① 陈武：《权利不确定性与知识产权停止侵害请求权之限制》，载《中外法学》2011 年第 2 期。

滥用行为不同的是，专利滥诉大多表现为程序性权力的滥用，或滥用诉权，或滥用诉讼程序，其手段更加隐蔽、杀伤力更强、危害更加直接。如2011年肇始的苹果公司与三星公司系列专利侵权诉讼案件，诉讼旷日持久、愈演愈烈，双方或以专利权为“矛”，或以专利权为“盾”，意图通过诉讼、禁（售）令等方式干扰对方市场谋划，争夺、占领相关目标市场。又如，一些跨国公司采取“放水养鱼”的专利运营策略，对一些有潜力的行业提前布好“专利圈套”，即使他人侵犯其专利权也怠于行使诉权，待侵权方“误入泥淖”并已完成产业布局后，再突然发难、釜底抽薪。同时，一些非专利实施主体（也称“专利蟑螂”“专利流氓”）已经开始把目光瞄向中国市场，通过精心的专利布局，一旦找准目标，“如鹰隼之击物，不得不休”，专利诉讼俨然成为专利权人的逐利场。此际，出于对他人和社会公共利益的保护，专利侵权诉讼的正当性和合理性尤须仔细考量，对专利滥诉加以合理规制也势所必至。

近年来，无论是国际，还是各国或相关地区都对专利滥诉的法律规制保持了较高的关注，TRIPs协议在相关条款中对诉讼滥用进行了明确规定①；美国通过制定《创新法案》、出台有关行政措施对“专利蟑螂”加以规制。同时，针对标准必要专利禁令滥用行为，通过判例法形式明确了永久禁令颁发的“四要素检验标准”；德国针对权利懈怠行为确定了权利失效原则，同时在标准必要专利禁令诉讼方面，也形成了诸如“橘皮书标准”案、“华为诉中兴”等经典案例，确立了标准必要专利禁令颁发的“反垄断抗辩原则”“协商意愿原则”等。

随着专利滥诉现象在我国的不断蔓延，我国也开始重视对专利滥诉的规制，涉及专利滥诉的规制也逐渐进入了立法者的视野。法律层面，《专利法修改草案（2015年征求意见稿）》在确立禁止

① 如第48条第1项规定：“如果一方当事人所要求的措施已经采取，但该方滥用了知识产权的执法程序，司法当局应有权责令该当事人向误受禁止或限制的另一方当事人对因滥用而造成的损害提供适当赔偿。司法当局还应有权责令原告为被告支付开支，其中包括适当的律师费。”

专利权滥用原则的基础上，对标准必要专利权人的专利信息披露义务、违反披露义务的法律后果及争议解决方式进行了规定。政策层面，国务院《关于新形势下加快知识产权强国建设的若干意见》（2015年）明确指出："完善规制知识产权滥用行为的法律制度，制定相关反垄断执法指南。"最高人民法院发布的《关于充分发挥知识产权审判职能作用推动社会主义文化大发展大繁荣和促进经济自主协调发展若干问题的意见》（2011年）明确规定："……滥发侵权警告或者滥用诉权，构成侵权的，可以视情支持受害人的损害赔偿请求。"《关于进一步推进案件繁简分流优化司法资源配置的若干意见》（2016年）规定："加大对虚假诉讼、恶意诉讼等非诚信诉讼行为的打击力度……"司法解释层面，最高人民法院还通过出台一系列的司法解释、批复①对专利滥诉进行司法规制。部门规章层面，国家标准化管理委员会、国家知识产权局联合制定的《国家标准涉及专利的管理规定（暂行）》对国家标准涉及专利的相关问题做了规范。国务院反垄断委员会起草并发布的《关于滥用知识产权的反垄断指南》（征求意见稿）（2017年）对分析和认定标准必要专利经营者申请禁令救济是否排除、限制竞争所要考虑

① 司法批复如：2002年7月最高人民法院作出的《关于苏州龙宝生物工程实业公司与苏州朗力福保健品有限公司请求确认不侵犯专利权纠纷案的批复》（［2001］民三他字第4号）；2004年6月《关于本田技研工业株式会社与石家庄双环汽车股份有限公司、北京旭阳恒兴经贸有限公司专利纠纷案件指定管辖的通知》（［2004］民三他字第4号）。

司法解释如：最高人民法院《关于审理侵犯专利权纠纷案件应用法律若干问题的解释（二）》（2016年）第24条对权利人违反FRAND原则后又请求停止标准实施行为的主张进行了限制，第26条对专利侵权诉讼中权利人的停止侵害主张的公共利益限制情形进行了规定。《关于审理侵犯专利权纠纷案件应用法律若干问题的解释》（2010年）第18条对基于不当寄发侵权警告函而提起不侵犯专利权诉讼的情形进行了规定。针对持续性专利侵权问题，《关于审理专利纠纷案件适用法律问题的若干规定》（2015）第23条规定，对权利人怠于行使权利时，损害赔偿请求权的限制进行了规定。此外，《关于审查知识产权与竞争纠纷行为保全案件适用法律若干问题的解释》（2015年征求意见稿），对诉前申请知识产权与竞争纠纷行为保全等进行了详细规定。

的因素进行了规定。2018 年，广东省高级人民法院出台了《关于审理标准必要专利纠纷案件的工作指引（试行）》，对本区域内涉及标准必要专利纠纷的案件审理提供了工作指引。《关于强化知识产权保护的意见》（2019）指出："规制非正常专利申请以及恶意诉讼等行为。"2019 年 1 月，国务院反垄断委员会发布了《关于知识产权领域的反垄断指南》，对标准必要专利禁令颁发所需考虑的因素进行了规定①。综合来看，我国在专利滥诉规制方面已取得一定的成效。然而，专利滥诉规制尚未自成体系，或依附于恶意诉讼框架加以规制，或借鉴民法中的权利懈怠理论加以分析，或独辟蹊径对标准必要专利禁令滥用加以规制，或止步于理论探讨层面对非专利实施主体诉讼加以论证，专利滥诉有其内在的理论逻辑和研究范式，进一步完善专利滥诉的法律规制体系已是形势所迫、发展所需、政策所向。

二、研究价值

本研究围绕专利滥诉的法律规制，结合学理研究、国内外相关案例及我国立法实际，对专利滥诉的法律规制提出了系统性的思考，具有一定的理论和实践意义。

（一）理论价值

综合来看，本研究的理论价值主要集中在以下几个方面：(1) 提出专利滥诉概念，并对其概念体系加以构造。当前，学理上对专利诉讼失范行为的表述存在着"恶意诉讼""诉权滥用""虚假诉讼""拖延诉讼""滥用诉讼权利"等不同用语，概念的使用较为混乱，缺乏上位概念的统摄，本研究创新性地提出专利滥诉概念，统合与专利侵权滥诉相关的概念，并对专利滥诉与专利权滥用、权利滥用的关系进行了辨析。(2) 专利滥诉行为的类型化分析。专利滥诉具有多种行为样态，本研究以专利权的存在状态、诉讼目的

① 国家市场监督管理总局反垄断局：《2019 年反垄断规章和指南汇编》，中国工商出版社 2020 年版，第 42 页。

为标准，通过“瑕疵专利权+诉权滥用”“受侵专利权+禁令救济”“合法专利权+诉讼时效”“运营专利权+投机诉讼”等不同组合，对专利滥诉进行类型化归纳，将专利滥诉划分为“专利蟑螂”、专利恶意诉讼、标准必要专利禁令滥用、专利懈怠行为等基本行为类型。并在此基础上，以是否具有诉的利益为标准，将专利滥诉细分为“非善意有理由之诉”和“非善意的无理由之诉”，并明确不同滥诉行为的违法性质，为专利滥诉的一体化法律规制提供理论上的支撑。(3) 当前学理上对专利滥诉法律规制的研究呈现出零散化、碎片化、片段化特征，缺乏系统性、全面性的研究，缺少可资借鉴的理论范式。本研究在对专利滥诉进行类型化归纳的基础上，综合竞争法、专利法、诉讼法、侵权责任法等学科领域理论，从规制的必要性、规制范围、规制方法等层面对专利滥诉法律规制的基本理论问题进行系统阐释，以期形成逻辑自洽的专利滥诉法律规制理论框架体系。

(二) 实践价值

当前，《民法典》《民事诉讼法》《专利法》《反垄断法》《反不正当竞争法》《标准化法》及相关司法解释，虽对专利滥诉的法律规制提供了一定的法律依据，但总体来看，对专利滥诉的规制缺少专门性规定。司法或行政执法实践中，在涉及专利滥诉案件的法律适用方面，或援引民法体系中的诚实信用原则；或套用民事诉讼法中规制诉权滥用的相关制度；或将专利滥诉行为匹配于竞争法(反垄断法、反不正当竞争法) 中所确定的垄断行为或不正当竞争行为之中。然而，面对层出不穷的专利滥诉行为，“诚实信用原则”的抽象性、民事诉讼法相关规定的总括性、竞争法过于笼统性的规定，使的在规制专利滥诉过程中存在着法律适用较为困难等困境。鉴于专利滥诉的法律规制涵盖“专利蟑螂”滥诉行为、专利恶意诉讼、标准必要专利禁令滥用、专利懈怠行为等不同行为样态，且涉及竞争法、专利法、诉讼法、侵权责任法等不同部门法，本书按照“标本兼治、多元共治”的规制思路，通过构建涵盖立法规制、行政规制、司法规制在内的综合规制体系，确保“规制对象分门别类、规制方式梯次递进、法律责任轻重有别、救济手段多元互补”，实现专利滥诉的“普遍性规制与个别性规制相统一、积极性性规制与消极性规制相统一、实体性规制与程序性规制相统一”的规制体系。

第二节　国内外研究综述

专利权作为一种诉讼中动产，一种市场竞争工具，以专利为基础，以诉讼为工具，开展形态各异的专利诉讼，在实践中并非特例。当前学理上对专利滥诉的法律规制进行了一定的研究，但缺乏对专利滥诉系统的研究。目前学理上对专利滥诉的研究散见于专利恶意诉讼、专利侵权滥诉、专利海盗、NPE 诉讼、标准必要专利诉讼①等方面，鲜有专利滥诉规制的体系化研究，面对纷繁复杂的专利滥诉形态，理论研究缺少逻辑主线且呈现不均衡分布状态。

一、专利滥诉的概念研究

第一，在专利滥诉的概念界定上，权利滥用可分为实体意义上的滥用和程序意义上的滥用。随着禁止权利滥用原则的适用范围逐渐延伸至程序性权利滥用领域，对程序性滥用的规制逐渐引起了人

① 相关研究参见彭丁带、谭文超：《“专利海盗”的危害及其法律应对》，载《江西社会科学》2017 年第 5 期；王旭玲：《对“专利蟑螂”滥诉行为法律规制的正当性分析》，载《兰州大学学报（社会科学版）》2015 年第 5 期；生俊等：《“专利围剿”定义厘析与应对措施》，载《中国发明与专利》2015 年第 6 期；于凯旋：《浅析专利海盗的分类与特征》，载《电子知识产权》2013 年第 8 期；谢绍静：《程序视野下标准专利权滥用的法律规制》，载《中国标准化》2013 年第 4 期；王活涛、郑友德：《专利恶意诉讼及其法律应对》，载《知识产权》2009 年第 5 期；陶鑫良：《案例与问题探讨：专利侵权滥诉之反赔责任》，载《中国专利与商标》2008 年第 2 期；张晓都：《知识产权诉讼时效制度的完善及相应懈怠制度的设立》，载《现代法学》2003 年第 4 期；刘萍：《专利侵权诉讼中的权利滥用》，载《天津大学学报（社会科学版）》2009 年第 5 期；张冬、刘妍：《专利保护期滥用解析——以跨国公司在中国专利战问题为视角》，载《学术交流》2009 年第 5 期。

们的重视。程序意义的介入并非偶然的因素，而是通过滥用权利这一介质而体现出来（Josserand，1927）①。也即，权利滥用理论的适用领域并不只局限于实体权利。诉讼法意义上的权利滥用可比照权利滥用在民法学理上的各种学说加以分析。② 所以，专利滥诉当属程序性权利滥用范畴。在程序法意义上，"滥用"概念通常被界定得极为模糊：包括"绝对不公的程序""违背诚信""恶意""欺诈性行为""延诉策略"等诸多违反正当程序、公正司法和诚信条款的行为（米歇尔·塔鲁佛，2007）。③ "滥诉"概念主要指行为人不当利用司法制度，造成司法资源的浪费、程序堵塞及诉讼进程拖延等一系列行为（王艳，2014）。④ 具体到知识产权领域而言，知识产权滥诉主要指知识产权诉讼当事人（原告）明知其不享有诉权，但仍提起诉讼或虽享有诉权，但抱着侵犯他人或社会公共利益之诉讼动机，恶意行使知识产权诉讼中的具体诉讼权利，以实现不法诉讼利益的行为（张晓薇，2007）。⑤ 换言之，该种观点知识产权滥诉划分为滥用诉权和滥用诉讼权利两种，一种是权利人不具有诉权或缺乏诉的利益而提起诉讼，一种是权利人虽具有诉权，诉讼本身具有合法性，但由于权利人滥用具体的诉讼权利（如滥用诉前停止侵权），而构成滥诉。第二，关于诉讼程序的启动与专利滥诉的关系，在现实中，可能存在着专利权人仅仅以侵权诉讼相威胁，而实际上并未提起诉讼，即进行所谓的知识产权要挟

① Josserand：De lpespit des droits et de leur relativite，by Pairs（1927），passim. 转引自张晓薇：《滥用诉讼权利之比较研究》，载《比较法研究》2004年第4期。

② 沈达明：《比较民事诉讼法初论》，中国法制出版社2002年版，第249页。

③ ［意］米歇尔·塔鲁佛，刘敏、陈爱武译，《诉讼权利的滥用：程序正义的比较标准》，载《金陵法律评论（2007年春季卷）》，法律出版社2007年版，第142页。

④ 王艳：《法国民事滥诉的规制——以法国司法判例为考察对象》，载《法律适用》2014年第12期。

⑤ 张晓薇：《知识产权滥诉的界定与规制》，载《电子知识产权》2007年第4期。

策略。在英国，并不认可知识产权要挟策略的合法性，其将“以侵权相威胁”的行为纳入规制范围，而对那些已经实际提起的诉讼并不会受到专利法的约束（张伟君、单晓光，2009），① 而可能受到专利法之外的部门法调整。也有学者认为，通观“专利蟑螂”的营利模式，诉讼虽是最为关键的一环，但由于获得有利的谈判筹码才是其主要目的，故专利蟑螂以专利侵权诉讼相威胁在现实中较为常见。② 事实上，在专利许可双方相差悬殊的情形下，“以侵权相威胁”往往会取得“不战而屈人之兵”的效果。从语义上来讲，滥诉主要指“滥用诉权”，以侵权相威胁的行为虽与专利滥诉具有较为紧密的联系，但由于其尚未进入诉讼程序，并不属于严格意义上的专利滥诉范畴，但滥诉前的行为对考量专利滥诉行为具有重要的参考意义。第三，在专利滥诉与专利权滥用的关系上，有学者认为，专利权人滥用程序上的诉权并非专利权滥用本身问题，因此专利诉权滥用很难纳入专利权滥用范围（董美根，2012）。③ 但也有学者认为“知识产权滥用”包含着“权利”滥用、“制度”滥用、“诉讼”滥用等三个层面（王岩云等，2009），④ 知识产权滥用行为主要是权利人利用权利的绝对性、权利的相对性以及程序性权利等进行滥用（易继明，2013），⑤ 也即程序性滥用行为属于专利权滥用的重要组成部分。类似的观点还如，专利权滥用可分为专利权实体上的滥用行为和程序上的滥用行为（刘淑华，2008）。⑥ 也有

---

① 张伟君、单晓光：《规制知识产权权利人滥用诉权法律制度比较研究》，载《重庆工学院学报（社会科学版）》2009 年第 2 期。

② 周逸：《中国语境下专利蟑螂之诉讼契机及其防范》，载《太原大学学报》2015 年第 3 期。

③ 董美根：《专利许可合同的构造：举例、规则及中国的展望》，上海人民出版社 2012 年版，第 157 页。

④ 王岩云等：《知识产权的法哲学思考》，载《学术交流》2009 年第 5 期。

⑤ 易继明：《禁止权利滥用原则在知识产权领域中的适用》，载《中国法学》2013 年第 4 期。

⑥ 刘淑华：《知识产权滥用的法理之维》，参见冯晓青：《全球化与知识产权保护》，中国政法大学出版社 2008 年版，第 193~196 页。

学者将知识产权滥用概念界定为“故意超越权利界限行使知识产权，违反知识产权设立目的，或不正当行使知识产权，严重排除、限制竞争，损害他人或公共利益的行为”（张以标，2019）①，以期将知识产权领域的垄断行为纳入其中。也有学者认为，虽然在特定的语境下我们可以将专利滥诉视为专利权滥用的一种类型，但二者并不是简单的包含与被包含的关系，二者是既相互联系又有区别的两个范畴，在外延上存在相互交叉重叠（张江娜，2015）。② 对此，依据学理上的研究，在广义上，专利的程序性滥用可以作为专利权滥用的一种具体类型，但在狭义上，专利的程序性滥用与专利权滥用具有异质性，有加以区分的必要。

二、专利滥诉的类型化研究

学理上相关研究较少直接使用专利滥诉概念，多使用“专利的程序性滥用”“专利诉权滥用”等与专利滥诉相类似的概念。如有学者认为专利权程序性滥用主要包括滥发专利侵权警告函、滥用专利权的执法程序、滥用专利权诉权等（刘淑华，2008）。③ 有学者将专利的恶意诉讼、滥发侵权警告函、诉讼打压、专利懈怠等统一归纳于专利诉权滥用类型中（董浩洁、罗宝华，2007）。④ 总体来看，专利滥诉的行为样态主要包括“专利蟑螂”、专利恶意诉讼、标准必要专利禁令滥用、专利懈怠行为。对专利恶意诉讼而言，有学者认为，专利恶意诉讼并不仅仅指利用“问题专利”来提起诉讼的行为，还包括为了不正当利益将自己合法的专利提起的

① 张以标：《知识产权滥用概念的反思与重构》，载《科技与法律》2019 年第 2 期。

② 张江娜：《论专利诉讼滥用》，北京邮电大学 2015 年硕士学位论文。

③ 刘淑华：《知识产权滥用的法理之维》，参见冯晓青：《全球化与知识产权保护》，中国政法大学出版社 2008 年版，第 193～196 页。

④ 董浩洁、罗宝华：《企业如何应对专利权领域中的诉权滥用》，载《商场现代化》2007 年第 27 期。

诉讼行为（王活涛、郑友德，2009）。① 值得注意的是，由于我国法院并不能对专利的有效性进行司法确权，故某一专利是否为“问题专利”，往往需要依赖于专利无效宣告程序、专利无效诉讼等来对专利的有效性进行审查。对标准必要专利禁令滥用而言，基于标准必要专利而引发的诉讼主要围绕“FRAND（公平、合理、无歧视）许可、标准必要专利的禁令救济”两个问题（史少华，2014）。② 有学者认为，在专利权人与（潜在）侵权者的博弈中，以获取禁令相威胁极大提高了专利权人的谈判能力，造成专利许可费的水平不合理提高（Lemley Mark，Shapiro Carl，2007）。③ 对于专利懈怠行为而言，主要指专利权人在相当期间内怠于行使权利，导致专利实施人误认为自己的行为没有侵权或者已经得到专利权人的默许，并基于该种信赖而扩大投资和生产经营规模，此时，专利权人提起专利侵权诉讼，要求损害赔偿和停止侵权，从而给被控侵权人带来巨大经济损失（李建华、王国柱，2013）。④ 从诉讼动机来看，专利懈怠行为旨在获得高额侵害赔偿而采取的消极不作为。对于“专利蟑螂”而言，存在与 NPEs、PAEs 等相近似概念。NPEs（Non-Practicing Entities，也称“非专利实施实体”）是指通过收购等方式而获得相关专利，但其自身又不具体实施专利、不进行生产制造的实体组织；PAEs（Patent Assertion Entities，也称“专利主张实体”）指那些通过各种方式聚集大量专利、专门起诉他人侵权的实体组织，以此与 NPEs 区别开来（杨晓丽，2014）。⑤

① 王活涛、郑友德：《专利恶意诉讼及其法律应对》，载《知识产权》2009 年第 5 期。

② 史少华：《标准必要专利诉讼引发的思考——FRAND 原则与禁令》，载《电子知识产权》2014 年第 1 期。

③ MA Lemley，C Shapiro. Patent Holdup and Royalty Stacking，Social Science Electronic Publishing，2007，85（7）：1991-2049.

④ 李建华、王国柱：《论专利权默示许可的认定》，载《河南社会科学》2013 年第 12 期。

⑤ 杨晓丽：《PAEs 专利诉讼态势分析 专利商业运营模式观察与思考系列 1》，载《电子知识产权》2014 年第 6 期。

NPEs 主要指虽拥有专利但自己却不实施该专利技术的实体公司，人们将这些通过向目标公司寻求过高专利许可费的非专利实施主体，又称之为“专利蟑螂”（patent trolls）（J. Lu，2012）。① 有学者认为应以 PAE 概念代替 NPE 和“专利蟑螂”等概念，从而将大学、独立发明人等专利权拥有主体排除在外（Christian Helmers，Luke McDonagh，2012）。② 可见，“专利蟑螂”与 NPEs、PAEs 虽具有一定的区别，但在具体使用时并未对这三种概念作严格意义上的区分，只是在特定的情形下，NPEs 是中性词汇，NPEs 概念的外延要大于 PAEs，“专利蟑螂”、专利流氓等概念则带有贬低之义。

三、专利滥诉的法律规制路径

专利滥诉的类型主要包括专利恶意诉讼、“专利蟑螂”滥诉行为、专利懈怠行为、标准必要专利禁令等方面，由于可能构成侵权行为、不正当竞争行为、垄断行为、权利滥用等，学理上对专利滥诉规制路径的探讨主要集中于竞争法、专利法、诉讼法、侵权责任法等领域。

（一）竞争法层面

在反垄断法层面，学理上对专利滥诉的反垄断规制进行了一定研究，其中对标准必要专利禁令滥用、“专利蟑螂”滥诉行为的反垄断规制探讨甚多。有学者认为，发达国家和地区较为注重知识产权领域滥用诉权的竞争法救济，可借鉴发达国家的做法，对滥用诉权而违反《反垄断法》的认定标准加以规定（张伟君、单晓光，2009）。③ 有学者认为，应参照他国立法经验，将专利恶意诉讼纳

① Jiaqing “Jack” Lu. The Myths and Facts of Patent Troll and Excessive Payment: Have Nonpracticing Entities (NPEs) Been Overcompensated? Business Economics, 2012 (47): 234.

② Christian Helmers, Luke McDonagh: Trolls at the High Court? LSE Law, Society and Economy Working Papers, 2012 (13): 1-33.

③ 张伟君、单晓光：《规制知识产权权利人滥用诉权法律制度比较研究》，载《重庆工学院学报（社会科学版）》2009 年第 2 期。

入滥用市场支配地位的垄断行为类型之中（聂鑫，2015）。① 对于“专利蟑螂”滥诉行为，要严格控制专利被纳入标准的条件，运用反垄断法限制专利权人通过并购等手段演化为“专利蟑螂”以及综合运用反垄断法等各种法律手段，严厉制裁“专利蟑螂”的各种排除、限制竞争行为（文希凯，2014）。② 有学者认为，竞争法对于滥用专利诉讼的行为应有所作为，譬如美国针对专利诉讼失范行为的规制就形成了三种反垄断理论，“专利欺诈理论”即以欺诈方式获得专利并引发专利侵权诉讼；“不守信用理论”即专利虽非通过欺诈或者不公平行为获得，但专利权人起诉之后明知其专利无效仍然起诉；“总体计划理论”即专利虽通过合法手段取得且在诉讼时仍处于有效期内，但如果专利侵权诉讼的目的并不是进行专利维权而在于消灭竞争者这个整体计划中的一部分等情形。这三种情形下，专利权人需要承担反垄断责任（仲春，2012）。③

在反不正当竞争法层面，鉴于不当寄发专利侵权警告函与专利滥诉有着较为紧密的联系，学理上对不当寄发专利侵权警告函所引起不正当竞争行为也进行了一定的讨论。如在美国，当专利权人以专利侵权为由，意图以提起相关诉讼相威胁，对方可寻求联邦反托拉斯法或者联邦或州的反不正当竞争法的救济（Donald S，2005）。④ 在不当寄发专利侵权警告函的规制上，有学者建议我国在今后修订《反不正当竞争法》时，应在“不正当竞争行为”一章中增加一条，将不当寄发专利侵权警告函的行为规定为不正当竞争行为（宁立志、宋攀峰，2014）。⑤ 也有人认为，对于不当寄发

① 聂鑫：《专利恶意诉讼的认定及其法律规制》，载《知识产权》2015年第5期。

② 文希凯：《“专利蟑螂”的反垄断法规制》，载《知识产权》2014年第6期。

③ 仲春：《互联网领域专利诉讼的滥用与规制——从反垄断与专利制度的视角》，载《电子知识产权》2012年第9期。

④ Donald S. Chisum. Chisum on Patent，2005.

⑤ 宁立志、宋攀峰：《专利侵权警告函的法律规制》，载《经济法论丛》2014年第1期。

专利侵权警告函的行为可通过不侵权确认之诉和反不正当竞争法来予以规制（邢志，2011）。① 合理运用专利侵权警告函，可促进专利许可双方或专利权人与专利实施人之间的沟通与谈判，故对不当寄发专利侵权警告函加以适当规制，可在一定程度上防止专利滥诉的发生。

（二）诉讼法层面

诉权的行使如果只是为了维护个人所拥有的特权，那么法的规定就不能全面得到实施（冯·耶林，1999）。② 诉权的自由性主要指，在诉权正当行使时，即使原告败诉而给对方造成了损失，也不会承担因诉权行使中的过失行为而产生相应的法律责任。③ 相关学者除了对诉讼主体、诉讼程序、诉讼条件、禁令制度进行完善外，也有相当一部分学者对“确认不侵权之诉”进行了研究。有学者从“严格限定起诉主体资格、明确专利侵权的细节、完善恶意诉讼救济机制、完善诉讼禁令制度”等方面对“专利蟑螂”的程序性规制进行了分析（周逸，2015）。④ 行为人滥用诉权不仅不能从行使权利的行为中获得程序上的利益，反而应当招致程序上的不利益乃至法律责任的承担（刘静、沈磊，2011）。⑤ 总体来看，诉讼法层面对专利滥诉的规制，学理上除了对现有的诉讼程序的完善加以探讨外，还对保障专利滥诉受害人损害赔偿请求权，规范法院自由裁量权的行使等方面也进行了一定探讨。

① 邢志：《雏议专利侵权警告函》，载2011年中华全国专利代理人协会年会暨第二届知识产权论坛论文集，第938~944页。

② ［德］鲁道夫·冯·耶林：《为权利而斗争》，胡宝海译，载梁慧星：《民商法论丛》第2卷，法律出版社1994年版，第12~59页。

③ Cass. Soc. 7 jany，1995，Gaz. Pal. 1995（1）：182. 转引自张卫平：《法国民事诉讼中的诉权制度及其理论》，载《法学评论》1997年第4期。

④ 周逸：《专利蟑螂程序性规制的美国样本与中国路径》，载《广西政法管理干部学院学报》2015年第5期。

⑤ 刘静、沈磊：《规制民事诉权滥用的程序法视角》，载《湖南大学学报（社会科学版）》2011年第3期。

（三）侵权责任法层面

在侵权责任法层面，学者主要集中在反赔责任的探讨上。有学者认为，“恶意申请后又恶意诉讼，比只是恶意诉讼的专利侵权滥诉行为更为恶劣，应承担相应的反赔责任”（陶鑫良，2010）。① 实务中可采取两种操作模式来实现损害赔偿救济：一是受害方可在恶意诉讼者所提起的诉讼案件中提出反诉，法官将两诉合并审理；另一种是受害方在恶意诉讼行为人提起的诉讼终结后另行提起一个单独的诉（李浩成，2012）。② 可见，侵权责任法对专利滥诉的规制主要集中于专利恶意诉讼方面，尤其是因专利恶意诉讼而给他人造成损害后，受害人可要求专利权人承担相应的反赔责任。

（四）专利法层面

在专利法层面，学者的研究主要集中在专利授权、实质审查等制度的完善上。“专利权的保护是整个专利制度的核心”（尹新天，2005）③，故在专利法框架下涉及规制专利权程序性滥用的相关规定较少。有学者认为，专利法主要是一部实体法，让其明确规定恶意诉讼的起诉条件、恶意诉讼的构成，有僭越法域之嫌。④ 专利法中既含有实体法的内容，又有程序法的内容。纵观其他国家，如美国通过《创新法案》的修改，美国《专利法》对专利滥用行为的规制，已经从对实体权利滥用的单一规制，转入了对实体权利滥用和程序权利滥用的双重规制，从而将传统的因恶意诉讼导致损害赔

---

① 陶鑫良：《专利侵权滥诉之反赔责任的案例与问题讨论》，载冯晓青：《知识产权权利正当行使（权利限制）——专题判解与学理研究》，中国大百科全书出版社 2010 年版，第 179 页。

② 李浩成：《知识产权恶意诉讼的防控机制研究》，载《烟台大学学报（哲学社会科学版）》2012 年第 3 期。

③ 尹新天：《专利权的保护》，知识产权出版社 2005 年版，第 23 页。

④ 李晓秋：《未决之命题：规制专利恶意诉讼的“路”与“困”》，载《学术论坛》2010 年第 2 期。

偿的侵权诉讼与专利纠纷进行“并案诉讼”（易继明，2014）。①英国现行专利法规定了以提起专利侵权诉讼威胁他人，受威胁的人可以提起诉讼，并要求赔偿因此而遭受的损害（张伟群，2008）。②有学者认为，在今后专利法的修改中，“如果权利人的行为明显违反诚实信用原则、产生显失公平的后果且侵权人无过错的，侵权人可以不承担停止侵害的责任，但应该支付合理的许可使用费”（梁志文，2008）。③可见，专利法在规制专利滥诉方面也大有可为。

四、评析

从国内外现有研究来看，学理上对专利滥诉的规制保持了应有的关注，相关研究进一步丰富和发展了专利滥诉的法律规制理论。然而，也应该看到，学理上对专利滥诉的研究，偏重“专利蟑螂”滥诉行为、专利恶意诉讼、标准必要专利禁令滥用、专利懈怠行为等专利滥诉某一类型的规制，且在论证某一专利滥诉类型的规制路径时，存在论及一处而不及其余的弊端，或侧重于竞争法的规制，或拘泥于诉讼法的规制，或兼顾于民法、专利法等规制，对专利滥诉行为缺乏系统全面的研究。专利滥诉纵然具有不同的滥用形态，且每种专利滥诉类型可能牵涉诸多部门法的调整，但从专利滥诉的本质上来看，其都是以拥有专利权（是否为问题专利在所不问）为逻辑起点，以诉权滥用为逻辑工具，以获得不当利益为逻辑归宿，在行为特征上具有同质性。唯有从整体上把握专利滥诉的生成机理及规制困境，方能形成完备、高效、严密、有力的专利滥诉法律规制体系。

---

① 易继明：《美国创新法案评析》，载《环球法律评论》2014年第4期。

② 张伟群：《规制知识产权滥用法律制度研究》，知识产权出版社2008年版，第54~55页。

③ 梁志文：《反思知识产权请求权理论——知识产权要挟策略与知识产权请求权的限制》，载《清华法学》2008年第4期。

第三节　研究目的、研究方法

一、研究目的

专利滥诉主要指专利权人主观上存在过错，在缺乏诉的利益或虽具有诉的利益但违背法律基本精神而提起专利侵权诉讼，进行不公平、不正当竞争，进而谋取不当利益的行为。当前学理上并没有形成系统的专利滥诉法律规制研究范式，学者大多就专利恶意诉讼、“专利蟑螂”滥诉行为、标准必要专利禁令滥用、专利懈怠等专利滥诉的某一类型分别予以研究，尚未形成相对成熟的研究范式。与此同时，专利滥诉的规制还是一个复杂的法律实践问题，涉及公权干预与私权保护的平衡，司法权、行政权、立法权的协调问题，如何对专利滥诉规制相关的法律问题进行统一的制度安排和设计，值得进一步研究、论证。据此，本书将重点研究、解决以下几个方面的问题。

（1）为专利滥诉的法律规制提供理论支撑。目前对专利滥诉法律规制的研究并没有自成体系，相关研究呈现出零散化、碎片化、片段化特征。为此，一方面需要将不同的专利诉讼失范行为进行概念上的整合，将其涵摄于专利滥诉概念之中，并在基础上进行专利滥诉的类型化分析，明确专利滥诉的违法性质，确定法律规制的对象和范围。另一方面，急需从理论高度，对专利滥诉的规制目的、规制价值、规制对象、规制方法等进行系统构建，为专利滥诉的一体化规制提供理论支撑。

（2）完善专利滥诉法律规制体系。通过借鉴相关国家或地区在规制专利滥诉方面的经验及做法，并结合我国在专利滥诉规制中所面临的制度困境，构建集立法规制、行政规制、司法规制于一体的专利滥诉法律规制体系。首先对专利滥诉的规制的立法理念、立法形式、立法内容等进行整体设计，明确专利滥诉的立法规制重点，完善专利滥诉的立法规制体系，为专利滥诉的行政规制、司法规制提供法律依循；其次，从规制工具的优化、规制工具的组合运用等方面，对专利滥诉的行政规制进行系统的论证，充分发挥行政手段在规制专利滥诉方面所具有的强力性、速效性等优势。最后，通过赋予被控侵权人以抗辩权、保障受害方请求权以及规范法院自由裁量权的行使等角度，畅通救济渠道、保证公正裁判，进而对专利滥诉进行有效的司法规制。综合来看，通过构建立法规制、行政规制、司法规制综合的规制体系，有利于实现专利滥诉规制的普遍性规制与个别性规制相统一、积极性性规制与消极性规制相统一、实体性规制与程序性规制相统一，进而形成“规制对象分门别类、规制方式梯次递进、法律责任轻重有别、救济手段多元互补”专利滥诉法律规制体系。

二、研究方法

本研究将综合运用文献分析、比较研究，规范分析和实证调查等方法进行研究。

（一）文献分析法

通过搜集、鉴别、归纳、整理涉及专利滥诉规制的国内外相关主题文献，明晰研究脉络，全面、正确地了解和把握专利滥诉规制研究的学术态势、趋势，寻找理论交锋点，把握专利滥诉法律规制的研究范式。

（二）比较研究法

有比较才能鉴别，有鉴别才能发展。通过比较国内外及相关地区涉及专利滥诉规制的相关制度、判例（案例）、规定等，论证分析其规制路径、规制方法、规制模式等在我国适用的可行性，为我国专利滥诉的本土化规制提供借鉴。

（三）历史分析法

以专利滥诉的法律规制为线索，了解在专利滥诉规制的发展演变历程，弄清其实质，揭示其发展趋势，把握我国在专利滥诉规制所处于的历史方位，为我国进行专利滥诉规制提供有益启示。

（四）实证研究法

针对具体的专利滥诉案例，既对规制专利滥诉过程中所存在的难题、困境加以剖析，又对一些案例或判例的成功经验加以分析，从而佐证、支撑研究观点。同时，努力寻找反映理论原理的案例，验证相关理论所存在的优势和缺陷。通过实地调研、政策咨询和参加学术会议对已有的研究成果进行比较分析和归纳总结，把握专利滥诉法律规制现状，在此基础上提出理论假设并检验理论假设。

第一章　专利滥诉的概念界定及生成机理

当前，学界贤达对不同专利诉讼失范行为的研究皆有涉猎，但鲜有系统化、体系化的研究。“行远必自迩”，本章欲从专利滥诉的基本理论问题入手，对专利滥诉的概念界定、专利侵权救济方式的解构、专利滥诉的具体类型、专利滥诉的利益动因和制度成因等予以分析，为专利滥诉的法律规制体系的构建做好理论准备。

第一节　专利滥诉概念的逻辑展开

概念乃是解决法律问题所必需及必不可少的工具。① 专利滥诉并非严格意义上的法学术语，现实中偶有用之。本书欲以专利滥诉来统摄专利诉讼中形态各异的滥用行为。然，法学用语颇为讲究规范、严谨、精确等。是故，在引入专利滥诉概念之前，有必要对专利滥诉概念予以释义和界定，进而形成逻辑自洽的专利滥诉概念体系。

一、专利滥诉的内涵界定

从字义上来看，“滥诉”一词是简略词。为此，在界定专利滥诉之前，有必要在民事诉讼法语境下对“滥”和“诉”作一番考察。对于“滥”的概念，在诉讼法领域，“滥用”概念通常被界定得极为模糊：包括绝对不公的程序、违背诚信、恶意、欺诈性行

① ［美］E. 博登海默：《法理学：法哲学与法律方法》，邓正来译，中国政法大学出版社1999年版，第486页。

为、延诉策略、不适当的目的等诸多违反正当程序、公正司法和诚信条款的行为。① 对于“诉”的概念，可从“诉”“诉权”“诉讼权利”等几个层面展开讨论。就“诉”概念本身而言，学理上并无统一表述，流派纷呈，存在着将“诉”看做一种请求、一种手段、一种声明、一种程序、一种行为或活动、一种法律关系、一个诉讼案件等诸多不同认识。② 总体来看，“诉”兼具实体法和程序法双重特征。原告通过起诉以启动诉讼程序、请求法院行使审判权，乃“诉”的程序性内涵；原告请求法院保护或审判的具体范围，乃“诉”的实体性内涵。“诉”所包含的程序内涵和实体内涵自然就构成“诉权”的内涵。③ 尽管“诉权”理论与“诉”的理论相对独立，但“诉权”与“诉”的联系非常紧密，二者都是诉讼法学领域的基本范畴。一般认为，诉权是“诉”存在的基础，正所谓“无诉权便无诉”。在民事诉讼法领域，诉权主要指当事人将民事纠纷诉诸法院，请求法院予以裁判的权利。在民事诉讼法学界，诉权理论素有“哥德巴赫猜想”之称，颇为复杂，存在着私法诉权说、公法诉权说、诉权否定说、二元诉权说④、一元诉权说等诸多流派。在诉权不同理论学说下，对诉权与诉讼权利的关系界定也不尽相同。尽管也有学者认为诉权“既非实体权利，也非诉讼权利”,⑤ 但这并不影响“诉权二元说”在我国民事诉讼研究领域的通说地位。在诉权二元说下，程序意义上的诉权主要指起诉

① ［意］米歇尔·塔鲁佛：《诉讼权利的滥用：程序正义的比较标准》，刘敏、陈爱武译，载《金陵法律评论（2007 年春季卷）》，法律出版社 2007 年版，第 142 页。

② 王强义：《诉的概念、结构和分类的比较》，载《比较法研究》1989 年第 Z1 期。

③ 邵明：《滥用民事诉权及其规制》，载《政法论坛》2011 年第 6 期。

④ 19 世纪后半叶，以萨维尼和温莎伊德为代表的历史法学派通过对罗马法“诉”的概念和罗马法“诉”的理论的解读，分离出实体法上的请求权概念和程序法上的诉权概念。巢志雄：《罗马法“诉”的理论及其现代发展》，西南政法大学 2011 年博士学位论文，第 176 页。

⑤ 谭兵：《民事诉讼法学》，法律出版社 2008 年版，第 58 页。

权、反诉权、答辩权、上诉权等，实体意义上的诉权则主要指胜诉权及申请强制执行权等。在诉、诉权之外，“诉讼权利”则是诉权的派生性权利，是诉权在不同诉讼阶段或环节的表现形式，如辩论权、申请回避权、质证权、申请财产保全和先予执行等权利。以此来看，“诉讼权利”与“诉权”是两个不同的概念，不能将任何一种诉讼权利等同于诉权，诉权的行使也并不完全表现为诉讼权利。① 诉权的内容主要包括起诉权、上诉权、反诉权、申请再审权等，而诉讼权利则指当事人在诉讼过程中的所拥有的具体程序性权利。② 在法律渊源上，实体法和程序法分别确定诉权的实质和形式，如对专利诉权而言，除了民事诉讼法对其有所规定以外，民法、专利法也对专利诉权进行了规定，而诉讼权利则主要在程序法中予以确定。

对“滥用”“诉”“诉权”“诉讼权利”等概念进行明确后，并不会自然得出“滥诉”的概念，还应结合具体的语境对专利滥诉的概念进行具体的把握。目前学理上对“滥诉”一词的用法并不多③，现实中，“专利滥诉”字眼时而见诸报端，但多在媒体报道国内企业遭遇海外专利侵权时加以使用。④ 滥诉究竟是指“滥用诉讼权利”“滥用诉权”，抑或指“滥用诉讼程序”等，尚无定论。在法国，一般将诉权与诉讼权利混同使用，且多将“滥诉”称之为“诉权滥用”“滥行起诉”“滥用程序权利”等，其“滥诉”概

① 常怡：《比较民事诉讼法》，中国政法大学出版社 2002 年版，第 151 页。

② 周永坤：《诉权法理研究论纲》，载《中国法学》2004 年第 5 期。

③ 涉及专利诉讼方面，经文献检索，为数不多的以“滥诉“为题的文献如：王旭玲：《对“专利蟑螂”滥诉行为法律规制的正当性分析》，载《兰州大学学报》（社会科学版）2015 年第 5 期；王华伟：《案说专利侵权滥诉之反赔》，载《中国发明与专利》2009 年第 8 期等。

④ 相关报道如：《“专利滥诉制”约企业海外发展》，http：//finance.qq.com/a/20080425/001466.htm；《中兴通讯向专利滥诉行为发起反击》，http：//ip.people.com.cn/n/2014/0625/c136655-25197212.html；《海外专利滥诉困扰中国企业》，http：//it.sohu.com/20080422/n256456191.shtml；等。

念主要指当事人不当利用司法制度，造成司法资浪费、程序堵塞及诉讼拖延等一系列行为，① 似乎涵盖了诉权和诉讼权利。对于“诉权滥用”或“滥用诉权”，有学者认为，其主要指当事人出于不合法或不正当的目的，违背诉权行使的界限，在不具备诉讼要件或明知自己缺乏胜诉理由等情况下，仍然提起相关诉讼的行为，② 主要体现为滥用起诉权、提出明显无事实根据的诉讼请求等。③ 可见诉权滥用与诉讼权利滥用并不是同一概念，需严格加以区分。

综合来看，专利滥诉主要指诉权滥用，而不包括诉讼权利滥用。为厘定本书研究范围，对专利滥诉作如下限定：其一，虽然在程序性意义上，诉权包括起诉权、反诉权、答辩权、上诉权等，但由于专利滥诉重点关注于起诉行为，故并不考虑反诉权、答辩权等滥用之情形。同时，考虑到初审程序与上诉程序的一致性、原审与再审的“诉讼标的同一说”，上诉权以及申请再审权的行使均可依靠诉讼程序内部的制度设计进行规范，故并无必要从诉权滥用的角度来寻求支持。④ 所以，从本质来看，专利滥诉主要指“起诉权滥用”，而将反诉权、答辩权、上诉权、再审权等滥用情形不加考虑。与此同时，对于仅“以诉讼相威胁的行为”，由于并未进入诉讼程序，也不适合将其纳入专利滥诉概念。其二，起诉权滥用既包括“非善意地提起无理由之诉”，也包括“非善意地提起有理由之诉”。⑤ 换言之，从诉的利益来看，起诉权滥用既包括没有诉的利益也即无诉权而提起诉讼的行为，也包括虽享有诉权，但诉权的行使逾越法律界限或目的的行为（如迟延诉讼）。所以，以是否具有

① 王艳：《法国民事滥诉的规制——以法国司法判例为考察对象》，载《法律适用》2014 年第 12 期。

② 张海滨：《滥用诉权及其法律规制研究》，参见厦门大学法学院：《厦门大学法律评论》（第 8 辑），厦门大学出版社 2004 年版，第 383 页。

③ 邵明：《滥用民事诉权及其规制》，载《政法论坛》2011 年第 6 期。

④ 汤维建、沈磊：《论诉权滥用及其法律规制》，载《山东警察学院学报》2007 年第 2 期。

⑤ 汤维建、沈磊：《论诉权滥用及其法律规制》，载《山东警察学院学报》2007 年第 2 期。

诉的利益为标准，可将专利滥诉划分为“非善意有理由之诉”（诉权存在缺失或瑕疵）和“非善意的无理由之诉”（形式上拥有诉权）。是否具有诉的利益，对界定专利滥诉的行为性质具有重要的参考作用。其三，专利滥诉虽蕴含了诉讼权利的滥用，但相关制度针对诉前停止侵权、财产保全等措施设定了较为严格的审查标准、执行范围，同时还规定了申请人需提供担保及在申请错误时进行赔偿等措施，鉴此，本书并未将诉讼权利滥用纳入专利滥诉概念之中。综合来看，专利滥诉的概念可界定为：专利权人①主观上存在过错，在缺乏诉的利益或具有诉的利益但违背法律基本精神而提起专利侵权诉讼，借此进行不公平、不正当竞争，进而谋取不当利益的行为。

二、专利滥诉的外延厘清

前已述及，专利滥诉本质上是专利诉权的滥用。然而，当前我国对诉权滥用外延的认识尚不明确，较易发生概念核心语游移，从而引起概念使用的混乱。这主要表现为，我国对诉讼失范行为并无统一的概念指代，缺乏“操作型定义”，概念的使用“犹治丝而棼”。如有学者认为，当前我国对诉讼失范行为存在着“恶意诉讼”“滥用诉权”“诉讼欺诈”“虚假诉讼”“拖延诉讼”“滥用诉讼权利”等在内涵上相互重叠交织的“语文义”术语，这些术语在描述某一诉讼现象时各有侧重。② 也有学者认为，“虚假诉讼、”“诉讼欺诈”“不当诉讼”“滥用诉权”“滥用诉讼权利”等概念的内涵交叉、重叠、各有所侧重，“恶意诉讼”在不同的语境下其内

---

① 根据《专利法》、《最高人民法院关于对诉前停止侵犯专利权行为适用法律问题的若干规定》等规定，专利权人、独占实施许可合同的被许可人以及排他实施许可合同的被许可人在专利权人不申请的情况下均可单独提起专利侵权诉讼。普通实施许可合同的被许可人在取得专利权人明确授权下，也可提起专利侵权诉讼。本书重点考虑专利权人与他人未达成实施许可的情形下所提起的诉讼，故重点考虑专利权人提起专利侵权诉讼的情形。

② 王猛：《民事诉讼滥诉治理的法理思考》，载《政治与法律》2016 年第 5 期。

涵所指也不尽相同。① 总体来看，当前学理上对恶意诉讼、诉权滥用、虚假诉讼等概念之间的界分存在较大分歧。

对于诉权滥用、恶意诉讼、虚假诉讼三者的关系，学理上主要存在两种不同的论断。第一种观点，将“恶意诉讼”作为诉权滥用、虚假诉讼的上位概念。如恶意诉讼的外延要大于虚假诉讼，其包含了虚假诉讼与滥用诉权，二者都是恶意诉讼的表现形态。② 类似的观点还如，有学者将“恶意诉讼”分为虚假诉讼、恶意起诉两种类型。③ 具体到专利诉讼领域，有学者认为，专利恶意诉讼作为恶意诉讼的下位概念，主要表现为专利权人与“专利侵权人”之间，或共谋串通，虚构法律关系和事实，或缺乏正当理由和客观事实，骗取法院判决或调解，进而获得不正当利益。④ 第二种观点，将“诉权滥用”作为恶意诉讼、虚假诉讼的上位概念。如有学者认为，诉权滥用既包括双方当事人恶意串通提起诉讼，侵害案外第三人合法权益；也包括一方当事人恶意提起诉讼，侵害对方当事人合法权益。⑤ 该种观点将诉权滥用作为恶意诉讼和虚假诉讼的上位概念。与此同时，恶意诉讼与虚假诉讼之间则是同位概念，其主要区别在于，虚假诉讼往往存在双方当事人、法院以及案外第三人等四方关系，而恶意诉讼一般只涉及原告、被告、法院等三方关系。⑥

笔者赞同第二种观点，鉴于“不论是恶意诉讼，还是虚假诉

---

① 杜豫苏等：《知识产权恶意诉讼的辨识、审判与治理》，载《法律适用》2012 年第 4 期。

② 最高人民法院民事诉讼法修改研究小组编著：《〈中华人民共和国民事诉讼法〉修改条文理解与适用》，人民法院出版社 2012 年版，第 244 页。

③ 张海棠、徐晨平：《恶意诉讼及其程序规制》，载《上海政法学院学报（法治论丛）》2012 年第 5 期。

④ 聂鑫：《专利恶意诉讼的认定及其法律规制》，载《知识产权》2015 年第 5 期。

⑤ 王晓、任文松：《民事诉权滥用的法律规制》，载《现代法学》2015 年第 5 期。

⑥ 任重：《论虚假诉讼：兼评我国第三人撤销诉讼实践》，载《中国法学》2014 年第 6 期。

讼，都存在诉权滥用的因素"①，且恶意诉讼和虚假诉讼等概念更加侧重于诉讼现象的描述，并不能反映诉讼失范行为的本质，故应将诉权滥用作为诉讼失范现象的理论分析工具，进而将恶意诉讼、虚假诉讼等概念统摄于诉权滥用之中。诚然，随着经济社会的不断发展，很难以一个描述性术语来囊括所有的诉讼现象，使用"滥诉"这一相对抽象但又不乏描述性的词汇，将"滥用诉权"相关的行为统一于"滥诉"概念之中，可保证概念的周延性和开放性，有助于对各种诉讼失范的行为进行一体化的理解和把握。

需要进一步澄清的是，在专利诉讼领域，专利恶意诉讼和专利虚假诉讼仅是专利滥诉的表现形式之一，考虑到虚假诉讼在知识产权诉讼领域主要集中于驰名商标司法认定等方面，故本书并未对专利虚假诉讼加以展开讨论。对专利滥诉的具体表现形式，总体上划分为"专利恶意诉讼、'专利蟑螂'滥诉行为、专利懈怠行为、标准必要专利禁令滥用"等类型，对此问题我们将在后文专利滥诉的类型化分析中予以详细探讨。

三、专利滥诉的体系归属

前文对专利滥诉的下位概念进行了辨析，并没有回答专利滥诉所属的上位概念。根据逻辑学理论，指出某一概念所属的那个直接较高一级的概念，并足以说明概念特征的特殊差别，可更好地理解把握该概念。② 但是，如果仅从诉讼法的角度将民事滥诉作为的专利滥诉上位概念，缺乏逻辑自足性，并不能很好地的理解专利滥诉的本质，故还须结合实体法，从整体上把握专利滥诉的概念体系归属。

专利权滥用究竟是专利滥诉的上位概念，还是和专利滥诉相平行的概念，尚存疑议。有学者以实体法律规范和程序法律规范为依

① 张卫平：《诉讼公正与效率的双重提升：泛论〈民事诉讼法〉的修改》，载《国家检察官学院学报》2011 年第 5 期。

② ［匈］贝拉·弗格拉希著，刘丕坤译：《逻辑学》，三联书店 1979 年版，第 181~183 页。

据，将专利权滥用分为专利权实体上的滥用行为和程序上的滥用行为。① 其中，专利的程序性滥用主要包括“滥发专利侵权警告函、滥用专利诉权等”。② 也有学者认为权利人主要以权利的绝对性、权利的相对性以及程序性权利为基础进行知识产权的滥用。③ 还有学者认为，从语境上看，“知识产权滥用”这一用语泛指三层含义：即知识产权“权利滥用”“制度滥用”“诉讼滥用”三个方面。④ 不难发现，以上观点大都将专利权的实体性滥用与专利滥诉统一于“专利权滥用”概念之中，也即将专利权滥用作为专利滥诉的上位概念。但是，专利滥诉与专利权滥用二者之间并非简单的包含与被包含的关系，二者既相互联系又有区别。专利滥诉与专利权滥用之间的关系，应区分不同的语境进行考察。当前，学理上对专利权滥用的研究主要集中在诸如专利拒绝许可、专利搭售、不争执条款、差异化许可、回馈授权、专利联营、标准必要专利滥用以及专利许可中的数量限制、销售区域限制、商标使用限制、价格限制等所引发的反垄断法问题等方面，专利权滥用理论相对成熟、自成体系。在专利权滥用概念的使用已约定俗成的背景下，将专利滥诉纳入专利权滥用体系之下，极为突兀，且容易引起概念体系的混乱。与此同时，专利权滥用的规制逻辑与专利滥诉大相异趣，二者实无合为一体之必要。故在当前，专利滥诉与专利权滥用在概念上不宜混合使用，应将二者作为独立的同位概念，分别使用较为妥当。将专利的实体性权利滥用以“专利权滥用”概念统称，将专利的程序性权利滥用以“专利滥诉”统称。总体来看，专利滥诉概念的归属定位可依循以下脉络：权利滥用是民事滥诉的上位概

① 刘淑华：《知识产权滥用的法理之维》，参见冯晓青：《全球化与知识产权保护》，中国政法大学出版社 2008 年版，第 193～196 页。

② 刘淑华：《知识产权滥用的法理之维》，参见冯晓青：《全球化与知识产权保护》，中国政法大学出版社 2008 年版，第 193～196 页。

③ 易继明：《禁止权利滥用原则在知识产权领域中的适用》，载《中国法学》2013 年第 4 期。

④ 王岩云等：《知识产权的法哲学思考》，载《学术交流》2009 年第 5 期。

念，民事滥诉概念包含专利滥诉，即“权利滥用→民事滥诉→专利滥诉”。

综合来看，专利滥诉作为“简略语”，主要指滥用诉权，而不包括上诉权、再审权、诉前和诉中行为保全（如诉前停止侵权、诉中财产保全）的滥用；专利滥诉作为“集合语”，涵盖了专利懈怠行为、专利恶意诉讼、滥用标准必要专利禁令、“专利蟑螂”滥诉行为诸多行为样态，但对于仅以诉讼相威胁而实际上并未提起诉讼的行为（如不当寄发专利侵权警告函等）以及专利虚假诉讼，并未纳入专利滥诉的范畴。

第二节　专利侵权救济方式的厘清

法谚云：“有权利必有救济。”在现代社会，功能主义的权利救济观和权利保护观有融合的趋势，其体系的安排主要以司法救济为中心。① 专利侵权救济主要包括以专利侵权警告函为代表的私力救济方式，以责令停止侵权为代表的行政保护方式，以专利停止侵权、损害赔偿为代表的司法救济方式。

一、私力救济方式

私力救济主要指当事人认为自身权利遭受侵害时，在无中立第三方或国家机关介入之情形下，依靠自身或私人力量，维护权利、解决纠纷。② 私力救济绕过司法或行政等法定救济程序，主要依靠具有非程序性特征的自助行为进行维权。虽然私力救济较之公力救济具有灵活性、直接性、自主性等优点，但是，“因私力救济易生流弊，弱者无从实行，强者每易仗势欺人，影响社会秩序。故国家

---

① 贺海仁：《从私力救济到公力救济——权利救济的现代性话语》，载《法商研究》2004 年第 1 期。

② 徐昕：《通过私力救济实现正义——兼论报应正义》，载《法学评论》2003 年第 5 期。

愈进步，私力救济的范围愈益缩小。现代法律遂以禁止私力救济为原则……”① 一般而言，国家对私力救济给予有限度地认可。合法的自助行为需符合以下构成要件，即存在请求权；不能及时得到公力救济且如果不采取自力救济，将会对请求权的实现造成重大障碍。② 专利侵权警告函便是专利维权中一种重要的私力救济方式，其是在未经有权机关根据法定程序就专利侵权是否成立而作出认定的情形下，自己通过律师、媒体等方式公开向涉嫌侵权人，发送的载明涉嫌侵权可能侵犯其专利权并警告其法律后果的文书。③ 下文将对专利侵权警告函进行重点分析。

一般情况下，专利权人之所以选择寄发侵权警告函这一维权救济方式，主要基于以下几个方面的考量：第一，可防止被控侵权人以“不知情”为由规避法律责任。我国《专利法》第 70 条确定了善意侵权制度，也即对于具有合法来源的产品，被控侵权人如能证明其并不知所销售或使用的产品属于侵权产品，将不承担损害赔偿责任。所以，当被控侵权人收到专利侵权警告函之后，若未经权利人许可，继续使用或销售该专利产品的，善意侵权便可能转化为恶意侵权，此时则不能免除其损失赔偿责任。第二，可对权利进行法律的再宣示，为双方谈判、和解留有余地。专利侵权警告函属于非公力救济方式，类似于民法私力救济中的自助行为。但这并不意味着专利侵权警告函与法定救济程序毫无关联。有学者认为，虽然私力救济往往被看作司法外行为，但它绝非与法律毫无关联纯粹的私人行动，私人会有意无意地借助法律的力量。④ 诚然，专利侵权警告函中往往会对侵权行为的性质、法律后果等作出一定的阐释，以

① 梁慧星：《民法总论》，法律出版社 1996 年版，第 252 页。

② ［德］卡尔·拉伦茨著，王晓晔等译：《德国民法通论（上册）》，法律出版社 2003 年版，第 371 页。

③ 宁立志、宋攀峰：《专利侵权警告函的法律规制》，载《经济法论丛》2014 年第 1 期。

④ 徐昕：《论私力救济与公力救济的交错——一个法理的阐释》，载《法制与社会发展》2004 年第 4 期。

期诉诸法律的力量来增强警告函的威慑力。但通常而言，基于诉讼成本等因素考量，专利权人可能并不会真正提起诉讼，而是更期望通过专利侵权警告函，占据法律的制高点，或迫使对方停止侵权，或寻求专利授权许可，或要求侵权方赔偿一定损失等，从而能以较低的成本妥善解决专利侵权纠纷。第三，可引起诉讼时效中断的法律效果。依据我国《专利法》第 68 条之规定，我国侵犯专利权的诉讼时效为二年，时效的计算以专利权人或者利害关系人知道或者应当知道侵权行为之日为起点。而根据《民法典》第 195 条等规定，当权利人向义务人提出履行请求时，会引起诉讼时效的中断，而导致诉讼时效重新计算。可见，如果专利侵权警告函中包含了损害赔偿请求的权利主张，则可能构成诉讼时效中断事由，使得损害赔偿之诉的诉讼时效得以重新计算。

然而，由于专利侵权警告函在寄发之时，他人是否构成侵权并没有经过法律程序作出权威评价，此时，专利权人单方面的发送专利侵权警告函，具有较大的法律风险。譬如，受市场竞争的影响，专利权人发送专利侵权警告函的目的，可能并不在于解决权利遭受侵犯这一实体问题，而在于将专利侵权警告函作为打击竞争对手、谋取不当利益的的“程序性工具”，如对他人商誉造成严重影响，可能“偷鸡不成蚀把米”，反而要承担不正当竞争责任或损害赔偿责任。需要强调的是，专利侵权警告函并非专利侵权诉讼的必经程序，当专利权人发现权利遭受侵犯后，也可直接向人民法院提起专利侵权诉讼。

二、行政保护方式

当前，我国对专利权主要采取的是司法与行政这一“两条途径、并行运作”的保护模式。在我国知识产权审判力量有限、专利侵权案件涉及较强的专业性判断以及专利行政管理部门具有较强的专业技术人才优势等背景下，专利行政保护以其便捷、高效、迅速、灵活等特点，体现出较强的生命力。综观《专利法》的历次修改，我国形成了集行政裁决、行政确权和授权、行政调解、行政处罚、行政强制、行政复议、行政处分、行政救济和行政服务等于一体的专利行政保护方式体系。① 总体来看，针对专利民事纠纷及专利违法行为等，管理专利工作的部门主要拥有行政裁决、行政查处、行政调解等职能。在专利制度的衍变中，专利行政保护制度的重心实现了由行政裁决向行政查处的转变，② 其中行政裁决功能有所弱化。在此，我们重点关注与专利侵权联系比较紧密的行政裁决、行政查处这两种方式。

对于专利行政查处而言，主要指管理专利工作的部门基于维护正常市场秩序之需要，对假冒专利等违法行为，所作出的罚款、没收违法所得、查封、扣押等行政执法活动，其属于依职权而为的行政行为。在行政查处过程中，诸如没收违法所得、罚款等，会充缴国库，并不会补偿给权利人，所以，从利益角度观之，专利权人滥用行政查处程序的动机不强。就专利行政裁决而言，主要指我国《专利法》第 60 条所规定的"责令停止侵权"。行政裁决虽属依申请的行政行为，但当管理专利工作的部门作出相应的具体行政行为后，根据司法终局原则，一方当事人不服可提起行政诉讼，当事人之间的民事纠纷转化为一方当事人与行政机关之间的行政纠纷。纵然责令停止侵权也能带来诸如停止侵权等司法判决般的杀伤力，但专利行政机关在行政裁决程序中，往往只会对比较明显的侵权行为作出责令立即停止侵权的决定（现行专利法取消了专利行政管理机关"责令赔偿损失"的行政裁决权），救济方式较为单一，程序保障较为严格，程序参与较为受限等。有学者就认为，我国绝大多数的行政执法主要是以纯粹的行政性形式进行的，即在行政主体和行政相对人双方参与下进行的，而不是在三方当事人（利害关系人）的参与下实施的③。所以，专利权人通过行政保护方式，固然可以利用专利行政保护中所获得的证据，为后续专利侵权诉讼做好

① 武善学：《我国专利权行政保护存在的问题及其完善》，载《产业与科技论坛》2009 年第 11 期。

② 邓建志：《我国专利行政保护制度的发展路径》，载《知识产权》2012 年第 3 期。

③ 关保英：《行政程序滥用研究》，载《现代法学》2015 年第 3 期。

准备，但专利权人并非行政相对人，无法参与到专利行政执法程序中来，既不能在专利行政执法程序中充分表达意见，也不能就专利行政机关的行政裁决提起行政复议或者行政诉讼，故专利权人滥用行政裁决程序的空间并不大。而反观专利侵权民事诉讼程序，其诉讼主体更显平等性、诉讼动机更具隐蔽性、救济方式更富多元性、诉讼策略更有选择性、诉讼结果更有终局性等，专利权人进行程序滥用的风险大大增加。正因如此，在行政程序层面，人们更多关注的是专利行政管理机关的“权力滥用”，而非专利权人的“权利滥用”。故本书在分析专利权人滥用相关程序时，重点关注于诉讼这一司法救济程序的滥用。

三、司法救济方式

专利权受到侵犯后，专利权人可通过提起诉讼的方式寻求司法救济，并请求法院判令被告承担停止侵权、损害赔偿、消除影响等民事责任。

（一）程序意义上的诉权——起诉权

权利，须同诉讼结合在一起。在英美法系普通法中，“救济（程序）先于权利”①，“无救济则无权利”。英美法一般把无形的产权称为“诉讼中的动产”（choses in action）②。诸如专利权、债权等“诉讼中动产”与“占有动产”（choses in possession）之间的区别在于，前者更多通过诉讼的方式才可实现其财产利益，而后者则不需费太多周折便可占有该财产。③ 以此观之，“诉讼中动

① 徐震宇：《英国法上的“权利动产”及其财产概念的特性》，载何勤华：《20世纪外国民商法的变革》，法律出版社2004年版，第296~303页。

② 王干：《知识产权继承制度初论》，载《知识产权》2005年第4期。也有学者将“choses in action”翻译为“诉体物”“权利动产”等。参见劳森、拉登：《财产法》，施天涛等译，中国大百科全书出版社1998年版。

③ Samuel K. Murumba. Globalizing intellectual property—linkage and the challenge of a justice-constituency, University of Pennsylvania Journal of International Economic Law, 1998, 19 (2): 435-460.

产”更多兼具诉讼权利与财产权利双重性质。诚然，专利权作为“法定垄断权”，更多表现为“纸面权利”。如何将“纸上的权利”变为“实在的权利”，一方面需要专利的转化利用，如通过自己实施或许可他人实施其专利，促进创新成果的产权化、商品化、产业化；而另一方面，当专利权遭受侵犯时，专利权人通过诉至法院，获得诸如停止侵害、损害赔偿等救济，专利权的独占性、排他性所蕴含的价值在诉讼中得以实现。诉权是请求法律救济的权利，是启动与延续诉讼的权利，诉权内容主要包括起诉权、上诉权、反诉权、申请再审权等。① 对于专利诉权而言，一旦发生专利纠纷，专利权人便可通过诉权的行使，向法院提起专利诉讼。专利诉讼主要包括专利权属诉讼、专利行政诉讼、专利合同诉讼、专利侵权诉讼等，而专利侵权诉讼则是本书关注的重点。“在专利权有效期限内，行为人未经专利权人许可，以生产经营目的实施其专利权的行为”②，便构成专利侵权。此际，专利权人便可通过诉权的行使，向法院③提起诉讼，以此来维护自身权益。

（二）实体意义上的诉权——胜诉权

1. 损害赔偿

我国《专利法》第 60 条对专利权人在权利受侵后向法院提起

---

① 周永坤：《诉权法理研究论纲》，载《中国法学》2004 年第 5 期。

② 文希凯：《专利法教程》，知识产权出版社 2003 年版，第 263 页。

③ 根据 2015 年 2 月 1 日开始实施的《最高人民法院关于审理专利纠纷案件适用法律问题的若干规定》，“专利纠纷第一审案件，由各省、自治区、直辖市人民政府所在地的中级人民法院和最高人民法院指定的中级人民法院管辖”。值得注意的是，根据 2014 年 11 月 3 日开始实施的《最高人民法院关于北京、上海、广州知识产权法院案件管辖的规定》，北京市、上海市各中级人民法院和广州市中级人民法院不再受理知识产权民事和行政案件，分别由各自成立的知识产权法院管辖；广东省其他中级人民法院不再受理专利民事和行政案件，由广州知识产权法院享有一审管辖权；北京知识产权法院享有专利授权、确权类行政案件一审管辖权。

诉讼的情形进行了规定①，第 65 条又规定了“权利人损失、侵权人获利、许可费的合理倍数、法定赔偿”等专利侵权赔偿数额的计算方法。损害赔偿是专利侵权民事诉讼中适用最多的一种民事责任。② 然而，受制于举证困难、专利价值不易评估等因素，法定赔偿是确定专利侵权赔偿数额的主要方式，从而出现“重侵权认定、轻赔偿论证”的现象，导致专利侵权赔偿数额不高。有报告显示，在我国专利侵权案件中，“法定赔偿”的比例高达 97.25%，我国 97%以上的专利侵权案件平均赔偿额为 8 万元，与之成鲜明对比的是，在 2009 年至 2013 年间美国专利诉讼全部赔偿数额的中位数高达 430 万美元。③ 专利侵权赔偿数额的低下，使其不足以惩处专利侵权行为，故法院在判决被控侵权人承担损害赔偿责任的同时，也会判决被控侵权人同时承担停止侵权责任，从而为停止侵权当然论的产生埋下了伏笔。值得注意的是，损害赔偿从本质上来看，遵循填平性原则，也即损失多少、赔偿多少，亦称全面赔偿。在损害赔偿责任之外，通过惩罚性赔偿来弥补补偿性赔偿所带来的赔偿不足问题，也被人们所论及。然而，有学者认为，在补偿性赔偿尚存问题的情形下，引入惩罚性赔偿来解决补偿性赔偿的问题并不现实，但对确属恶意侵权的，也可在一定条件下适用惩罚性赔偿。④ 综合来看，在我国专利侵权赔偿数额不高的情形下，专利损害赔偿和专利停止侵权责任往往同时适用。但可以预见的是，随着我国专利质量的不断提升、专利价值评估体系的不断完善、举证责任制度的不断优化，专利侵权赔偿数额较低的现象将会逐渐得以改观，进而趋

---

① 《专利法》第 60 条规定，“进行处理的管理专利工作的部门应当事人的请求，可以就侵犯专利权的赔偿数额进行调解；调解不成的，当事人可以依照《民事诉讼法》向人民法院起诉。”

② 廖志刚：《专利侵权损害赔偿研究》，载《重庆大学学报（社会科学版）》2007 年第 3 期。

③ 殷泓：《知识产权损害赔偿认定难，怎么解?》，载《光明日报》2016 年 4 月 25 日第 005 版。

④ 李凤奇、王宝筠：《专利侵权赔偿的现状分析及调整路径》，载《河北法学》2017 年第 4 期。

于合理的赔偿水平。

2. 停止侵害（权）

停止侵害也可称之为停止侵权、永久禁令等。专利权乃私权，属于一种民事权利，侵犯专利权须承担相应的民事责任。以权利救济的角度观之，损害赔偿和停止侵权是专利权人要求被控侵权人承担民事责任的主要方式。与之相对应，以权利限制的角度观之，“打蛇打七寸”，为防止专利权人滥诉，对损害赔偿和停止侵害等民事责任的适用条件、适用方式加以适当限制也颇为重要。纵观域外在规制专利滥诉方面的具体实践，无论是美国在 eBay 案中所重申的“四因素检验标准”、德国在“橘皮书案”中所确立的“反垄断抗辩原则”，还是英美法系国家所确立的“权利懈怠抗辩制度”及“禁止反悔原则”、大陆法系国家所确定的“权利失效原则”，都可以看出相关国家或地区对专利权人的损害赔偿、停止侵权（禁令）等救济手段所做的合理限制。权利滥用与侵权行为虽属于不同概念，但权利滥用在某些情况下构成侵权行为。① 停止侵权作为防止专利权侵害行为发生的最直接、最有效手段，对打击专利侵权具有较大的威慑力。然而，“凡药三分毒”，停止侵权作为我国民事侵权责任体系的重要组成部分，停止侵权责任如果适用过度，将易生诸多弊端，产生适得其反的效果。

知识产权客体的无形性等特征，使其并不能通过占有来实现排他性，因此知识产权排他权的行使通常依赖于“禁令”的颁布。② 英美法中的禁令主要包括临时禁令和永久禁令。如美国禁令制度主要包括临时限制令、初步禁令、永久禁令三种，其中前两种在诉讼中所产生的禁令统称为临时禁令，永久禁令类似于停止侵权。③ 我国民法、专利法及民事诉讼法等相关法律法规中，虽并未直接使用

① 孙天全：《权利滥用概念解析》，载《北京理工大学学报（社会科学版）》2005 年第 5 期。

② 陈武：《权利不确定性与知识产权停止侵害请求权之限制》，载《中外法学》2011 年第 2 期。

③ Moton Denlow. The Motion for A Preliminary Injunction-Time for A Uniform Federal Standard, Review of Litigation, 2003, 22 (3): 495.

禁令这一措辞，但临时限制令、初步禁令、永久禁令等均能在我国相关法律制度找到相应的规定。如我国《专利法》第 66 条所规定的诉前停止侵权①对应于“临时禁令”。可见，临时禁令主要指“在诉讼进行中，为阻止可能发生的损害或保护有争议的财产，法院颁布具有期限限制的禁制令，如直到法院对案件进行开庭审理为止”。② 我国相关的司法解释还对诉中申请停止侵权③进行了规定，其对应于英美法系中的诉中禁令。而对于专利权侵权诉讼，经法院审理后，判决侵权人承担的停止侵权民事责任，则对应于永久性禁令。

尽管有学者认为我国专利侵权诉讼中的停止侵权民事责任不同于美国永久禁令制度。④ 如美国的永久禁令主要针对的未来的侵权行为，而我国停止侵害责任主要针对的是正在进行的侵权行为。即停止侵害民事责任形式以侵权行为正在进行或仍在延续为适用条件，而不适用已经停止或尚未发生的侵权行为。⑤ 即使如此，被告在原告起诉前或在诉讼时主动停止了专利侵权行为，但如果停止侵权还有发生可能的，对于原告的停止侵权请求法院也应支持。可见，停止侵权与永久性禁令具有相似的法律效果，存在较多的交叉和重叠之处，可在一般情形下予以等同使用。虽然我国在立法中主

---

① 《专利法》第 66 条规定：“专利权人或者利害关系人有证据证明他人正在实施或者即将实施侵犯专利权的行为，如不及时制止将会使其合法权益受到难以弥补的损害的，可以在起诉前向人民法院申请采取责令停止有关行为的措施。”

② 薛波：《元照英美法词典》，法律出版社 2003 年版，第 696 页。

③ 2015 年最高人民法院修正的《关于审理专利纠纷案件适用法律问题的若干规定》第 12 条规定：“人民法院决定中止诉讼，专利权人或者利害关系人请求责令被告停止有关行为或者采取其他制止侵权损害继续扩大的措施，并提供了担保，人民法院经审查符合有关法律规定的，可以在裁定中止诉讼的同时一并作出有关裁定。”

④ 张玲、金松：《美国专利侵权永久禁令制度及其启示》，载《知识产权》2012 年第 11 期。

⑤ 王利明、杨立新：《侵权行为法》，法律出版社 1996 年版，第 100 页。

要使用“停止侵害”或“停止侵权”这一术语，但 TRIPs 协议和英美法系国家在立法中大多使用禁令一词，由于 TRIPs 协议对世界知识产权立法具有深远影响，我国知识产权理论界和实务界也普遍接受这一称谓①。

从专利侵权责任承担方式来看，专利侵权成立与停止侵害之间并不存在必然的因果关系。如果一旦认定专利侵权成立，便将停止侵害作为侵权责任的默认选择，将可能导致权利的过度扩张。在性质上，停止侵害请求权与物权请求权较为类似。当前，在知识产权领域，受物权请求权理论影响，知识产权请求权理论日渐兴起，并逐渐被实务界和理论界所认同。然而，由于知识产权的特殊性，能够适用于知识产权请求权的只有停止侵害请求权。② 学理上，对于知识产权请求权的性质，学理上还存有较大争议。有学者认为，知识产权停止侵害请求权是知识产权侵权之债的内容。③ 而有学者认为，知识产权上的请求权是知识产权支配性和保护绝对性的表现，④ 知识产权请求权与物权请求权同属支配权的请求权。⑤ 总体来看，将包括停止侵害请求权在内的知识产权请求权视为类物权请求权的观点渐成势头。将停止请求权视为物权请求权，意味着权利受到侵害时，权利人主张停止侵害理所当然，即“停止侵害当然论”。具体到司法实践中，法院在认定构成专利侵权的情形下，一般都会判令停止侵害。有学者认为，将知识产权请求权视为准物权请求权的情形下，很容易将停止侵害请求权作为知识产权的权能来

---

① 张广良：《知识产权侵权民事救济》，法律出版社 2003 年版，第 52~61 页。

② 吴汉东：《知识产权法基本问题研究》，法律出版社 2005 年版，第 59 页。

③ 何怀文、陈如文：《我国知识产权停止侵害请求权限制的法律原则》，载《浙江大学学报（人文社会科学版）》2015 年第 2 期。

④ 王笑冰：《论知识产权上的请求权和侵权损害赔偿责任》，载《政法论丛》2003 年第 2 期。

⑤ 关永红：《论知识产权请求权的内容构成》，载《知识产权》2013 年第 1 期。

看待，从而引起停止侵害请求权的过度行使。① 诚然，立法者和司法者没有理由在任何情况下，都绝对维持知识产权的排他性。② 同时，停止侵害请求权不受诉讼时效限制且适用无过错责任原则，将可能诱发权利的滥用。知识产权请求权不受诉讼时效的限制，为"放水养鱼"策略提供滋生的土壤；知识产权请求权适用无过错责任，使得权利人停止侵害请求权较易获得法院支持。③ 从我国相关立法和当前的司法实践来看，停止侵权请求权在诉讼时效、举证责任等方面与物权请求权较为类似，停止侵权在专利侵权案件中的适用比较普遍。

综合观之，在专利侵权民事责任承担形式上，原则上可参照我国《民法典》第 179 条所规定的 11 种民事责任，原《民法通则》第 118 条规定，诸如专利权等权利受到侵害的，专利权人有权要求"停止侵害，消除影响，赔偿损失"，可见在损害赔偿、停止侵害之外，消除影响也是专利侵权责任承担方式之一，与此同时，在司法实践中，也有适用赔礼道歉的情形。之后的《民法总则》《民法典》则并未就侵害知识产权责任作出具体规定。

第三节　司法救济方式工具化——专利滥诉的基本行为样态

权利救济的界限并非漫无边际，而是存有一定的限度。一旦权利救济的手段逾越法律允许的限度，便有"以维权之名、行滥用救济权之实"的嫌疑。实践中，无论是在私力救济层面，抑或是在行政保护、司法救济层面，都可能存在"救济手段工具化"的倾向，本书重点关注于司法救济手段工具化所引起的专利滥诉

① 李扬、许清：《知识产权人停止侵害请求权的限制》，载《法学家》2012 年第 6 期。

② 李扬：《知识产权请求权的限制》，载《法商研究》2010 年第 4 期。

③ 梁志文：《反思知识产权请求权理论——知识产权要挟策略与知识产权请求权的限制》，载《清华法学》2008 年第 4 期。

问题。

"类型化"方法作为连接抽象概念与具体事物的媒介，在法学研究中被广泛运用。格雷认为，"分析法学的任务就是分类，包括定义"。① 拉伦茨认为，当抽象的一般概念及其逻辑体系不足以对生活现象或意义脉络的多样表现形态进行诠释时，"类型"便是重要的辅助思考方式。② 诚然，在对专利滥诉进行概念界定时，为尽可能概括各种专利滥诉行为的共同特征，定义的抽象化在所难免。而借以类型化分析方法，对专利滥诉行为中"多次重复出现的而且具有大致相同的外部特征"③ 予以凝练和分类，既克服了概念的抽象化局限，又能将现实中形态各异的专利滥诉行为予以直观性、规范性、整体性表达。对专利滥诉的具体表现形式，大致存在着"专利懈怠行为、专利恶意诉讼（问题专利）、标准必要专利滥用禁令、'专利蟑螂'滥诉行为"等行为样态。下面我们依据专利存续状态与诉讼方式的不同组合，对不同的专利滥诉行为样态加以具体归类（如图1）。

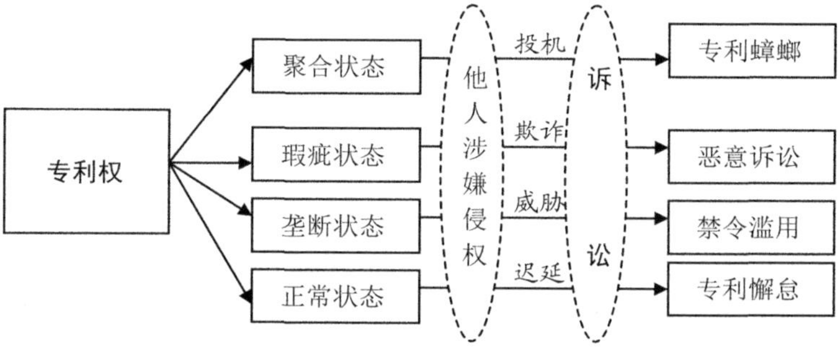

图（1）　专利权人进行滥诉的具体样态

① Gray J C. The nature and sources of the law, The Macmilian Company, 2ed, 1931: 3.

② ［德］卡尔·拉伦茨：《法学方法论》，陈爱娥译，商务印书馆2003年版，第34页。

③ ［德］阿图尔·考夫曼：《类推与"事物本质"——兼论类型理论》（"译序"），吴从周译，台湾学林文化事业有限公司1990年版，第13页。

一、运营聚合的专利权+投机诉讼组合型：“专利蟑螂”滥诉

伏尔泰有言：“行使权力太过，成为不公正。”①

“专利蟑螂”（patent trolls）与“专利主张实体”（patent assertion entity，PAE）、“非专利实施主体”（non-practicing entity，NPE）等概念之间在学理上并未作严格的区分。虽然有学者认为，应以“PAE”概念代替“NPE”和“专利蟑螂”等概念，从而将大学、独立发明人等专利权拥有主体排除在外。② 也有学者为区分不同的专利运营方式，将NPE分为善意运营和专事运用两种。其中，善意的专利运营型NPE，有利于专利技术的价值实现，于社会有益，而专事投机的NPE，其并不关心专利技术是否真正实施，而在于对专利暗度陈仓后，寻找正在实施其专利技术的目标对象，然后藉由许可、诉讼、威胁诉讼等手段从目标对象那里攫取高额回报。③ 非专利实施主体作为专利运营的重要表现形式，在专利运营过程中，专利权人极易利用专利聚合优势，进行诉讼的滥用。本研究虽将大学、独立发明人等非专利实施主体排除在“专利蟑螂”之外，但除了基于数据统计的准确性外，如无特别说明，将PAE、NPE统称为“专利蟑螂”。

“专利蟑螂”作为近年来兴起的现象，主要指那些没有实体生产，而是通过购买相关专利来积极发动专利侵权诉讼而存在的非专利实施主体，如高智发明公司（intellectual ventures，简称IV）、交互数字公司（Inter Digital Corporation，简称IDC）、美国专利经营公司（Technology Properties Limited LLC，简称TPL）等。“专利蟑螂”从产生之初就备受争议、广受诟病。一些非专利实施主体依

---

① 转引自［法］路易·若斯兰：《权利相对论》，王伯琦译，中国法制出版社2006年版，第4页。

② Christian Helmers，Luke McDonagh：Trolls at the High Court? *LSE* Law，Society and Economy Working Papers，2012（13）：1-33.

③ 刘斌强：《NPE的角色定位：是专利运营，还是专利投机》，载《科技创新与知识产权》2012年第12期。

据其手中握有的专利专门通过向潜在的“专利侵权者”提起专利侵权诉讼来索取巨额赔偿金或者以提起诉讼为要挟，迫使对方以高价来购买其专利以获得巨额利润。① 简言之，“专利蟑螂”通过诉讼敲诈其他企业的模式可简述为：在以收购等方式囤积专利后，对目标侵权者提起专利侵权诉讼，尔后再与侵权者进行谈判，协商和解或赔偿。② 目前，美国、欧洲等知识产权保护比较发达的国家和地区，对“专利蟑螂”的滥诉行为的态度从克制容忍转变为积极规制。③ 从中不难发现，“专利蟑螂”的主要目的在于通过诉讼的方式获得专利许可费用及损害赔偿，逐利动机较为明显。

二、存有瑕疵的专利权+欺诈诉讼组合型：专利恶意诉讼

德沃金说：“法院不能让自己被利用作为不公平和不公正的工具。”④

我国自古就有俗语：“恶人先告状。”对于恶意诉讼与虚假诉讼之间的关系，前文已述及，恶意诉讼主要指诉讼的当事人（原告）在缺乏事实根据和法律根据的基础上仍向他人恶意提起诉讼，进而对他人利益造成损害。⑤ 对于虚假诉讼，有学者认为，主要包括一方当事人依据虚构的法律事实或者法律关系向他人提起诉讼，如串通性诉讼等；或通过形式上的合法诉讼以实现诉讼请求以外不法目的的行为。⑥ 如有的企业故意制造侵权纠纷，提起诉讼，以进

---

① Elizabeth Siew Kuan NG. Patent Trolling-Innovation at Risk, European Intellectual Property Review, 2009 (12): 593-594.

② 周逸：《专利蟑螂程序性规制的美国样本与中国路径》，载《广西政法管理干部学院学报》2015年第5期。

③ 王旭玲：《对“专利蟑螂“滥诉行为法律规制的正当性分析》，载《兰州大学学报（社会科学版）》2015年第5期。

④ ［美］罗纳德·德沃金：《认真对待权利》，信春鹰、吴玉章译，中国大百科全书出版社1998年版，第42页。

⑤ 汤维建、沈磊：《论诉权滥用及其法律规制》，载《山东警察学院学报》2007年第2期。

⑥ 王飞跃：《虚假诉讼研究》，载《中南大学学报（社会科学版）》2013年第4期。

行驰名商标的司法认定。① 本书重点讨论在专利侵权诉讼中一方当事人基于“问题专利”对另一方当事人所提起的专利恶意诉讼的行为，考虑到专利虚假诉讼并不普遍，故本书并未将专利虚假诉讼作为讨论的重点。

专利恶意诉讼主要是基于“问题专利”而引发的专利侵权诉讼行为，也有学者称之为“专利侵权滥诉”，即专利权人在明知或者应知其所拥有的专利权不具备可专利性情形下，仍以他人未经其许可而使用该专利技术为由，向法院提起诉讼。② 美国联邦贸易委员会（FTC）将问题专利定义为“可能被宣告无效或者其专利权利要求范围可能过于宽泛的专利”。③ “问题专利”主要指专利申请人利用专利审查制度存在的缺陷，提出不当申请，将不具有可专利性的技术方案申请专利。④ 也即专利申请人利用实用新型专利、外观设计专利等申请不进行实质审查等特点，明知其所申请的专利不具有授权条件，仍通过抄袭现有技术、编造实验数据或技术方案等方式申请专利。可见，问题专利本身并不属于专利滥诉。有人认为，专利丛林现象是造成企业专利滥诉的客观基础。⑤ 诚然，在专利丛林中，专利质量参差不齐，其中不乏泡沫专利与垃圾专利。一旦专利权人借助于“问题专利”，以专侵权诉讼等手段要挟对方，谋取不当利益的行为，则有可能构成专利滥诉。对于该种类型专利滥诉的识别，除了专利权存在瑕疵外，诉讼的状态也需要值得关

---

① 胡雨水、李晓君：《浅谈虚假诉讼的识别与查证》，载《中国检察官》2015 年第 10 期。

② 陶鑫良：《案例与问题探讨：专利侵权滥诉之反赔责任》，载《中国专利与商标》2008 年第 2 期。

③ FTC. To promote innovation：The proper balance of competition and patent law and policy [EB/OL]. https：//www. ftc. gov/sites/default/files/documents/reports/promote-innovation-proper-balance-competition-and-patent-law-and-policy/innovationrpt. pdf.

④ 徐棣枫：《问题专利探析》，载《东南大学学报（哲学社会科学版）》2007 年第 4 期。

⑤ 仲春：《互联网领域专利诉讼的滥用与规制-从反垄断与专利制度的视角》，载《电子知识产权》2012 年第 9 期。

注。一是，直接提起诉讼的行为。当前，较多学者将“问题专利”持有人所提起的诉讼称之为专利恶意诉讼或专利侵权滥诉。只是从外延上来看，专利恶意诉讼并不仅仅指利用问题专利来提起诉讼的行为，还包括将自己合法的专利为了不正当利益提起的诉讼行为。① 即专利恶意诉讼还包括利用自身专利数量优势，在竞争方的产品与其专利存在关联但并不侵权的情形下，仍提起诉讼以实现诉讼之外的目的。② 总体上来看，较多学者从狭义上来定义专利恶意诉讼，即仅指利用“问题专利”来提起侵权诉讼的行为。二是，没有直接提起诉讼的行为。这种情形主要指当事人在明知专利存在瑕疵的状态下，以专利侵权警告函相威胁，而没有实质性提起诉讼，意在通过警告函威胁，提高谈判砝码、干扰对方生产经营计划、牟取诉讼之外利益的行为。有学者认为，恶意诉讼首先必须是行为，为谋取不正当利益，以提起诉讼或者以其他诉讼行为相要挟的行为，不能归入恶意诉讼之中。③ 据此，专利恶意诉讼，主要指专利权人明知或应知其专利为问题专利仍提起专利侵权诉讼的行为。

三、纳入标准的专利权+威胁诉讼组合型：滥用标准必要专利禁令救济

孟德斯鸠说：“一切有权的人都容易滥用权力，这是万古不易的一条经验。”④

在英美法系中，禁令分为临时禁令和永久性禁令。临时禁令作为程序法中的行为保全制度，类似于我国程序法中的诉前停止侵

① 王活涛、郑友德：《专利恶意诉讼及其法律应对》，载《知识产权》2009 年第 5 期。

② 王澍颖：《知识经济下的专利恶意诉讼》，载《北方经济》2012 年第 7 期。

③ 杨立新：《类型侵权行为法研究》，人民法院出版社 2006 年版，第 466 页。

④ ［法］孟德斯鸿《论法的精神》上册，张雁深译，商务印书馆 1959 年版，第 184 页。

权，属于程序法中的行为保全制度范畴。永久性禁令类是法院经过审理认为被告侵权成立后，为防止被告再次侵权而给予胜诉方的一种救济，① 属于实体法范畴。永久禁令是防止专利权免遭侵犯，保持专利权具有独占性的重要手段，② 虽然我国在立法中主要使用“停止侵害”或“停止侵权”这一术语，但TRIPs协议和英美法系国家在立法中大都使用禁令一词，由于TRIPs协议对世界知识产权立法的深远影响，我国知识产权理论界和实务界亦普遍接受这一称谓③。一般而言，我们所讲的禁令救济主要是在司法程序层面予以探讨的，然而，禁令救济还存在着行政途径。如在我国，可通过管理专利工作的部门的处理，进而责令侵权人立即停止侵权行为。又如在美国，当非专利实施主体认为自己的专利权遭受侵权时，除了向法院寻求民事救济（损害赔偿责任或禁止令）外，还可向美国国际贸易委员会（ITC）寻求337调查并发布排除令。④ 永久禁令是防止专利权免遭侵犯，保持专利权具有独占性的唯一手段，⑤ 本书重点关注于标准必要专利在司法程序中的永久禁令滥用问题。

与普通专利技术不同，一项标准必要专利可能代表着一个独立的相关市场。在专利技术纳入某项标准之前，标准化组织一般会要求标准必要专利权人对潜在的标准实施者承担“公平、合理、无歧视”（简称“FRAND”）原则许可义务。⑥ 但是，加入标准化组织并作出FRAND许可声明，并不意味着标准必要权利人和潜在实

① 张玲、金松：《美国专利侵权永久禁令制度及其启示》，载《知识产权》2012年第11期。

② 董美根：《美国专利永久禁令适用之例外对我国强制许可的启示——兼论《专利法》（第三次）修订》，载《电子知识产权》2009年第1期。

③ 张广良：《知识产权侵权民事救济》，法律出版社2003年版，第52~61页。

④ 薛亚君：《专利非实施主体与“337条款”的国内产业要求》，载《对外经贸实务》2014年第12期。

⑤ 董美根：《美国专利永久禁令适用之例外对我国强制许可的启示——兼论〈专利法〉（第三次）修订》，载《电子知识产权》2009年第1期。

⑥ 张永忠、王绎凌：《标准必要专利诉讼的国际比较：诉讼类型与裁判经验》，载《知识产权》2015年第3期。

施者之间形成了专利许可合同，亦不能推导出标准必要专利权人放弃了禁令救济的权利。作出 FEAND 声明的标准必要专利权利人在提起侵权诉讼和请求禁令救济之前应当履行相应的诚信谈判义务①。由于 FRAND 原则的抽象性，对禁令滥用的管束较为有限。“敲竹杠”在标准必要专利许可领域较易发生，如一些专利权人将某项专利技术纳入标准后，基于技术标准的“网络效应”“技术锁定”效应所形成的市场地位优势，以禁令相威胁，进行“专利劫持”，对标准实施者索取高额的许可费用或不合理许可条件。是否构成标准必要禁令滥用，在司法和行政执法不同视阈下，判定标准有异，须切换不同视角予以分别考察。

以司法层面观之，针对标准必要专利权人的禁令申请，法院依据一定的判定标准来决定是否颁发。美国 eBay 案所确立的永久禁令颁发的“四要素检验标准”，促使法院审慎颁发永久禁令，对专利权人禁令救济起到了重要的抑制作用。对于德国而言，在“橘皮书案”之前，标准必要专利实施人一旦构成侵权，当然适用禁令救济，助涨了禁令滥用的发生。但经历“橘皮书案”（反垄断抗辩原则）、“华为诉中兴案（协商意愿原则）”之后，德国对禁令救济的适用标准逐渐由宽松转向严格，并从反垄断法的角度来考量禁令救济的正当性，禁令救济的当然适用日渐式微。譬如“协商意愿原则”规定了标准必要专利权人和专利实施者在专利许可费谈判中须履行的相关程序和义务。若标准必要专利权人发现专利侵权后，已履行了诸如适时寄发警告函、发出要约等程序，而专利实施者置若罔闻，此时权利人的禁令救济请求将可能获得法院支持。反之，若标准专利权人未履行告知侵权、发出要约等程序而径直提出禁令救济，或者在许可双方均履行上述规定程序后，仍向法院提出禁令救济，标准必要专利权人则涉嫌构成市场支配地位滥用，其禁令请求将难以获得法院支持。相较之下，我国在标准必要专利禁令救济领域的司法实践虽显得些许稚嫩，但亦不乏代表案例。华为

① 管育鹰：《标准必要专利权人的 FRAND 声明之法律性质探析》，载《环球法律评论》2019 年第 3 期。

（中国华为技术有限公司）诉 IDC（美国交互数字公司）一案中，IDC 在与华为进行专利许可谈判中贸然向美国法院提出禁令之诉，意图施加压力迫使华为接受不合理的许可条件。法院最终以其提出禁令的行为构成市场支配地位滥用为由，从反垄断法的视角否定 IDC 禁令救济的合法性和正当性。

值得注意的是，当标准必要专利禁令申请涉嫌市场支配地位滥用时，反垄断执法机构会主动进行反垄断审查。此外，经营者集中涉及标准必要专利业务时，反垄断执法机关可能会对经营者集中附加寻求禁令的限制条件。

四、已知受侵的专利权+迟延诉讼组合型：专利懈怠行为

德雷特勒说："你可以在我睡觉时使用它，或期盼我永远不要醒来，但请注意我会醒来的。"①

专利懈怠行为即专利权人发现专利侵权后，在一定期限内怠于行使权利，待侵权方做大做强后再提起专利侵权诉讼。相比于其他类型的专利滥诉行为，专利懈怠行为的特性在于，专利权人明知或应知侵权行为的存在，但仍采取放任的态度，待目标对象发展壮大或完成产业布局后，再以合适的时机提起侵权诉讼进而索取高额赔偿，人们将其形象的称之为"放水养鱼"。权利懈怠行为之所以会构成权利滥用，在于权利怠于行使持续较长时间后，会对他人造成自己没有侵权或者得到专利权人默许的错觉，并以此产生合理信赖，基于该信赖被控侵权人可能会扩大投资和生产经营规模，此时专利权人如果提起诉讼，将会对侵权人产生巨大沉没成本，使其蒙受巨大的经济损失。② 可见，时间、信赖、状况是认定专利懈怠行为的重要考虑因素。"时间要素"即相当期间内未行使权利，至于何谓"相当期间"，依实际情况而定；"信赖要素"即被控

① ［美］德雷特勒（Jay Dratler，Jr）著：《知识产权许可》（上），王春燕等译，清华大学出版社 2003 年版，第 249~250 页。

② 李建华、王国柱：《论专利权默示许可的认定》，载《河南社会科学》2013 年第 12 期。

侵权人是否足以相信权利人不再行使其权利且基于合理信赖扩大了投资和生产经营规模；“状况要素”即专利权人与被控侵权人之间是否存在竞争关系、提起专利侵权诉讼的时机是否恰当等。如我国 DVD 产业在发展之初，拥有 DVD 核心硬件、软件等知识产权的国外企业，按兵不动，并未提出收取专利使用费。而待我国 DVD 产业做大做强后，则开始向法院提起诉讼要求侵权人支付专利使用费。这不仅导致了当时我国大部分 DVD 企业无法出口海外，还使拥有 DVD 专利权的国外企业借机迅速占领我国市场。我国专利侵权诉讼的时效为二年，如专利权人超过诉讼时效提起诉讼，被控侵权人可提出时效抗辩。但一方面，专利权人可利用时效的中断、中止等制度来规避诉讼时效抗辩；另一方面，停止侵权的诉讼请求并不受诉讼时效的限制，专利权人可随时要求侵权人停止相关侵权行为。有学者认为，专利懈怠是旨在获得高额侵害赔偿效果而采取的消极不作为，属于专利权的滥用，①也即专利的程序性权利滥用。

第四节　专利滥诉的利益动因分析

伴随着激烈的市场竞争，专利滥诉现象不期而生。正所谓“天下熙熙皆为利来，天下攘攘皆为利往”，专利滥诉作为依附于市场经济肌体中的“异体”，带有明显的“利益至上主义”色彩。然而，专利权人的利益目标往往具有多元性特征，权利人既要考虑纠纷中的损害赔偿数额，又要对未来知识产品的商业市场和利益的垄断予以考量。② 具体观之，在市场竞争中，专利滥诉之所以愈演愈烈，在于通过专利滥诉，能达到“抑制竞争对手”“增加谈判筹码”“进行投机获利”等目的。

---

① 杨兵：《试论我国专利法专利懈怠的规制》，载《法制与经济》2009 年第 6 期。

② 刘友华：《我国知识产权纠纷诉讼解决的现状及评析》，载《知识产权》2010 年第 1 期。

一、抑制竞争对手

当专利权人发现其专利权遭受非法侵害时，发起专利侵权诉讼往往成为专利权人进行专利维权的重要手段之一，这本也无可厚非。但随着市场竞争的日趋激烈，专利权人发动专利侵权诉讼的动机可能并不仅仅在于专利维权本身，还在于通过形式上合法的手段达到争夺市场、抑制竞争对手的目的。

对于企业而言，竞争对手可分为技术上的竞争对手和产品上的竞争对手，前者如科研院所、技术型企业等，后者如具有较大规模生产能力的企业等。① 通过诉讼，不仅能获得一定的赔偿数额或专利许可费用，还能借助法律的武器进行市场战略布局、削弱竞争对手实力、实现经营目标。换言之，对于非直接的竞争对手，专利侵权诉讼是要求对方停止侵权并获得损害赔偿的重要途径；而对于直接的竞争对手，专利侵权诉讼则可能是争夺市场的一种重要手段，即通过专利侵权诉讼抑制竞争对手的市场扩张，实现自身占领市场的目的。② 正因如此，有学者认为，专利侵权诉讼被当事人更多用于谋取利益，而非寻求正义，侵权与损害赔偿之间的单一关系被打破，权利人不再以获得一定数额的赔偿为唯一目标，以诉讼作为市场竞争的手段也是其目的所在。③

市场占有率决定着企业在市场中的竞争地位。一些拥有专利技术的企业，对具有潜在威胁的竞争者，通过诉讼或以诉讼相威胁的方式往往能达到抑制竞争对手的目的。第一，影响竞争对手市场商誉。在专利侵权诉讼中，企业十分重视产品的知识产权争议对其商誉的影响。在“正泰”（正泰集团股份有限公司）诉“施耐德”（施耐德电气低压［天津］有限公司）案中，即使二者达成了和

① 戴玥：《专利竞争对手分析及案例》，载《情报探索》2008 年第 9 期。

② 仲春：《互联网领域专利诉讼的滥用与规制——从反垄断与专利制度的视角》，载《电子知识产权》2012 年第 9 期。

③ 张剑文：《从思科诉华为案论知识产权之诉讼价值》，载《国家检察官学院学报》2003 年第 6 期。

解，但双方对和解协议中的措辞问题仍争议很大。施耐德不愿在和解协议中提及自己侵权，而正泰坚持要认定施耐德侵权，经过协商，最终在和解协议中采取“施耐德在尊重正泰集团专利的基础上……”这一表述，[①] 从而力求避免出现“侵权”等字眼。由此可见，市场主体会尽可能避免由于专利侵权对其商誉所造成的影响。事实上，有些专利权人借助专利侵权诉讼，不仅可引起媒体和社会关注而借机宣传自己，还能对竞争对手的商誉造成负面影响。如在“苹果公司”与“三星公司”的专利诉讼大战中，有人认为，苹果公司在乎的不是赔偿额，而是“让世界知道三星公司存在抄袭”。[②]所以，不排除专利权人以专利维权的名义，对竞争对手的商誉进行诋毁。第二，干扰竞争对手经营战略。一般而言，市场主体的所经营的产品在进入市场前或在市场开拓过程中，已做好了市场的战略规划。而通过警告函、诉讼、禁令等专利滥诉行为，可将竞争对手拖入专利诉累，疲于应诉，无力经营，动摇其投资信心，迫使其改变经营策略或经营方向，进而达到阻止或延缓其进入目标市场的目的。与此同时，通过发动专利侵权诉讼，还可在法庭质证等诉讼程序中，获得竞争对手的与专利有关生产经营信息。第三，迫使竞争对手退出市场。在专利侵权诉讼中，通过申请临时禁令或请求法院判决禁售令，可将竞争对手相关产品暂时或完全排除在目标市场之外。以“思科诉华为案”为例，在 2002 年，随着我国华为公司（主要指中国华为技术有限公司及其子公司 Hua wei American Inc. 和 Future Wei Technologies Inc.，以下简称“华为”）在海外市场的大规模扩张，降低了美国思科公司（Cisco）在关键的交换机和路由器业务方面的市场占有率和利润率。2003 年 1 月思科遂以华为侵犯其知识产权为由向美国法院起诉华为侵权，以期获得法院初步禁令和永久性禁令，禁止华为出售 Quidway 路由器和服务器

---

① 韩芳等：《小专利扭转大乾坤——正泰集团诉法国施耐德公司专利侵权案调解纪实》，载《人民法院报》2012 年 4 月 23 日第 1 版。

② 李群、王宇：《苹果三星之战凸显专利之重》，载《中国知识产权报》2012 年 8 月 29 日第 1 版。

等涉嫌侵权产品。该案历经1年多，虽然最终以和解而告终，但还是使华为放弃了有关产品在美国的销售。又如2014年底，爱立信公司以小米公司侵犯其ARM、EDGE、3G等相关专利技术为由，在印度提起诉讼，同时向印度法院提起临时禁令，禁止小米公司在印度市场上销售、推广、制造相关产品，迫使小米公司相关手机产品在印度处于“禁售”状态。值得注意的是，除了将相关产品排除在目标市场之外，在美国，也不乏一些企业因专利侵权诉讼而破产的现象，一些公司因无法承受专利诉讼败诉后的高昂赔偿，难逃被收购的悲剧；而另外一些公司，即使赢得了诉讼，耗时数年需支付的律师费也可能造成其破产。① 世界第三大纸尿裤生产商PARAGONG公司因侵犯宝洁公司的专利权（一种松紧带制造工艺），法院判令其赔付4.2亿美元，导致该公司一夜之间倒闭。② 除了巨额专利赔偿费用以外，较高的诉讼费用对于中小企业而言也无异于天文数字，其要么在诉讼过程中委曲求全达成妥协，要么在参与诉讼后人财两空、黯然离场，艰难抉择面前，被控侵权人往往选择前者。所以，在正当的专利维权之外，专利权人较易利用专利侵权诉讼的耗时费力等特点，在与被控侵权人的利益博弈中达到“不战而屈人之兵”的效果。

二、增加谈判筹码

在专利侵权纠纷中，谈判与诉讼往往交织在一起，根据市场经营策略、侵权的严重程度、专利权人与被控侵权人的经济实力等，有些案件是先谈判后诉讼，有些案件则是边诉讼边谈判。在专利侵权纠纷案件最终处理方式上，有些案件通过法院审理结案或撤诉结案，有些案件通过谈判和解结案。对专利权人而言，谈判的理想目的或为索取可观的专利许可费，或获得交叉许可等。当专利纠纷进

① 张璁：《企业“出海”：直面专利遭遇战》，载《人民日报》2016年7月27日第18版。

② 朱丽利：《如何消灭“专利蟑螂”》，载《中国知识产权报》2014年12月3日第5版。

入专利侵权诉讼程序的情况下，基于诉讼成本考量，在条件允许的情形下，专利权人与被控侵权人可能都更愿以和解的方式结案。因为专利诉讼案件涉及诸多不确定性因素，程序复杂、审理时间较长、胜负预期难料等。如在专利侵权诉讼中，因专利的有效性争议，可引发专利无效宣告程序以及专利无效诉讼程序，使得专利侵权诉讼程序存在被中止的可能。根据我国专利法，理论上，一件专利侵权纠纷案件可经过专利侵权诉讼案件的中止、专利无效宣告程序、专利无效诉讼的一审和二审、专利侵权诉讼的一审和二审等程序等。如此一来，一件专利纠纷案件审理期限达几年乃至十几年之久不足为奇。对于专利权人而言，“战线”拉得过长，不仅可能得不偿失，专利还有可能被“无效”掉，可谓是“赔了夫人又折兵”。对于被控侵权人而言，卷入漫长的诉讼，不仅会浪费其宝贵的人力、物力、财力，也会使其错失市场机会，这种制度上的安排，为专利权人和被控侵权人之间的和解谈判留下了较大的空间。

实践中，为了增加谈判筹码，掌握谈判的主动权，形成有利于自身的谈判结果，以寄发专利侵权警告函、提起专利诉讼、申请禁令等方式相威胁或恫吓，增加谈判的有利筹码，使被诉侵权人在谈判中处于下风，以期使被诉侵权人“破财消灾”，便成为一些专利权人惯用的手段。如在索取高额专利许可费方面，有些专利权人借助技术垄断优势，故意以不合理的许可条件进行专利拒绝许可，待他人涉嫌侵权时又提起诉讼，要求高额索赔。尤其是在标准必要专利许可谈判中，当双方无法就 FRAND 许可条件达成合意时，标准必要专利权人往往寻求禁令救济或者以禁令救济威胁潜在被许可人。① 以华为（中国华为技术有限公司）诉 IDC（美国交互数字公司）案为例，华为在与 IDC 进行专利许可费的谈判过程中，IDC 又同时向美国法院提出禁令之诉，意图施加压力迫使华为接受不合理的许可条件。对此，我国法院经审理认为，其提出禁令的行为在性

① 赵启杉：《竞争法与专利法的交错：德国涉及标准必要专利侵权案件禁令救济规则演变研究》，载《竞争政策研究》2015 年第 2 期。

质上属于滥用市场支配地位，受反垄断法的约束，应承担实施垄断民事侵权行为的法律责任。① 在达成和解方面，许多知识产权诉讼的目的并不是为了在法律上分出输赢胜负，而是为了促成和解，“摩托罗拉诉华为公司”专利侵权案、“爱立信诉中兴通讯”专利侵权案、“苹果公司和三星公司”的专利诉讼案等相关案件较多通过和解方式而结束。② 一般而言，在涉及专利侵权的和解协议中，如不涉及许可等因素，往往需要被控侵权人向专利权人支付一定的赔偿款；在涉及许可等因素时，则需要被控侵权人向专利权人支付相应的专利许可费用或签订专利交叉许可协定等。

三、进行投机获利

在法定期限内，专利权人可通过转让、实施其专利权来获得相关的经济利益。然而，在专利交易市场还不是很发达的情形下，专利价值的实现还存在一定的障碍。与其耗费大量的人力、物力，寻找潜在的受让人、实施人，不如在市场上直接寻找侵权者，伺机发动诉讼，要求赔偿相应损失或索要专利实施许可费。如此，既能避免由于专利交易市场、评估体系的不完善，在专利许可中的讨价还价，浪费人力、财力；又能利用专利制度、诉讼制度的灰色地带，借助诉讼的威慑力获得比正常交易更为可观的收益。在这种利益驱动下，与专利相关的投机行为开始蔓延。如“专利蟑螂”，以低价收购他人专利，一旦盯上某一公司，再伺机发动专利侵权诉讼，尔后通过授权而获利。由于被告应诉成本高、风险大、周期长，即使“专利蟑螂”漫天要价，也不得不忍痛签订城下之盟。据统计，在美国，“专利蟑螂”与被告庭外和解的比例超过90%。③ 与此同时，美国专利侵权纠纷案件大多以和解收

---

① （2013）粤高法民三终字第306号。

② 高富平：《和解，往往意味着双赢》，载《中国知识产权报》2012年8月3日第8版。

③ 俞飞：《中企“海外专利被侵权危机”》，载《中国经营报》2014年6月30日第12版。

场，只有10%左右案件会真正进入司法诉讼阶段。①正因如此，人们也习惯将“专利蟑螂”称之为“专利投机人”。又如，在法律对专利恶意诉讼行为的构成要件缺乏明确规定的情况下，基于保障当事人诉权的考量，法院往往会对专利恶意诉讼设置严苛的认定标准，对当事人提起诉讼的行为并不会轻易认定为专利恶意诉讼，这无疑滋生了专利权人的侥幸心理。专利权人明知其专利权属于现有技术或者现有设计的，仍利用其“问题专利”恶意向他人提起专利侵权诉讼，以达到打击竞争对手、获取不当利益的目的。再如，专利权人发现对方侵权后，“睁只眼闭只眼”，既不提起诉讼，也不向对方收取专利许可使用费，而一旦他人基于这种默示许可式的信赖，扩大投资和生产规模，做大做强，进入市场成熟期后，便以所谓的法律武器进行维权，获取更为可观的专利损害赔偿额。

第五节　专利滥诉的制度成因分析

除了“抑制竞争对手”“增加谈判筹”“进行投机获利”等为专利滥诉的产生提供内在诱因外，相关制度的不完善更是助长了专利滥诉现象的猖獗肆虐之势。

一、推波助澜的专利激励政策

专利滥诉，顾名思义，主要在于专利权人利用手中所拥有的专利权，通过诉讼的手段，获得不正当利益的行为。由此可见，拥有专利权（是否为问题专利或垃圾专利在所不问）是专利权人进行滥诉的逻辑起点。然而，在我国专利审查制度中，对于实用新型专利和外观设计专利的申请，不进行专利“三性”（新颖性、创造性、实用性）的实质性审查，而仅作形式上的审查，从而为一些

① John R. Allison, Mark A. Lemley and Joshua Walker. Patent Quality and Settlement Among Repeat Patent Litigants, Social Science Research Network Electronic Journal, 2010, 99 (3): 677, 708.

不符合专利授权条件的问题专利或垃圾专利的产生提供了条件。① 与此同时，不适当的专利激励政策又进一步放大了基于专利审查制度的漏洞所带来的负面影响。如有学者经实证分析认为，以相关税收、补贴等优惠为主要手段的奖励性专利激励政策导致我国专利大幅增长而质量却未能得以显著提高，且该激励政策对占比最大的实用新型和外观设计专利的影响更为明显。② 若违反发明创造的客观规律而对采取不适当的专利激励政策，将可能造成大量“沉睡专利”“问题专利”的产生，引起“专利泡沫”。以相关税收、补贴等优惠为主要手段的奖励性专利激励政策导致我国专利大幅增长而质量却未能得以显著提高，且该激励政策对占比最大的实用新型和外观设计专利的影响更为明显。③ 简言之，将专利作为政绩考核、职称评审、高新技术企业申报、专利的申请费和实审费资助、升学加分等重要条件的激励政策引导下，进一步刺激了人们利用专利审查漏洞获得问题专利的动机，导致了专利呈爆炸式的增长，“专利泡沫”随之显现。目前，我国专利申请量跃居世界第一，是名副其实的专利大国。然而，在专利数量与专利质量未能实现协调发展的情形下，大量的存量专利为专利滥诉尤其是专利恶意诉讼、“专利蟑螂”滥诉等现象的发生输入了大量的“专利武器”、提供了必要的实施条件。譬如，专利权人利用手中所拥有的大量包括问题专利在内的专利，抱着“东方不亮西方亮”“花上几百元，折腾你大半年”等心态，向目标对象发起专利侵权诉讼，即使专利被宣告无效，也需经历漫长的诉讼，在给对方的商誉造成影响的同时，也

① 事实上，即使对于发明专利而言，虽然其进行实质审查，但也不排除问题专利的发生。专利的稳定性只是相对而言，纵观我国《专利法》对专利权授予方面的规定，采用的是“发明专利申请经实质审查没有发现驳回理由的”“实用新型和外观设计专利申请经初步审查没有发现驳回理由的”等反向表述，而未采用符合专利权授予条件可获得专利权等正向表述。

② 龙小宁、王俊：《中国专利激增的动因及其质量效应》，载《世界经济》2015 年第 6 期。

③ 龙小宁、王俊：《中国专利激增的动因及其质量效应》，载《世界经济》2015 年第 6 期。

增加了对方的诉累，达到占领市场、抑制竞争对手的目的。

二、矫枉过正的专利停止侵权救济

“专利停止侵权”亦称“专利停止侵害”“专利侵权禁令”。在专利权遭受侵犯时，专利权人请求法院判决被诉侵权人停止侵权是最为常见、最为有效、最为直接的专利侵权救济方式之一。较之损害赔偿，停止侵权可能对被诉侵权人而言具有更大的威慑力和杀伤力。对于停止侵权与损害赔偿之间的关系，有学者认为，“排除侵害，因直接打击侵害，手段比较激烈；损害赔偿，系间接迂回之救济，手段比较温和”。① 对于涉嫌专利侵权的制造、销售或使用等行为而言，其行为背后往往意味着被控侵权人已在前期进行了各方面的投入，或投入了一定的资金，或者生产已具有一定规模，或市场布局逐渐完善等，此时，一旦判定停止侵权，就可能会造成比金钱赔偿更为严重的负担。② 可见，停止侵权可造成被诉侵权人在未来任何时间都不能从事与涉案专利相关的生产、制造、销售活动，也可能导致企业关闭整条生产线，这将使被控侵权人前期的资金、生产等投入付之一炬。

专利权遭受侵犯，请求停止侵权乃专利权的应有之义。并不能仅以被诉侵权人造成损失而同情于被控侵权人，进而否定停止侵权救济的正当性，否则无异于为虎作伥，鼓励他人侵权。只是，当适用停止侵权责任，于个人、于社会都可能造成显失公平的效果时，应对专利停止侵权救济予以合理的限制。由于停止侵权责任的适用条件并不高，简言之，侵权发生，专利权人便可向法院请求判令被控侵权人停止侵权；侵权成立，法院便可判决被诉侵权人停止侵权。也即“当专利权遭受侵犯时，法律应该根据专利权人的请求

---

① 曾世雄：《损害赔偿法原理》，中国政法大学出版社 2001 年版，第 5 页。

② 康添雄：《专利侵权不停止的司法可能及其实现》，载《知识产权》2012 年第 2 期。

而判令被诉侵权人停止侵权行为的继续实施。”① 由于专利停止侵权请求权类似于物权请求权，其既不受诉讼时效限制，且在归责上适用无过错责任原则。所以，一方面，专利权人随时可以请求专利停止侵权；另一方面，专利权人也不必就被控侵权人是否存在过错加以举证，法院在判决停止侵权时也不会考虑被诉侵权人是否存在过错，从而使得专利停止侵权责任的适用如“脱缰之马”，不受约束。尤其是停止侵权责任在司法实践中，存在过度泛化适用之虞。法院一旦认定专利侵权成立，考虑到我国专利侵权赔偿额度不是很高，其一般会径直判决停止侵权，从而形成了“专利停止侵权当然论”。受停止侵权当然论、停止侵权不受诉讼时效限制、停止侵权责任适用无过错责任归责原则等影响，“停止侵权”这一救济手段极易被专利权人所滥用。无论是权利人怠于行使权利，采取“放水养鱼、待肥而食”诉讼策略的专利懈怠行为，还是以禁令相威胁，获取不合理的高额专利许可费的标准必要专利禁令滥用行为，抑或是以发动专利侵权诉讼而生存的非专利实施主体（“专利蟑螂”），之所以会出现蔓延的态势，与专利停止侵权救济不受限制存在莫大的关联，所以，在对专利滥诉法律规制过程中，限制停止侵权责任在专利侵权诉讼案件中的适用甚为必要。

三、跛足而行的权利保护制度

在专利制度中，我国更加侧重于保护专利权人的利益，对专利权行使的限制则没有引起足够的重视。究其原因，一方面，我国专利申请量虽领先全球，但我国技术创新能力尚且不足、技术输出能力还不强，技术的进步与发展仍离不开专利激励政策的实施。同时，专利权保护意识薄弱、专利侵权救济措施不力等问题也比较突出，尤其是专利维权过程中的周期长、成本高、赔偿低、效果差、

① ［日］综合研究开发机构，高桥宏志：《差止请求权的基本构造》，商事法务研究会 2001 年版，第 39 页。

举证难等问题还比较严重，加强专利保护无疑为当务之急。在国家大力实施创新驱动发展战略、知识产权强国战略的背景下，加大专利行政执法及专利侵权惩处力度，已然成为我国知识产权行政保护和司法保护的基本定位和政策取向。譬如，新近，我国知识产权的保护工作正在向“严保护、大保护、快保护”的方向迈进。另一方面，以诉讼文化观之，不好争诉，一直是古代中国文化观念的典型特征之一。①“无讼”“息讼”与“厌讼”共同构筑了我国传统诉讼文化中的观念大厦。② 有学者认为，改革开放以来，我国积极树立“诉讼”在纠纷解决机制中至高无上的排他性地位，并将“诉讼”与“权利意识”相联系，参与诉讼也被认为是权利意识较强的表现，实现了从抑制民众通过诉讼途径解决纠纷到鼓励民众将纠纷交由司法机构解决的转变。③ 为更进一步保护当事人依法行使诉权，我国也在积极推进案件受理制度的改革，立案审查制也由此衍变为立案登记制，实现了立案程序由职权模式向诉权保障模式的转变。④ 充分发挥司法在多元化纠纷解决机制建设中的引领、推动和保障作用便是改革的重要目标之一。⑤ 所以，在加强专利权保护力度、保障当事人诉权的大背景下，“让人民群众打得起官司”似乎成为了主旋律，对专利权、诉权的行使加以限制似乎有种格格不入、不合时宜的违和感，这种所谓的“违和感”对制度的影响便是，权利限制制度“寄人篱下”，依附于权利保护制度之中，充当权利保护制度的“点缀”。

---

① 樊崇义：《诉讼原理》，法律出版社2003年版，第237~238页。

② 张文香、萨其荣桂：《传统诉讼观念之怪圈——“无讼”、“息讼”、“厌讼”之内在逻辑》，载《河北法学》2004年第3期。

③ 郭星华：《当代中国纠纷解决机制的转型》，载《中国人民大学学报》2016年第5期。

④ 参见最高人民法院2015年发布的《关于人民法院登记立案若干问题的规定》（法释〔2015〕8号）的相关规定。

⑤ 参见最高人民法院2016年发布的《关于人民法院进一步深化多元化纠纷解决机制改革的意见》（法发〔2016〕14号）的相关规定。

四、有隙可乘的专利诉讼制度

起诉门槛偏低、诉讼期限长等问题往往是专利滥诉生成的重要诱因。我国《民事诉讼法》第 119 条对民事诉讼的条件进行了规定。有学者认为，我国民事诉讼法虽然对原告起诉的事实和理由作出了具体的规定，但当事人提起的诉讼是否符合起诉条件，则需要法院结合个案并借助于经验加以判断，从而出现法院对案件受理的标准高低不一的情况，在一定程度上给原告提供了较大的起诉空间。① 为充分保障当事人诉权，2015 年 5 月以来，我国法院开始全面实行立案登记制，对当事人的起诉不再进行实质审查，立案门槛的降低，加之诉讼费用偏低，可能带来恶意诉讼、滥用诉权等现象的蔓延。对于专利侵权诉讼案件，一般会依据民事诉讼法所规定的起诉条件来进行审查。然而，由于法院并不对当事人的起诉内容进行实质审查，无论是当事人以“问题专利”受到侵犯为由提起的专利侵权诉讼，还是迟延诉讼，法院一般也会予以受理。所以，起诉条件门槛低、诉讼费用水平低，加之规制诉权滥用配套性制度的缺失，为专利权人进行滥诉打来了一道方便之门。

除了起诉门槛偏低，专利诉讼程序的繁冗也催生了专利滥诉的发生。根据民事诉讼法、专利法及其实施细则、专利审查指南等规定，在专利侵权诉讼中，因专利的有效性争议，除了专利侵权诉讼程序自身外，可能还会引发耗时费力的专利无效宣告程序、专利无效宣告中止程序、专利权属纠纷（调解或诉讼）、专利无效诉讼等。其一，在专利侵权诉讼中，一方当事人启动专利无效宣告程序后，可能引起专利侵权诉讼的中止。其二，在专利无效宣告程序中，如果专利权人与他人存在专利权属纠纷，还可能引发专利无效宣告程序的中止，该专利权属纠纷须待管理专利工作的部门作出的

① 周逸：《中国语境下专利蟑螂之诉讼契机及其防范》，载《太原大学学报》2015 年第 3 期。

调解书或者人民法院作出的判决生效后，方能恢复专利无效宣告程序。其三，专利复审委员会作出无效审查决定后，一方当事人不服，以专利复审委为被告提起专利无效宣告诉讼，正常情况下，专利无效诉讼可能经历一审、二审等程序，较为极端的情况下，还可能会出现“循环诉讼”。其四，待涉案专利有效或无效的问题解决后，法院恢复专利侵权诉讼，或继续审理，或依据案件具体情况裁定驳回专利权人起诉。以上程序虽并不全是专利权人所引发，被诉侵权人也存在滥用上述程序的可能。但是，最初的专利侵权诉讼程序由专利权人启动。一件专利侵权纠纷案件审理期限达几年乃至十几年之久不足为奇，专利权人或许早已预料到，只是一些专利权人正是利用专利诉讼周期长、程序复杂、诉讼成本高等特点，以诉讼相威胁。或者说并非真正为解决专利侵权问题而提起诉讼，而是通过程序的空转，拖延诉讼，使被控侵权人在“卷入诉讼、拖入诉累”与“交纳高额的许可费或赔偿金”之间作出选择，被控侵权人为避免陷入诉讼泥沼、影响正常经营活动，往往会选择与专利权人达成妥协，或退出某一市场，或支付高昂的专利许可费。

案例介绍：

广州威尔曼系列专利纠纷案

1997 年 6 月，广州威尔曼作为专利权人相继申请了“抗β—内酰胺酶抗菌素复合物”（ZL97108942.6）和“抗菌组合药物”（ZL98113282.0）发明专利，并获得授权。2002 年 12 月，北京双鹤药业股份有限公司（以下简称“双鹤药业”）即以该专利不具有新颖性和创造性为由，向国家知识产权局专利复审委员会提出专利无效宣告请求。专利复审委员会遂于 2003 年 8 月作出第 8113 号审查决定，宣告该专利权全部无效。就在专利复审委员会作出宣告该专利权全部无效的当日，湘北威尔曼以该专利与广州威尔曼存在权属纠纷为由，向湖南省常德市知识产权局请求调解，并向专利复审委员会请求中止审查。专利复审委员会于 2003 年 9 月作出对该专利无效宣告案中止审查的决定。之后，广州威尔曼于 2004 年 8 月 13 日又以权属纠纷尚未解决为由，请求再予延长 1 年时间，而在第二次中止审查期间，广州威尔曼于 2005 年 2 月 28 日再一次要求延长。常德市知识产权局在其权属纠纷久调不决的情形之下，于 2005 年 11 月底撤销了该纠纷调解案。在此期间，广州威尔曼发起一连串维权行动，先后对双鹤药业、上海先锋药业股份有限公司、广州白云山医药科技发展有限公司等企业发起诉讼，指控上述企业侵犯其“抗 β—内酰胺酶抗菌素复合物”发明专利权。2006 年，关于该件专利是否有效方进入专利无效行政诉讼程序，此时，离双鹤药业提起的专利无效宣告请求已经 4 年多时间。随后，北京一中院一审判决维持了专利复审委员会的审查决定。广州威尔曼不服一审判决，向北京市高级人民法院提起上诉。二审过程中，该专利的专利权人由广州威尔曼变更为湘北威尔曼。2010 年 4 月，北京高院二审判决撤销一审判决以及专利复审委员会的决定，判令专利复审委员会重新作出无效宣告请求审查决定。双鹤药业不服二审判决，向最高人民法院申请再审，经最高人民法院审查，裁定提审本案。2011 年 12 月 17 日，最高人民法院作出（2011）的再审判决书中判定，该专利不具备创造性，据此判决撤销二审判决，维持专利复审委员会的无效决定及一审判决。因为涉案专利的存在，11 家药企争相向国家食品药品监督管理局申报同类药品并获得批文，但因为涉及专利侵权诉讼，迟迟无法生产、上市销售。

为何专利纠纷案可达 10 年乃至更长时间，通过复盘本案所涉及的诉讼程序，窥一斑而见全豹。其一，在专利侵权诉讼中，除了现有技术抗辩、先用权抗辩、合同优先抗辩、不侵权抗辩等之外，无效抗辩便是一种重要方式。若存在专利无效宣告程序，法院是否中止专利侵权诉讼，并无定论。根据最高人民法院的相关批复①，既可以不中止诉讼，也可在一定情形下中止诉讼。若中止诉讼，那么何时恢复诉讼往往取决于专利无效纠纷的解决。其二，在专利无效宣告程序中，若发生专利权属纠纷，且专利权权属纠纷已被地方知识产权管理部门或者人民法院受理，将引起专利无效宣告程序的中止②。其三，根据我国专利法的规定，专利无效宣告作出后，还可以国家知识产权局为被告，提起专利无效行政诉讼，专利无效行政诉讼亦可经过一审、二审程序。与此同时，根据行政诉讼法第 70 条之规定③，法院可判决国家知识产权局重新作出无效宣告决定，

① 最高人民法院关于对江苏省高级人民法院《关于当宣告专利权无效或者维持专利权的决定已被提起行政诉讼时相关的专利侵权案件是否应当中止审理问题的请示》的批复中指出，人民法院在审理侵犯专利权民事案件过程中，当事人不服专利复审委员会有关宣告专利权无效或者维持专利权的决定，在法定期间内依法向人民法院提起行政诉讼的，该侵犯专利权民事案件可以不中止诉讼。但是，根据现有证据材料，受理该侵犯专利权民事案件的人民法院认为继续审理与相关专利行政案件的判决结果可能发生冲突的，经当事人书面申请，也可以中止诉讼。《最高人民法院关于审理专利纠纷案件适用法律问题的若干规定》第 9 条规定，人民法院受理的侵犯实用新型、外观设计专利权纠纷案件，被告在答辩期间内请求宣告该项专利权无效的，人民法院应当中止诉讼，但具备下列情形之一的，可以不中止诉讼：（一）原告出具的检索报告或者专利权评价报告未发现导致实用新型或者外观设计专利权无效的事由的；（二）被告提供的证据足以证明其使用的技术已经公知的；（三）被告请求宣告该项专利权无效所提供的证据或者依据的理由明显不充分的；（四）人民法院认为不应当中止诉讼的其他情形。

② 依据《专利审查指南》第五部分第 7 章 7.1、7.2 之规定，中止条件包括当事人请求中止的，专利权权属纠纷已被地方知识产权管理部门或者人民法院受理；中止范围包括专利权无效宣告程序。

③ 《行政诉讼法》第 70 条规定，行政行为有下列情形之一的，人民法院判决撤销或者部分撤销，并可以判决被告重新作出行政行为：（一）主要证据不足的；（二）适用法律、法规错误的；（三）违反法定程序的；（四）超越职权的；（五）滥用职权的；（六）明显不当的。

而一旦国家知识产权局基于不同的事实和理由①作出之前一致的审查决定，当事人可再次以国家知识产权局为被告提起专利无效行政诉讼，形成“专利循环诉讼”的怪圈。

① 《专利法实施细则》第 65 条第 2 款，前款所称无效宣告请求的理由，是指被授予专利的发明创造不符合专利法第二条、第二十条第一款、第二十二条、第二十三条、第二十六条第三款、第四款、第二十七条第二款、第三十三条或者本细则第二十条第二款、第四十三条第一款的规定，或者属于专利法第五条、第二十五条的规定，或者依照专利法第九条规定不能取得专利权。

第二章　规制专利滥诉的理论阐释

理论是实践的先导，专利滥诉法律规制体系的构建离不开相应的理论支撑。当前，我国对专利滥诉的法律规制并没有现成的理论分析框架可供依循，鉴此，在构建专利滥诉的法律规制体系之前，需要对“专利滥诉规制的必要性、专利滥诉的违法性质、专利滥诉的规制范围、专利滥诉的规制依据”等基本问题进行理论上的回应。

第一节　规制专利滥诉的必要性分析

“权利人行使权利时，应当作为一个正直的人。”① 在专利侵权诉讼中，专利权人并不是简单地作为私权主体而存在，而是兼具市场主体、诉讼主体、社会主体等不同身份，在角色的转换中，专利权人须遵守不同角色所要求的基本底线。专利权人在诉讼中若僭越所处角色应遵循的法律底线，便可能构成专利滥诉，“达摩克利斯之剑”随之落下，面临着相应的法律规制。

一、作为市场主体的竞争底线

实践中，专利权人依仗其专利权所具有的独占性、排他性等，以他人侵犯专利权为由，借助诉讼这一具有威慑力的公力救济方式，达到遏制竞争对手、谋取不当利益的目的。任何权利的行使必然存在一定的边界，专利权、诉权亦然。若专利权人明知或应知他

① ［德］卡尔·拉伦次：《德国民法通论》（上册），王晓晔等译，法律出版社 2013 年版，第 308 页。

人侵犯其专利权，却怠于行使诉讼权利，意图“放水养鱼”，待他人扩大投资和生产规模后，再行起诉，使权利纠纷处于不稳定状态的同时，也给他人造成巨大经济损失；再如专利权人滥用诉讼，迫使竞争对手的产品难以进入目标市场，排除或限制了竞争。如在2011年肇始的苹果公司与三星公司系列专利侵权诉讼案件中，诉讼旷日持久、愈演愈烈，双方或以专利权为“矛”，或以专利权为“盾”，意图通过诉讼、禁售令等方式干扰对方市场谋划，从而占领相关市场。还如，标准必要专利权人利用市场支配地位优势，以提起禁令之诉相威胁，进而索取过高的专利许可费或有利于自身的许可条件，进行市场支配地位的滥用。以上形态各异的专利滥诉行为皆破坏了正常的市场竞争秩序，违背了公平竞争和商业诚信原则，损害了他人的合法权益，扭曲了专利的功能，既可能构成不正当竞争行为，又可能构成垄断行为，此时，便需要竞争法对专利滥诉加以规制，以维护良好的市场竞争秩序。

二、作为诉讼主体的自由底线

诉权是赋予当事人进行诉讼的基本权能，是当事人进行诉讼活动的基础。① 诉权作为民事主体在实体权利受到损害时的司法救济手段，国家保障诉权的正当行使。但“权利不得滥用”是法律精神的基本内核之一，不能一味地强调诉讼自由而纵容诉权的滥用。正如诉权的行使如果只是为了维护个人所拥有的特权，那么法的规定将不能得以全面实施。② 专利滥诉本质上是专利诉权的滥用。如一些非专利实施主体利用手中持有的专利专门向潜在的“专利侵权者”提起专利侵权诉讼，或索取巨额赔偿金，或迫使对方以高于专利正常市场价值的许可费来实施其专利。③ 这些非专利实施主

① 刘家兴：《民事诉讼法教程》，北京大学出版社1994年版，第30页。

② ［德］鲁道夫·冯·耶林：《为权利而斗争》，胡宝海译，载梁慧星：《民商法论丛》第2卷，法律出版社1994年版，第12~59页。

③ Elizabeth Siew Kuan NG. Patent Trolling-Innovation at Risk, European Intellectual Property Review, 2009 (12): 593-594.

体被人们称之为“专利蟑螂”，其过度诉讼影响了正常的市场秩序和审判秩序。又如一些专利申请人故意利用实用新型或外观设计专利无实质审查的专利制度漏洞，将一些实际上不具备授权条件的技术方案申请专利，引起大量“问题专利”的产生，在得到授权后，又通过诉讼的方式禁止他人使用，损害他人利益。专利诉权滥用的行为，既增加了当事人的诉累、导致程序空转，浪费了司法资源的同时，也使社会经济关系处于不稳定的状态。诚然，“法院不能让自己被利用作为不公平和不公正的工具”。① 由于专利恶意诉讼具有较强的隐蔽性，不易识别，容易引起法院误判，对司法公信力也会造成严重影响。纵观世界，大部分国家都对诉权滥用的规制作了明确规定。反观我国，也亟需从制度层面对专利诉权的行使予以规范，从而更好地促进当事人正确行使诉权，发挥诉讼“定分止争”的作用，实现社会公平正义。

三、作为社会主体的责任底线

专利权从实质上看，是作为代表社会利益的国家与个人之间通过“对价”在知识的私有与公有之间实行的一种平衡②。专利权既是一种竞争工具，也是一种激励工具，当专利权人将专利作为一种竞争工具广泛运用于市场之中时，不能以此削弱专利对技术创新的激励功能。专利滥诉的规制重点在于对专利权和诉权的行使予以限制，然而这种限制是否会减弱专利权在促进、激励创新方面的功用易生疑议。其实不然，专利滥诉不仅违背民事诉讼的目的，而且也违背了专利制度的宗旨，对技术创新可能造成严重阻碍。其一，专利滥诉行为增加了技术创新成本。如一些专利权人将某专利技术纳入标准后，利用技术标准的“网络效应”及以此形成的“技术锁定”效应，以禁令相威胁，进行“专利劫持”，对依赖其技术的

① ［美］罗纳德·德沃金：《认真对待权利》．信春鹰、吴玉章译，中国大百科全书出版社 1998 年版，第 42 页。

② 徐瑄：《知识产权的正当性——论知识产权法中的对价与衡平》，载《中国社会科学》2003 年第 4 期。

实施人索取高额的许可费用。“在专利权人与（潜在）侵权者的博弈中，以获取禁令为威胁极大提高了专利权人的谈判能力，从而可能导致专利许可费的价格超出该专利技术的正常价值。”① 又如专利懈怠行为，以所谓的“默认”方式放任他人侵权，待他人发展壮大后再提起专利侵权诉讼，一旦法院判决侵权人停止侵权，必将造成侵权人前期投入资源的极大浪费。可见，这些专利滥诉行为扭曲了正常的专利许可实施机制，非但没有促进技术的创新，反而增加了技术创新的成本，影响了技术创新动能与市场交易环境。其二，专利滥诉行为恶化了技术创新环境。基于专利审查制度的漏洞，一些根本不符合专利授权条件的技术很可能鱼目混珠，被不当授予专利。一般而言，一项专利的产生需要投入大量的时间精力和科研费用，而有的“问题专利”只需对专利申请文件稍加修饰，便可能蒙混过关，轻易获得“专利权”，进而将公有领域的公知技术纳入专利权的保护范围之中。此时如果纵容“问题专利”人发起专利恶意诉讼，并从中渔利，将对整个社会创新体系造成巨大社会成本的同时，还会助涨“投机取巧”的专利申请策略的形成，最终导致“劣币驱逐良币”的不良后果，抑制了技术创新动力。其三，专利滥诉行为扭曲了技术创新机制。有实体权利，必然要有相应的救济程序。近年来，我国逐渐进入了专利侵权诉讼的高发期，专利侵权诉讼案件逐年递增，这从某方面反映了我国知识产权保护意识的增强。但物极必反，有学者认为，“诉讼动力过度”与“诉讼动力不足”具有同质性，都会阻碍最优诉讼效益的实现，过度诉讼会导致社会诉讼成本的浪费。② “专利蟑螂”肆无忌惮的滥诉，借助诉讼营利，使相关产业深陷诉讼泥沼，对激励创新机制造成了严重扭曲。如在智能制造业日益成为各国或地区战略性产业的背景下，“专利蟑螂”将目光瞄准了智能制造业，智能制造业由此

① MA Lemley，C Shapiro. Patent Holdup and Royalty Stacking，Social Science Electronic Publishing，2007，85（7）：1991-2049.

② 熊丙万、周院生：《诉讼效益的经济分析框架——以当事人诉讼动力的调节机制为中心》，载《制度经济学研究》2015 年第 1 期。

也成为专利侵权诉讼的“重灾区”，这对技术密集型的智能制造业创新发展造成了严重影响。由此可见，专利滥诉行为对技术创新发展具有不利影响，需要从制度上对专利滥诉加以有效规制。

第二节　专利滥诉规制的法理分析

专利滥诉大都依附于专利侵权诉讼进行，或言，专利滥诉主要从专利侵权诉讼异化而来，并在此基础上演化出不同类型的专利滥诉形态。前文对专利滥诉的类型及生成机理进行了分析，在此基础上，还需立足于专利滥诉的法律规制，对专利滥诉的违法性质、规制范围、规制方法加以系统阐释。

一、专利滥诉的违法性质评析

专利滥诉主要包括专利恶意诉讼、“专利蟑螂”滥诉行为、标准必要专利禁令滥用、专利懈怠行为等滥诉行为样态。值得注意的是，前文对专利滥诉形态的划分侧重于诉讼失范现象的描述，尚不足以剖析不同专利滥诉形态的违法性质。每个部门法都调整一定的社会现象所反映的特定社会关系，更具体来讲，法律是调整社会关系的行为规范。法律在调整人们行为过程中所形成的特定社会关系称之为法律关系，如民法主要对平等主体之间的财产关系和人身关系进行调整；侵权责任法主要对民事主体违反民事义务、侵害民事权益的法律关系加以调整；反垄断法主要对具有竞争关系的经营者之间的法律关系进行调整；民事诉讼法着重调整法院与当事人、其他诉讼参与人之间的民事诉讼活动及法律关系；专利法主要调整因确认发明创造的专有权及保护和行使发明创造专利权而产生的社会关系。当他人作出的行为能引起法律关系产生、变更和消灭时，可将其称之为法律行为；而当他人违反法律规定作出危害法律所保护社会关系的行为时，对该行为，可称为“违法行为”或“非法行为”。一般而言，不同部门法都会以禁止性规范的形式对“违法行为”作出预见性规定，如侵权责任法中的“侵权行为”；反垄断法中的“垄断行为”；民法中的“权利滥用”、反不正当竞争法中的

“不正当竞争行为”、专利法中的“专利侵权行为”、民事诉讼法中的“妨碍民事诉讼行为”等。专利滥诉虽然依附于专利侵权诉讼，但由于其可能构成妨碍民事诉讼行为、垄断行为、不正当竞争行为、权利滥用等，从而可能受到民事诉讼法、民法、竞争法、侵权责任法等部门法的调整。

具体观之，以诉的利益为标准，专利滥诉形态可进一步划分为“非善意有理由之诉”和“非善意的无理由之诉”。对于专利恶意诉讼，由于专利权人基于“问题专利”提起诉讼，权利基础和诉的利益缺失，使得专利侵权诉讼缺乏合法性基础。鉴于专利恶意诉讼主要是将专利侵权诉讼作为侵害他人利益、为自己谋取不当利益的工具，在本质上属于一种侵权行为或不正当竞争行为，从而可能受到民法、侵权责任法、反不正当竞争法的调整。同时，专利恶意诉讼由于违反民事诉讼法相关规定，可能构成妨碍民事诉讼行为，从而受到程序法制裁。对于“专利蟑螂”滥诉行为、标准必要专利禁令滥用、专利懈怠等所提起的“非善意的有理由之诉”，虽然其具有诉的利益且在形式上符合程序法律规定，但因其提起诉讼的行为缺乏正当或合理的依据，逾越了相关法律的界限或目的，可能对他人利益和竞争秩序造成严重损害，构成不当诉讼。申言之，对于“非善意的有理由之诉”，由于专利滥诉所依附的专利侵权诉讼仅在形式上具有合法性，实质上可能具有不当性，故此类专利滥诉可能违背诉讼法之外其他相关法律的具体规定、基本原则等。譬如，标准必要专利权人提起禁令之诉本身并不违法，但若标准必要专利权人在具有市场支配地位的情形下，为获得更高的专利许可费，提起禁令之诉，则涉嫌市场支配地位滥用，可能构成垄断行为。对于怠于行使权利的专利懈怠行为，虽然专利权人所提起的专利侵权诉讼在形式上也具备合法性，但由于其可能违反民法中的诚实信用原则、权利失效原则，构成权利滥用，从而要承受民法中所规定的不利后果。

二、专利滥诉的法律规制范围

专利滥诉法律规制的作用力范围不只影响专利诉权行使，还应延及专利权的行使。诚然，专利诉权滥用是“专利滥诉法律规制”的基本边界，譬如根据专利恶意诉讼、“专利蟑螂”滥诉行为、标准必要专利禁令滥用、专利懈怠的违法性质，不同部门法依据其调整范围分别予以规制。然而，专利滥诉规制的作用力范围，除了专利滥诉自身外，还应延及与专利滥诉密切相关的专利权行使行为。换言之，专利滥诉的法律规制，既要注重事后规制，又要注重事前规制。以专利滥诉的行为逻辑观之，形态各异的专利滥诉行为均具有一个共同点，也即专利滥诉往往以专利权人拥有形式上合法的专利权为逻辑起点，以诉权滥用为逻辑中介，以获得不当利益为逻辑归宿。可见，专利权及其行使是专利滥诉的原点，而专利权及其行使往往又可能是专利滥诉的风险源。如“问题专利”具有权利稳定风险，“标准专利”具有市场垄断风险，“受侵专利”具有交易安全风险、“聚合专利”具有恃强凌弱风险，从而分别为“专利蟑螂”滥诉行为、专利恶意诉讼、标准必要专利禁令滥用、专利懈怠的发生埋下了隐患。当专利权的不同存续状态与专利侵权诉讼加以组合后，专利侵权诉讼极易异化为专利滥诉。譬如基于“问题专利”提起诉讼，可能会导致专利恶意诉讼，若专利有效性十分稳定，也不存在恶意申请的行为，自然也就无恶意诉讼之说；基于“标准必要专利”提起禁令之诉，易引发标准必要专利禁令滥用，若专利并未纳入标准之中，便很难将专利权人的停止侵权请求径直定性为滥用；基于“聚合专利”提起诉讼，则可能产生“专利蟑螂”滥诉行为，若以自己研发的专利或基于自身生产需要而购得的专利提起专利侵权诉讼，也并无“专利蟑螂”滥诉之说；基于“侵权发生后在相当期限内没有行使诉权的专利”之后又提起诉讼，可能产生专利懈怠行为，倘若在合理的期限内提起诉讼，也并无懈怠之说。可见，基于专利权所处于的状态可能带来的不同风险，管理专利的部门或其他相关行政管理部门需要结合实际情况，设置相应的防范措施。如在专利权人参与标准制定过程中，不得故意隐瞒及不披露相关专利信息；在专利申请中，不得存在明显抄袭现有技术、明显编造实验数据或者技术效果等不正常的专利申请行为；在专利转让、许可中，需履行相应的登记、备案手续等。同时经营者在涉及知识产权交易时，可能还要受到经营者集中的审查等。

综合来看，相关部门法在规制专利滥诉过程中，除了以专利诉权为中心，对专利恶意诉讼、“专利蟑螂”滥诉行为、标准必要专利禁令滥用、专利懈怠进行直接性规制以外，还应考虑专利权及其行使对专利诉权行使的影响，进而对专利权的行使加以合理规制，以规制前移促进专利滥诉直接性规制与间接性规制、事前规制与事后规制的互动、整合，实现专利滥诉的多元共治、标本兼治。

三、专利滥诉的法律规制方法——分类施策、循因施策的规制构想

专利滥诉的法律规制涉及不同的滥诉行为样态和不同部门法的调整，使得规制对象与规制路径之间存在“多对多”的关系，而不宜采取“一刀切”的规制方式。这就需要在把握专利滥诉具体类型及生成机理的基础上，寻找不同专利滥诉行为的“阿喀琉斯之踵”，进行分类施策、循因施策。

（一）依据不同专利滥诉类型的违法性质分类施策

其一，对缺乏诉的利益，形式上不具有合法性的专利侵权诉讼，并无必要安排抗辩制度。因为根据正当程序原则，抗辩制度的前提是存在合法的诉讼，此时被告以受害人身份出现而非被控侵权人身份出现。故在制度安排上，应侧重于赋予受害人相应的损害赔偿请求权，如针对专利恶意诉讼，专利权人需要承担相应的反赔责任。其二，对于“非善意的有理由之诉”，鉴于其并没有全盘否定专利侵权诉讼的合法性，一方面可在专利侵权诉讼中设立专利懈怠抗辩权、反垄断抗辩权等，对专利权人的相关请求权形成抗衡；另一方面，若在标准必要专利权人具有市场支配地位的情形下，专利权人寻求禁令的行为可能会对竞争秩序、社会公共利益造成严重危害，从而需要公法的介入。譬如“专利蟑螂”滥诉行为、标准必要专利禁令滥用均可产生反竞争的效果，从而涉嫌垄断行为，需要反垄断法的介入。其三，由于专利滥诉的法律规制主要以专利侵权

诉讼为中心展开的，法院针对不同的专利滥诉类型，既可通过撤诉异议审查、诉讼费用承担转移、程序制裁等程序性问题的处理，也可通过替代适用停止侵权与损害赔偿责任、驳回专利权人相关诉讼请求等实体性问题的处理，来达到规制专利滥诉的目的。若专利侵权诉讼本身构成不正当竞争行为或垄断行为，竞争执法机关亦会介入，要求其承担不正当竞争或反垄断责任。

（二）依据不同专利滥诉类型的诉讼动机循因施策

诉讼动机是原告提起诉讼和参加诉讼活动的内在动因。① 正所谓“打蛇打七寸”，专利滥诉都是在一定利益支配下进行的，不同的专利滥诉类型受不同诉讼动机支配，所以，要通过洞察不同专利滥诉行为样态的诉讼动机，明确专利权人主要的诉讼目的，进而在此基础上提出因应之策，惟此，方能收到较好的规制效果。

分而视之，其一，专利恶意诉讼的诉讼动机主要在于，专利权人侥幸利用“问题专利”攫取不当利益，抑制竞争对手，带有一定的欺诈性质。故对于专利恶意诉讼行为，除了及时识别并采取相应的程序制裁措施外，还应强化其反赔责任的承担，提高其违法成本，使其不能、不敢提起专利恶意诉讼。“专利蟑螂”滥诉行为的诉讼动机在于利用聚合专利的优势发起诉讼，以获取可观的专利损害赔偿金。故对专利滥诉的规制重点，一方面加强行政对专利运营的管控，在专利申请、转让、许可等方面加以限制。另一方面，法院要及时识别出“专利蟑螂”滥诉行为，并在基础上酌情处理“专利蟑螂”的赔偿请求，如在判决中合理确定其赔偿数额。譬如美国得克萨斯州地区法院偏向于遵循先例原则，胜诉率较高，对“专利蟑螂”较为有利，故许多“专利蟑螂”选择在美国得克萨斯州地区法院提起侵权之诉。标准必要专利禁令滥用的动机在于，标准必要专利权人利用技术优势，以禁令之诉相威胁，迫使标准实施者与其达成不合理的专利许可条件，或将竞争对手产品排除在目标

① 兰世民：《关于诉讼动机的心理学分析》，载《东南司法评论》2014卷，厦门大学出版社 2014 年版，第 168 页。

市场之外。故对于标准必要专利禁令滥用的规制重点一方面通过反垄断执法机构的介入，罚款或责令其停止违法行为；另一方面，法院可通过不颁发禁令以及基于 FRAND 原则确定合适的专利许可费率；专利懈怠的动机在于，意图放水养鱼，待对方侵权达成一定规模时，可以获得更多的赔偿或竞争利益。故对于专利懈怠的规制重点在于对损害赔偿、停止侵权请求附加一定的期限限制，弱化其迟延诉讼的动因。

第三节　专利滥诉的规制依据

专利滥诉的法律规制，离不开相关理论的支撑。专利滥诉本质是专利诉权的滥用，“禁止诉权滥用理论”继承权利滥用理论的衣钵，为诉权滥用的规制提供了基本理论研究范式。“权利失效理论”作为大陆法系国家的一个重要理论，克服了仅通过简单的时效经过来限制权利行使的局限性；“关键设施理论”作为反垄断法中历史悠久、颇具争议的理论，将该理论引入专利拒绝许可领域，为标准必要专利禁令滥用的反垄断法规制提供了重要的理论工具；“正当程序理论”作为英美法系相关国家一条重要的宪法原则，其所蕴含的程序中立、理性、正义、平等参与等价值，对专利滥诉的司法规制，尤其是当事人双方程序性权利的合理配置具有重要的启示意义。

一、禁止诉权滥用理论

罗马法法谚有云：“行使自己的权利，无论对于何人，皆非不法。”① “权利滥用理论”肇始于公元前 6—7 世纪大陆法系之罗马法。在 19 世纪初自由资本主义阶段，市场结构以自由竞争为特征，自由放任主义盛行。在人们追求自由、平等的过程中，权利起着关键的保障作用。彼时，人们信奉自由放任主义哲学、倡导自由竞

① 郑玉波：《民商法问题研究》（一），台湾大学法学丛书 1976 年版，第 50 页。

争，权利行使的自由备受尊崇，尚不具备权利滥用理论发展的条件。尤其是，近代以来，受古典自然法学理论影响，权利本位思想占据上风，权利自由行使便顺势成为法律所重点保护的对象，从而赋予了权利无限行使的机会，① “权利”可谓是众星拱辰、风光无限。19世纪末，西方国家开始进入垄断资本主义阶段，自由如脱缰之羁，市场的盲目性和无政府状态现象蔓延，使得私人占有与生产社会化矛盾空前突出，基于社会利益之考量，国家对私权的干预日渐引起人们的重视。此时，以狄骥、埃利希、庞德等为代表的社会法学派开始兴起，逐渐取代了自然法学派。如庞德认为“现有的极端个人主义必须加以调和，以跟上时代的脉搏……我们必须回到国家作为监护人拥有实施正义这一剩余权力的时代”。② 在法律本位历经“义务本位→权利本位→社会本位”的历史衍变中，“权利绝对论”日渐式微，“权利相对论”渐获认同，从而为权利滥用理论的发展提供了肥沃土壤。

此时，大陆法系相关国家纷纷在民法典中确立了承载着“社会本位观”的诚实信用原则、禁止权利滥用原则，从而为权利滥用理论的不断成熟提供了条件。总体来看，禁止权利滥用原则以罗马法初露端倪，法国民法典制定后出现著名判例，而德国民法典正式将其确定为一项原则，继而瑞士民法、苏俄民法、日本民法等均以一般条款的形式规定了禁止权利滥用原则。③ 英美法系国家虽在相关制度中未明确权利滥用的确切概念，但有学者认为，权利滥用法理与英美法上的禁反言的权利放弃之法理有相通之处。④ 禁止权利滥用的法理和功能，与英美国家衡平法中所创设的“允诺禁反

① ［意］彼得罗·彭梵得：《罗马法教科书》，黄风译，中国政法大学出版社1992年版，第244~247页。

② ［美］罗斯科·庞德：《普通法的精神》，唐前宏等译，法律出版社2010年版，“商业版序言”第16页。

③ 高慧铭：《禁止权利滥用原则探源》，载《唯实》2011年第6期。

④ 王泽鉴：《民法学说与判例研究（第1册）》，中国政法大学出版社1998年版，第310页。

言规则”相类似。①伴随着“权利应负义务”观念的日益深入人心，权利滥用理论在英美法系判例法与大陆法系成文法的交相辉映中不断成熟。在禁止权利滥用原则的不断演进中，一方面，禁止权利滥用原则起初仅适用于物权法领域，尤其集中于所有权上，之后拓展至包括物权、债权、知识产权和人身权等在内的一切私权。②另一方面，禁止权利滥用原则突破了诸如财产权等实体性权利的范畴，将诉权等程序性权利也纳入其中。有人认为，程序意义的介入并非偶然的因素，而是通过最普遍的滥用权利这一介质而体现出来。③事实上，在古罗马时期，就曾以罚金、宣誓等方法遏制滥用诉权的问题。④

虽然“禁止诉权滥用”在我国是一个连文义都没有的“一般条款”⑤，法律对此也没有进行正式规定，但以其作为诉权制度中一项针对当事人的基本原则应不为之过。⑥以此来看，诉讼法上的权利滥用可以比照权利滥用在民法学理上的各种学说加以分析。⑦可见，从概念的体系归属来看，专利滥诉、专利权滥用同属权利滥用，二者均可参照禁止权利滥用理论范式予以分析。由于专利滥诉的核心要素便是诉权滥用，故禁止权利滥用理论、禁止诉权滥用理论为专利滥诉的法律规制提供了重要的理论依据。

---

① 钱玉林：《禁止权利滥用的法理分析》，载《现代法学》2002年第1期。

② 汪渊智：《论权利滥用原则》，载《法学研究》1995年第5期。

③ Josserand：De lpespit des droits et de leur relativite, by Pairs (1927), passim. 转引自张晓薇：《滥用诉讼权利之比较研究》，载《比较法研究》2004年第4期。

④ ［古罗马］查士丁尼：《法学总论》，商务印书馆1994年版，第236页。

⑤ 梁慧星：《民法解释学（修订版）》，中国政法大学出版社2000年版，第287页。

⑥ 侯海军：《试论起诉权行使的正当界限——也谈“禁止诉权滥用”原则在立案审查程序中的引入》，载《理论界》2008年第7期。

⑦ 沈达明：《比较民事诉讼法初论》，中国法制出版社2002年版，第249页。

二、权利失效理论

权利失效理论源于19世纪德国帝国商事法院的判决，即自助出卖的迟延，如依其情况被认定为不诚实的迟延者，不得再行使权利。① 之后，历经发展，“不诚实迟延”法律原则的适用逐渐扩展至解除权、终止权、请求权乃至整个法律领域。当前，在日本以及我国台湾地区也都通过判例形式确定了权利失效原则。我国大陆虽未对权利失效原则作具体规定，但学理上对其也作了一定探讨。

对于权利失效理论，可从以下几个方面予以把握。第一，在概念界定上，权利失效主要指权利人长期地不主张或行使自己的权利，尤其是权利人在其权利受到侵害时本可以采取相关的保护措施但却置之不理，从而使权利相对方合理地认为权利人不再行使其权利时，该权利可产生失效的后果。② 也有学者认为，若权利人在相当期间内不行使其权利，依特别情势足以使相对人合理信赖权利人不履行其义务时，其亦为权利滥用的特别形态，基于诚实信用原则，其不得再为权利主张，此谓权利失效。③ 第二，在构成要件上，权利失效主要包括权利人非因客观原因而在相当长期间内不行使权利；不行使权利的状态已使相对方合理确信权利人不再行使此项权利；若允许权利人行使权利会造成当事人间利益严重失衡。④ 可见，权利失效构成要件的基本逻辑是：权利人怠于行使权利，而相对人对这种默认状态产生了合理信赖，之后如再允许权利人行使权利，将会对他人利益造成严重损害，有违诚实信用原则。第三，在适用范围上，权利失效制度以诚实信用原则作为理论基础，是诚

① 王泽鉴：《民法学说与判例研究（一）》，中国政法大学出版社2005年修订版，第294页。

② ［德］卡尔·拉伦茨：《德国民法通论（上册）．王晓晔等译，法律出版社2003年版，第309页。

③ 王利明：《民法总则研究》，中国人民大学出版社2003年版，第246页。

④ 杜颖、谢鸿飞：《论权利失效原则》，载《河北法学》1998年第5期。

实信用原则的具体化。正如有学者认为，权利失效制度以诚实信用原则为基础，而诚实信用又为法律之基本原则，故对整个法律领域均有适用之余地。① 诚然，虽然权利的行使期间主要通过除斥期间、诉讼时效等制度加以限制，但对“未规定除斥期间的形成权、持续性侵权下专利权人怠于行使诉权”等情形，权利失效原则自有适用余地，从而避免了因僵硬的诉讼时效及除斥期间适用范围过窄等原因，而导致的对相对人权益保护不足等问题。以对权利行使期间进行限制的角度观之，权利失效原则属于抽象规定，而除斥期间、诉讼时效则属于具体性规定，除斥期间、诉讼时效优先适用权利失效原则当无疑议，较之除斥期间、诉讼时效等制度，权利失效原则主要起到补充和兜底作用。第四，在法律效果上，诉讼时效届满后，存在着实体权利消灭主义、诉权消灭主义、胜诉权消灭主义、抗辩权发生主义等学说。与之类似，权利失效的法律效果，大体也存在着权利本体消灭说、相对人抗辩产生说、诉权消灭说等理论学说。有学者认为，权利失效系权利不当行使的一种特别形态，此时权利自体并未消灭，仅发生抗辩，较为妥适。② 诚然，权利人怠于行使权利，权利滥用的程度相对较轻，如直接产生权利本体归于消灭的法律效果，对权利人权利行使的要求未免过于苛刻。而鉴于权利之诉权消灭仅适用于诉讼途径，权利人还可以通过其他途径来主张权利，故从限制权利滥用的角度来看，将权利失效的法律后果确定为相对人产生相应的抗辩权更为妥当。③

具体到知识产权领域而言，知识产权权利人在行使权利时，应当遵循诚实信用原则，受到公共利益的限制。④ “法律保护勤勉者，

---

① 王泽鉴：《民法学说与判例研究（一）》，中国政法大学出版社 2005 年版，第 292 页。

② 王泽鉴：《民法学说与判例研究（第 1 册）》，中国政法大学出版社 1998 年版，第 312 页。

③ 刘自正、褚卓慧：《论大陆法系民法之权利失效制度》，载《武汉理工大学学报（社会科学版）》2001 年第 5 期。

④ 李雨峰：《论知识财产使用权的时效取得》，载《法学评论》2011 年第 5 期。

不保护懒惰者”，也即法律不保护睡眠于权利之上者，只保护积极行使权利的人。① 对于专利权的行使而言，权利失效理论对专利懈怠行为的分析具有重要的理论意义。专利权人明知或应知侵权行为的存在，而采取放任的态度，对持续性侵权行为置之不理，待侵权方产生合理信赖进而扩大投资，发展壮大后，专利权人伺机提起侵权诉讼进而索取高额赔偿，违背了诚实信用原则。虽然我国规定侵犯专利权的诉讼时效为两年，但一方面，专利权人可利用时效的中断、中止等制度来规避被控侵权人的诉讼时效抗辩；另一方面，在持续性侵权行为可分的情形下，每一次单独的侵权行为诉讼时效将会分别计算，而并不能将持续性侵权行为作为一个整体计算，从而出现某一阶段的侵权行为已经过了诉讼时效，而另一阶段的侵权行为仍在诉讼时效之内。此外，停止侵权请求并不受诉讼时效的影响，专利权可随时要求侵权人停止相关侵权行为，诉讼时效的适用有其局限性。依据权利失效理论，对于专利懈怠行为，如构成权利失效构成要件，被控侵权人将拥有完全的抗辩权，从而可能使专利权人的损害赔偿请求无法获得法院支持，同时不受诉讼时效限制的停止侵权请求也可能无法得到法院支持。如有学者认为，在侵权发生时候，怠于行使专利权。在认定被告构成专利侵权时，可以不支持原告停止侵权的诉求，而是要求侵权人支付继续使用专利的使用费。② 正是因为权利失效制度在防止专利懈怠行为方面具有重要的作用，有学者认为，“在我国未来立法与司法实践中，权利失效理论应是弥补在知识产权领域诉讼时效防止怠于行使权利时不足的首选理论”。③

---

① 王利明：《民法总则》，中国法制出版社 2006 年版，第 283 页。

② 张玲、金松：《美国专利侵权永久禁令制度及其启示》，载《知识产权》2012 年第 12 期。

③ 李益松：《论知识产权侵权诉讼时效——以持续侵权行为为中心》，http：//article. chinalawinfo. com/ArticleHtml/Article _ 55616. shtml，2016 年 12 月 3 日访问。

三、关键设施理论

"关键设施理论"（essential facility doctrine）起源于美国"终端铁路案"①，在该案中，圣·路易斯市坐落在美国密西西比河的两岸，是美国中西部水陆交通重要枢纽地之一，美国终端铁路运输公司控制着由密西西比河进出圣·路易斯市的铁路桥梁、转运场等交通运输设施，基于这种垄断优势地位，终端铁路运输公司以拒绝其他州的铁路运输公司使用这些基础设施为要挟，采取歧视性价格收费。在该案的审理中，美国最高法院认为，处于核心基础设施的垄断企业，无正当理由拒绝竞争对手使用该基础设施，构成非法限制贸易。法院首次提到，之所以要求被告开放使用设施，其理由在于：一是其他运输公司在事实上无法建立自己的跨河设施；二是运输公司凡通过圣·路易斯市必须要使用这些设施。② 该案形成了关键设施理论的基本雏形。此后，历经 MCI 通信公司诉 AT&T 案、Aspen 案等判例发展，关键设施理论不断完善。此外，欧盟也于上世纪 70 年代开始注重关键设施理论在司法实践中的运用。根据关键设施理论，当某一垄断企业（一般为上游企业）控制了一个关键性设施或资源的情形下，垄断企业不得不合理拒绝其他企业（一般为下游企业）基于合理条件提出使用这些设施或资源的请求，否则，涉嫌违反反垄断法。

在知识产权领域，知识产权作为一种无形的关键设施，与有形的关键设施并无本质区别，也可能带来反竞争效果。③ 具体到标准必要专利领域，标准必要专利可以看成是知识产权案件中的核心设施，在相关市场界定中可以独立构成一个相关市场。④ 诚然，一旦

---

① United States v. Terminal Railroad Ass'n 224 U. S. 383 (1912).

② 李剑：《反垄断法中核心设施的界定标准》，载《现代法学》2009 年第 3 期。

③ 林平等：《反垄断中的必需设施原则：美国和欧盟的经验》，载《东岳论丛》2007 年第 1 期。

④ 厉潇逸：《核心设施理论在标准必要专利案中的适用困境及解决》，载《法大研究生》2015 年第 2 期。

该设施对他人进入该相关市场存在不可复制的必需品时，该专利就可能成为一项关键设施，形成市场支配地位。此时，标准必要专利权人利用该设施限制竞争的风险将大大增加，而禁令救济往往就成为市场支配地位滥用的重要手段。虽然标准必要专利权人基于FRAND承诺负有授予第三方专利许可的义务，但这并不意味着权利人针对专利侵权行为放弃了申请禁令救济的权利,① 只是标准必要专利权人行使禁令救济被认定限制竞争行为的可能性将大大增加。正因如此，在美国和欧盟针对标准必要专利禁令救济申请的相关案件中，对是否颁发禁令反复权衡、颇为谨慎，力求在防止专利劫持与专利反劫持之间作出平衡。实践中，标准必要专利禁令滥用主要表现为过高定价、专利拒绝许可、歧视性许可，专利权人的目的主要包括索取高额专利许可费、压制竞争对手等。也即当市场上并无可供替代的技术后，标准必要专利权人或以禁令相威胁索取高额专利许可费（专利劫持），或以专利侵权为由通过禁令将竞争对手的产品排除在相关市场之外。

"关键设施理论"的存在意义之一在于为规制拒绝许可行为提供了重要理论分析工具。也即，当一个设施被认定为"核心"之后，该设施的拥有者就承担以合理条件开放使用的义务，而不得拒绝交易。②"违反FRAND承诺而拒绝交易→禁令申请（威胁）→获得高额许可费或交叉许可条件"是标准必要专利权人申请禁令较为常用的策略。专利拒绝许可本身可能并不能构成权利滥用，但当专利拒绝许可与获得高额许可费存在内在关联时，该专利是否构成关键设施，对专利拒绝许可的反垄断评价尤为重要。如在华为诉IDC案中，在双方正在就专利许可事宜进行谈判过程中，IDC突然在美国提起禁令之诉，申请禁令本身就是一种专利拒绝许可或者说产生了专利拒绝许可的效果，其意在通过拒绝交易的方式给华为公

① 尹雪萍：《标准必要专利禁令之诉的竞争法边界——以欧盟2015年华为诉中兴案为视角》，载《东岳论丛》2016年第4期。

② 李剑：《反垄断法核心设施理论的存在基础》，载《经济法研究》2010年第1期。

司施加压力，迫使其接受不合理的许可费用。所以，标准必要专利禁令滥用的认定须从禁令申请的时机、动机、范围等多方面加以考量，尤其是在禁令申请之前，要注重对标准必要专利权人违反FRAND承诺而进行专利拒绝许可行为进行评价。当以反垄断法的视角对禁令申请可能产生的拒绝许可效果予以考察时，涉案标准必要专利是否构成关键设施，决定着标准必要专利权人是否具有开放使用的义务。如具有这种义务且违反了这项义务，并以此申请禁令，将很可能涉嫌市场支配地位的滥用。而在传统的反垄断案件中，判定市场支配地位滥用首先要进行相关市场界定，尔后进行市场支配地位及其滥用的评价。而在某种程度上，关键设施理论包含着相关市场界定的基本要求，相关市场界定与关键设施界定具有某种共性，根据关键设施理论提出诉讼，本身就已作了相关市场界定。①有学者进而提出，将关键设施理论理论中的“不可复制性”问题转换为反垄断法理论中已有的术语，就类似于相关市场的完全垄断。② 在此意义上，关键设施理论相当于将涉及自然垄断或完全垄断的市场界定从传统反垄断相关市场界定理论中独立出来、自成体系，为专利拒绝许可行为是否构成市场支配地位滥用提供了重要的判断标准。所以，当分析标准必要专利禁令滥用时，既要考察申请禁令之前标准必要专利权人违反FRAND承诺而明示的专利拒绝许可，又要关注申请禁令本身所产生的类似于专利拒绝许可的效果。此时，以专利拒绝许可为线索，以关键设施理论为分析工具，从而为标准必要专利禁令滥用的反垄断评价提供重要的理论依据。

四、正当程序理论

正当程序原则作为英美法中的一种宪法原则，具有重要的地位。其肇始于英国普通法，隐含于“自然正义”（Natural Justice）

---

① 郑鹏程：《关键设施理论视角下的相关市场界定》，《中国经济法学研究会2014年年会暨第二十二届全国经济法理论研讨会论文集》，第818页。

② 李剑：《反垄断法中核心设施的界定标准——相关市场的视角》，载《现代法学》2009年第3期。

之中，称之“国家的法律”（the law of the land）。在之后的成文法中被表述为“正当法律程序”（the due process of law）。英国《自由大宪章》（1215 年）第 39 条中就规定：“任何自由人未经依法判决或遵照国法外，不得对其进行扣留、监禁、没收其财产、剥夺其法律保护权、逮捕及其他损害。”① 正当程序在英国历经 14 世纪爱德华三世时期、1689 年《权利法案》等衍变，法治内涵不断丰富。之后，正当程序的理念与精神伴随着殖民地的扩充而传入美国。② 然而，青出于蓝而胜于蓝，正当程序在美国获得长足的发展。正当程序在美国表述为正当法律程序（Due Process）。美国宪法《权利法案》（1791 年）第 5 条明确规定：“未经正当法律程序，不得剥夺任何人的生命、自由或财产。”美国宪法修正案（1868 年）第 14 条规定：“任何州不得未经正当法律程序而剥夺任何人的生命、自由和财产。”③ 随着司法实践不断发展，实质性正当程序（如法律的公平正义、司法审查）与程序性正当一道也被纳入正当程序的内涵之中。

在正当程序的适用领域上，随着正当程序概念的不断进化，正当程序从早期适用于刑事处罚领域或与刑事处罚有关的事项，发展至，不仅适用于司法或准司法行为，而且适用于行政行为和其他各种公权力行为。④ 在正当程序的基本内涵方面，有学者认为，从司法权的角度来看，“任何人不得为自己案件的法官，任何人得为自己利益而申辩”构成了程序性正当程序的基本内涵。⑤ 也即法院在

① 齐延平：《自由大宪章研究》，中国政法大学出版社 2007 年版，第 327 页。

② 汤维建：《美国民事司法制度与民事诉讼程序》，中国法制出版社 2001 年版，第 39 页。

③ 赵宝云：《西方五国宪法通论》，中国人民公安大学出版社 1994 年版，第 407 页。

④ ［英］韦德：《行政法》，徐炳等译，中国大百科全书出版社 1997 年版，第 10~11 页。

⑤ 参见徐亚文：《程序正义论》，山东人民出版社 2004 年版，第 11 页；汪栋：《正当法律程序价值内涵的历史嬗变——以英美普通法为核心的考察》，载《深圳大学学报（人文社会科学版）》2016 年第 1 期。

案件审理中应保持中立态度，不偏袒任何人，对所有的人平等和公正地适用法律，同时被告享有充分的辩护，申诉等权利。① 正当程序作为“对受指控者的合法权利加以保护的一种法律程序”②，“保障个人权利是其基本内涵之一”③。正当程序对专利滥诉规制过程中的程序性制度设计具有重要的借鉴价值。在正当程序理论视角下，除了将诉权及诉讼权利滥用作为规制和制裁的重点之外，还将诉讼瑕疵行为纳入判断的范围。④ 譬如，英国通过规范当事人启动诉讼程序的正当限度来实现程序正当化，一旦违背该限度，便构成对诉讼程序的滥用；美国则通过明确当事人司法救济的行使条件和标准来实现程序的正当化，一旦违背该标准，当事人的司法救济将不予支持。⑤

与专利法、诉讼法侧重于权利的保护、诉权的保障不同的是，专利滥诉的规制偏向于对权利行使的限制，从而防止专利权、诉权的行使对他人及社会公共利益的影响。此时，以制度构建视角观之，需要建立一套公正的司法程序来维护当事人的合法权益，使程序性权利的配置在当事人之间保持均衡。譬如，针对具有不同违法性质的专利滥诉类型，应依据违法性质的严重程度，给予权利相对方相应的救济权利。如专利恶意诉讼给他人造成损失的，此时，被诉侵权人可以受害人身份提起反赔之诉；标准必要专利滥用涉嫌垄断行为时，应允许被诉侵权人在禁令之诉中提出反垄断抗辩，以对抗专利权人的诉讼请求；专利权人怠于行使权利，除了诉讼时效抗辩之外，应当赋予被诉侵权人以专利懈怠抗辩权等。此外，还应该

① 夏锦文、王艳辉：《追寻程序的正义——谷口安平程序正义理论探析》，载《江苏社会科学》2000 年第 2 期。

② ［英］戴维·M. 沃克：《牛津法律大辞典》，光明日报出版社 1988 年版，第 57 页。

③ 丁玮：《程序正义——正当程序价值探究》，载《四川理工学院学报（社会科学版）》2007 年第 1 期。

④ 王猛：《民事诉讼滥诉治理的法理思考》，载《政治与法律》2016 年第 5 期。

⑤ 张晓薇：《民事诉权规制论》，四川大学 2005 年博士论文，第 42 页。

结合专利权人与被诉侵权人获取证据的能力，在举证责任上加以合理分配。以法院的角度观之，法院须以中立立场处理专利诉讼纠纷，维护诉讼当事人的程序性权利，确保裁判的公平公正。如诉讼费用承担的转移、替代适用停止侵权与损害赔偿责任等。以当事人的角度观之，应正确行使诉权，不得违背诚实信用原则进行程序性权利的滥用，使自己的诉讼行为符合程序正当性要求。

第三章　专利滥诉规制的域外实践

承前所述，专利滥诉作为一个集合性概念，涵盖“专利蟑螂”滥诉行为、专利恶意诉讼、标准必要专利禁令滥用、专利懈怠行为等类型。各国或地区在规制专利滥诉方面并未形成一体化的规制制度体系。与此同时，随着经济社会不断发展，现有的成文法尚不足以对层见叠出的专利滥诉行为作出及时、有效的规制，一些国家或地区则通过判例法来弥补专利滥诉规制的不足。鉴此，本章在体例安排上，主要采取以下方式进行。第一，根据专利滥诉的不同类型划分，分类探讨相关国家或地区在规制专利滥诉上的主要做法。第二，梳理不同法系国家或地区在专利滥诉规制方面的相关制度，重点关注英美法系和大陆法系国家或地区在规制专利滥诉方面的差异。第三，考虑到不同的专利滥诉类型，在不同的国家或地区其所处于的规制水平也具有较大差异，① 所以，本书侧重于比较不同国家或地区对某一专利滥诉行为的差异化规制，在此基础上，再适当兼顾同一国家或地区对不同专利滥诉行为类型的具体规制。

第一节　“专利蟑螂”滥诉行为规制的域外实践——以美国为例

美国作为“专利蟑螂”的高发区，在规制“专利蟑螂”滥诉

① 譬如专利蟑螂行为，出现的时间并不长，其在美国较为普遍，其规制经验也相对成熟，而其他国家或地区在规制专利蟑螂滥诉方面可能正处于探索阶段，甚至在一些国家或地区并未出现大规模的专利蟑螂滥诉行为，对“专利蟑螂”滥诉行为的规制尚处于探索阶段。所以，本书在国家或地区的选择上，主要以美国为样本。

行为方面具有较为成熟的经验。近年来，欧盟、韩国、我国台湾地区也出现了"专利蟑螂"现象，并采取了相应的应对措施，但其大多借鉴了美国的相关做法。美国在规制"专利蟑螂"滥诉行为方面所采取的具体规制措施具有相当的代表性，相关经验值得借鉴。是故，本节重点对美国在规制"专利蟑螂"滥诉行为的具体实践作一介绍，并在此基础上把握"专利蟑螂"的发展脉络、演变趋势、规制路径等。

一、"专利蟑螂"的发展态势

（一）"专利蟑螂"的概念界定

"专利蟑螂"（patent trolls）在 90 年代就已出现，但此时该概念并没有被广泛使用。2001 年，针对 Techsearch 公司及其律师 Raymond Niro 向英特尔公司所发起的专利侵权诉讼，英特尔公司副法务长 Peter Detkin 形象的将其成长为"专利蟑螂"，之后该术语"声名鹊起"，被法律实务界广泛使用。① 首次出现"专利蟑螂"的法律评论文章出现于 2002 年，首次以"专利蟑螂"为标题的法律评论文章出现于 2005 年。② "专利蟑螂"（patent trolls）与"专利主张实体"（patent assertion entity，PAE）、"非专利实施主体"（non-practicing entity，NPE）等概念之间在学理上并未作严格的区分，有时更多是基于不同的语境而选择相应的措辞而已。如有学者认为，NPEs 主要指虽拥有专利但自己却不实施该专利技术的实体公司，人们将这些通过向目标公司寻求过高专利许可费的非专利实施主体称之为"专利蟑螂"（patent trolls）。③ 美国联邦贸易委员会

① Brian L. Frye. IP as metaphor，Chapman Law Review，2015，18：745-747.

② ED Ferrill. Patent Investment Trusts：Let's Build a Pit to Catch the Patent Trolls，N. C. J. L. & TECH. 2005，6：367.

③ Jiaqing "Jack" Lu. The Myths and Facts of Patent Troll and Excessive Payment：Have Nonpracticing Entities（NPEs）Been Overcompensated? Business Economics. 2012（47）：234.

在2011年“知识产权市场变革”报告中，则使用的是PAE概念，并对PAE和NPE两词的用法作出了明确阐释。该报告认为NPE的商业运营模式是，首先通过收购、购买等方式获取专利，尔后再向生产制造企业主张权利，进而要求相应的损害赔偿或许可费。NPE的主体范围较广，可包括大学、半导体设计公司等。“专利蟑螂”的主体主要为公司。而PAE在主体范围上则不包括大学、创新企业、设计公司等主体。① 类似的观点还如，有学者认为应以PAE概念代替NPE和“专利蟑螂”等概念，从而将大学、独立发明人等专利权拥有主体排除在外。② 譬如美国的Acacia Research公司、高智发明公司（Intellectual Ventures，简称IV公司）等都是典型的NPEs。可见，NPE概念的外延大于PAE，而PAE更接近于“专利蟑螂”的概念。相比之下，PAE的用语更加中性，所以美国官方文件中更倾向于使用PAE这一用语，以体现中立的态度。如美国白宫所发布的《专利主张与美国创新》报告中所使用的便是PAEs概念，但其在界定PAEs概念时，又以括号方式注明PAEs或称“专利蟑螂”（also known as “patent trolls”）。③

本书认为，“专利蟑螂”、NPE（s）、PAE（s）概念之间并不存在本质上的区别，可等同使用。鉴于“专利蟑螂”这一概念在我国学界使用频率更高，故本书主要采用“专利蟑螂”这一概念。需要澄清的是，考虑到学理上对NPE与PAE在主体范围界定上的差异性，在引用相关统计数据或文献时，为保证数据的精确性、完整性、一致性，在特定语境下仍使用NPE（s）、PAE（s）等概念，此仅为防止断章取义之需要，并未刻意模糊“专利蟑螂”这

---

① Federal Trade Commission（FTC），The Evolving IP Marketplace：Aligning Patent Notices and Remedies with Competition（2011）[EB/OL].［2017-01-01］. accessible at http：//www. ftc. gov/os/2011/03/110307patentreport. pdf.

② Christian Helmers，Luke McDonagh：Trolls at the High Court? LSE Law，Society and Economy Working Papers，2012，13：1-33.

③ Executive Office of the President. Patent Assertion and U. S. Innovation [EB/OL].［2016-12-26］. https：//www. whitehouse. gov/sites/default/files/docs/patent_report. pdf.

一概念。

（二）“专利蟑螂”的诉讼概况

过去十多年，NPEs 发动了成百上千例侵权诉讼。有数据显示，仅在 2011 年，相关企业为应对 NPEs 诉讼所产生的相关费用超过 290 亿美元。① 也有学者称，NPEs 每年所产生的社会成本达 300 亿美元。② 美国白宫所发布的《专利主张与美国创新》(Patent Assertion and U. S. Innovation) 报告指出，2010 年，PAEs 所发起专利侵权诉讼(729 件)约占全部专利侵权诉讼的 29%，而到了 2012 年，PAEs 所发起的专利侵权诉讼达 2921 件，所占全部专利侵权诉讼的比例上升至 62%，PAEs 所发起专利侵权诉讼占全部专利侵权诉讼的上升比例接近三倍。③ 普华永道公司（PWC）的研究报告显示，在 2010—2014 过去五年里，NPEs 获得的损害赔偿金大约是专利实体公司的 4.5 倍，达到 890 亿美元，④ 而从 2011—2015 过去五年里，NPEs 获得的损害赔偿金大约是专利实体公司的 3 倍，达到 1330 亿美元。⑤ 从中可以发现，在诉讼主体上，主要包括公司（营利性组织）、大学（非营利性组织）、个体（发明者）等；在社会成本上，“专利蟑螂”引起的诉讼成本呈递增趋势，诉讼成本主要包括律师费、损害赔偿金及其他费用等。

---

① Alfred Zaher, Partner, Blank Rome LLP. Npes and other defects affecting patent litigation around the world, Aspatore, 2012.

② James Bessen & Michael J. Meurer. The Direct Costs from NPE Disputes, CORNELL L. REV. 2014, 99: 387-389.

③ Executive Office of the President. Patent Assertion and U. S. Innovation [EB/OL]. [2016-12-26]. https://www.whitehouse.gov/sites/default/files/docs/patent_report.pdf.

④ PWC. 2015 Patent Litigation Study: A Change in Patent Fortunes [DB/OL]. [2016-12-01]. http://www.pwc.com/us/en/forensic-services/publications/assets/2015-pwc-patent-litigation-study.pdf.

⑤ PWC. 2016 Patent Litigation Study: Are we at an inflection point? [DB/OL]. [2016-12-02]. http://www.pwc.com/us/en/forensic-services/publications/assets/2016-pwc-patent-litigation-study.pdf.

（三）“专利蟑螂”的影响评价

对于“专利蟑螂”与创新的影响，相关学者给予了不同的评价。对“专利蟑螂”持消极态度的观点认为，“专利蟑螂”对创新基本有任何贡献，并且由“专利蟑螂”提起的诉讼已经对整个专利企业的发展造成了巨大威胁。① 由“专利蟑螂”(NPEs)所发起的大量昂贵诉讼给社会强加了巨大的成本。② 对“专利蟑螂”持积极态度的观点认为，“专利蟑螂”充当着市场中介，在为市场提供流动性、市场出清及提高专利市场的运作效率等方面发挥着重要作用，“专利蟑螂”只是专利市场自然演化过程中的一个阶段而已。③ 专利的商业化许可并非新兴的现象，且这种许可为原始创新提供了巨大的激励。④“专利蟑螂”（NPEs）为单个发明者实施其专利提供了一个良好的机会，因为 NPEs 具有资金、资源上的优势，有效克服了单个发明者基于诉讼成本的考量，而不愿轻易发动诉讼的弊端。⑤ 总体来看，虽然针对“专利蟑螂”现象，存在着正反两方面的评价，但当前人们更多关注于“专利蟑螂”所带来的负面影响，并在此基础上提出相应的规制对策。

二、美国规制“专利蟑螂”滥诉行为的立法动向

美国是世界上“专利蟑螂”现象最为严重的国家，美国在规制“专利蟑螂”滥诉行为所采取的应对措施主要包括以下几个

① Robert P. Merges, The Trouble withTrolls: Innovation, Rent-Seeking, and Patent Law Reform, 24 BERKELEY TECH. L. J, 2009: 1587-1588.

② James E. Bessen & Michael J. Meurer. The Direct Costs from NPE Disputes. CORNELL L. REV. 2014, 99: 387, 421.

③ J F. Mc Donough. The Myth of the Patent Troll: An Alternative View of the Function of Patent Dealers in an Idea Economy, EMORY L. J, 2006, 56: 190.

④ R T. Holte. Trolls or Great Inventors: Case Studies of Patent Assertion Entities, Saint Louis University Law Journal, 2015, 59 (1): 16.

⑤ Michael Risch. Patent Troll Myths, SETON HALL L, REV. 2012, 42: 494, 498.

方面：

第一，专利制度的修正及相关配套性制度的完善。美国专利法沿袭了1952年专利法制度框架，之后历经发展，不断修正。近年来，影响较大的专利制度改革主要包括《美国发明法案》和《创新法案》。2011年美国通过了《美国发明法案》(Leahy-Smith America Invents Act，即AIA)。在《美国发明法案》中，以专利申请中的“先申请原则”取代之前的“先发明原则”以及据此所引起新颖性判断标准、非显而易见性、现有技术的范围、宽限期、溯源程序等修改；取消了双方再审程序，重新设计了授权后重审程序和双方重审程序，并建立了补充审查制度。同时，专利无效争议可直接向美国专利商标局提出无效宣告请求，而无需向法院提起诉讼；未披露最佳实施专利的方式不再是专利无效的理由；在故意侵权案件中，增加了专利权人取得法律顾问建议的义务等；对案件的合并审理①进行了限制。伴随着“专利蟑螂”日益蔓延的态势，2013年12月美国国会众议院通过了《创新法案》(Innovation Act)，以期进一步加大对“专利蟑螂”行为的防范。修改的内容主要包括“专利侵权诉讼中原告须提供额外的必要诉讼细节，提高专利权属的透明性，败诉方承担相关诉讼费用，证据开示程序，终端用户诉讼例外以及对商业方法专利进行规制等内容”。② 从美国对专利法的修正内容来看，无论是对当事人起诉中的证据要求以及诉讼费用的承担，还是案件审理过程中案件合并的条件限制，都增加了专利侵权诉讼的成本，对“专利蟑螂”滥诉行为起到较好的抑制效果。许多欧洲国家在专利审查上，也选择了类似于美国的事后审查程序，在该审查程序中由三名审理人员组成合议庭进行判定。③

---

① 如果案件中多个被告只是分别侵犯专利权，被告之间没有联系，不能合并审理。参加朱雪忠、漆苏：《美国专利改革法案内容及其影响评析》，载《知识产权》2011年第9期。

② 易继明：《美国〈创新法案〉评析》，载《环球法律评论》2014年第4期。

③ Alfred Zaher，Partner，Blank Rome LLP. Npes and other defects affecting patent litigation around the world，Aspatore，2012.

值得注意的是，由于各方分歧，《创新法案》最终被搁浅。为进一步加大“专利蟑螂”滥诉行为的规制力度，2015 年，美国国会议员又提出了《创新法案》《专利法案》《2015 索赔函透明法案》《2015 打击流氓及不透明信函法案》等。① 目前，这些方案尚未获得正式通过。

第二，诉讼费用转移规则。诉讼费用尤其是律师费用的转移规则是美国在专利制度修正中应对“专利蟑螂”的重要议题之一。《美国专利法》第 285 条规定：“在例外案件中，法院可判定败诉方负担胜诉方合理的律师费用。”《美国联邦民事诉讼规则》第 11 条针对被告轻率诉讼的行为，规定了被告可以请求法院判决原告赔偿被告律师费等。也即，在美国即可依据诉讼法，也可依据专利法，来要求败诉原告（专利权人）承担被告在专利侵权诉讼中所产生的律师费用。然而，由于美国专利法对“例外案件”的情形未作出具体规定，根据司法实践经验来看，被告依据专利法第 285 条来要求专利权人支付律师费用的胜诉案例并不多。2013 年 3 月，美国国会议员彼得·德法西奥等提出了《“盾牌”法案》（“SHIELD” Act），根据该法案，“专利蟑螂”在败诉时，要承担被告的诉讼费用。尽管《“盾牌”法案》受到两党及相关企业的支持，并可能给企业等主体节省数百万美元的花费，但该法案涉及修改专利制度中的诸多棘手问题，决定了法案的通过不能一蹴而就。② 在美国第 113 届国会上，该法案最终未获通过。2015 年，国会议员所提出的创新法案中，提议应在继承美国专利法“双向移转规则”的基础上，将《美国专利法》第 285 条加以修改，建议将胜诉方获得律师费的例外规定修改为默认规则。③ 以此来解决

① 谢光旗：《美国应对“专利蟑螂”最新法律实践述评》，载《电子知识产权》2016 年第 3 期。

② “Shield Act can rein in patent trolls”[EB/OL].[2016-12-25]. http://www.sfgate.com/opinion/editorials/article/Shield-Act-can-rein-in-patent-trolls-4340366.php.

③ 谢光旗：《费用移转规则在美国的新发展与启示——以专利蟑螂泛滥为背景》，载《甘肃政法学院学报》2016 年第 4 期。

专利法第285条在具体适用的局限性问题。

第三，行政措施。为遏制“专利蟑螂”的蔓延态势，提高专利质量，推动专利创新，2013年6月，美国政府发布了专利报告书，并提出了5项行政措施、7项立法建议。首先，在专利报告书方面，美国白宫发布了《专利主张与美国创新》，该报告对PAE（NPE）类公司的产生背景、运营模式以及对专利侵权诉讼的影响、社会经济成本的影响等进行了归纳总结，并前瞻性地提出了相关政策和立法建议。其次，5项行政措施主要包括：制定“真正利益主体”制度；缩小功能性权利要求的范围；赋予终端用户相关权利；加强专利相关专业服务及研究；完善337调查程序，加强337排除禁令颁发的透明性和有效性。最后，7项立法建议主要包括（1）专利权申请人或专利权人在专利申请、专利复审、专利侵权诉讼等程序中没有真实披露权益信息的，专利商标局或联邦地区法院可对其实施制裁；（2）基于《美国专利法》第285条，赋予地区法院在判决诉讼费用承担转移方面更多的自由裁量权；（3）将USPTO关于与商业方法有关的过渡性程序适用范围延伸至计算机程序专利；（4）针对产品的使用及用途，规定相应的豁免情形，加强对终端用户合法权益的法律保护力度；（5）对美国国际贸易委员会（ITC）发布禁令或排除令的标准进行修正，使之与eBay案中所确定的禁令颁发“四要素检验标准”保持一致，进而促使ITC与地区法院在禁令颁发时所依据的标准保持统一；（6）提高专利侵权警告函的透明性，以遏制专利滥诉行为的发生；（7）确保ITC灵活性选用合格的行政法官。① 可见，美国政府致力于信息披露、禁令救济、诉讼制度改革、专利审查、终端用户权利保护等相关规则的完善，以有效遏制专利滥诉现象的发生。综合来看，美国政府在规制“专利蟑螂”方面的态度十分积极。如在2013年12月9日众

① The White House Office of the Press Secretary. FACT SHEET: White House Task Force on High-Tech Patent Issues [EB/OL]. [2013-06-04] (2016-10-12). https://www.whitehouse.gov/the-press-office/2013/06/04/fact-sheet-white-house-task-force-high-tech-patent-issues.

议院通过《创新法案》的前夕，当时的奥巴马政府就公开表明支持该项法案；又如，美国政府还保持与国会的合作，如曾在美国众议院获得通过的《创新法案》（2013）就将美国政府所提出的5项行政措施、7项立法建议很好地纳入其中。

第四，反垄断法规制。虽然“专利蟑螂”自身并不实施专利，从而很难受到反垄断法的规制。但是，“专利蟑螂”发动专利侵权诉讼所依据的专利如涉及标准必要专利，其寻求禁令救济的行为，则可能构成市场支配地位滥用，从而受美国反托拉斯法所规制。尤其是存在不合理收费、不合理拒绝许可，有搭售或捆绑销售的行为时，可能在违反FRAND原则的同时，还要受竞争法审查。① NPE也可分为投机型NPE和运营型NPE两大类，其中投机型NPE更类似于“专利蟑螂”。有学者认为，投机型NPE并不关心专利的实施，主要通过法律武器攫取高额回报；运营型NPE主要指企业、科研院所为更好促进专利价值的实现，将专利技术赋予或许可他人实施。为了防止投机性NPE可能带来的不利影响，防御性NPE在国外应势而生，即通过与投机性NPE竞争并购专利，减少成员可能遭遇的专利威胁。② 此时，“专利蟑螂”在收购专利时，可能也会涉及经营者不当集中问题，从而受到竞争法的规制。

三、相关启示

有学者称“专利蟑螂”滥诉行为在我国是否会出现，恐怕不是“会不会”，而是“何时会”的问题。③ 当前，规模化的NPEs或“专利蟑螂”并未在我国出现。有学者认为，鉴于我国专利实施、运营水平还不高，设立规模化NPEs有其必要性。即使如此，规模化的NPEs如不加以规制，将也有可能出现类似美国的专利滥

① 高戚昕峤：《专利蟑螂：法理危机与遏制之道》，载《河北法学》2016年第10期。

② 刘斌强：《NPE的角色定位：是专利运营，还是专利投机》，载《科技创新与知识产权》2012年第12期。

③ 孙远钊：《专利诉讼“蟑螂”为患?》，载《法治研究》2014年第1期。

诉行为。① 诚然，受制于专利价值难以判断、举证难等问题，我国专利侵权赔偿额的计算主要适用法定赔偿的方式进行确定，从而导致我国专利侵权赔偿数额偏低。此外，有学者通过对《最高人民法院公报》（1985—2014）所编选的案例数据进行分析后得出，专利诉讼案的原告（通常为专利权人）的胜诉率只有 39%，而败诉的比率高达 46%。②

美国通过修正诉讼费用转移规则、完善禁令救济适用规则、完善诉讼程序以及竞争法适用规则等，对“专利蟑螂”滥诉行为进行了较为有效的规制。我国虽然在制度背景、专利发展及运营水平等方面与美国存在较大的差异，但在我国专利运营体系不断完善的过程中，通过借鉴美国在规制“专利蟑螂”滥诉方面的具体做法和经验，对“专利蟑螂”滥诉的规制提前做好应对措施，对促进专利运营、完善专利交易体系、实现专利价值具有重要的现实意义。

第二节　专利恶意诉讼规制的域外实践

当前，各国或地区对专利恶意诉讼的规制大多缺少直接性的规定，在司法实践中，也并未对专利恶意诉讼的案件与恶意诉讼案件加以严格区分。故通过分析各国或地区关于恶意诉讼的规制制度，可在较大程度上理解和把握各国或地区在规制专利恶意诉讼方面的基本立法和司法态度。

一、英美法系国家

英美法系国家对专利恶意诉讼的规制主要采取程序法和实体法双重规制的模式，在程序法上，通过程序法规则的完善，对恶意诉

① 张迎春：《法律背景差异下非专利实施主体规制选择——以中美比较为例》，载《科技进步与对策》2016 年第 11 期。

② 金海军：《我国知识产权经典案例统计分析——以〈最高人民法院公报〉（1985—2014）为据》，载《知识产权》2015 年第 6 期。

讼进行规制；在实体法上，将恶意诉讼明确为一种侵权责任，受害人可以针对专利恶意诉讼要求损害赔偿。

（一）美国

美国宪法修正案第5条规定了正当程序条款，“在未经法律正当程序情形下，任何人生命、自由或财产不得被剥夺”，由此构成了防范诉权滥用的重要基础。《美国联邦民事诉讼规则》（Federal Rules of Civil Procedure）从1938年颁布至今，经历多次修改，在立法内容上主要包括诉答程序、审前程序、庭审程序和判决的救济四个部分，其中规定了开庭审理前的诉答程序事项，当事人提出各种申请的程序和标准。① 此外，由于美国各州都具有一定的立法权，为统一各州不同的法律规则、裁定，1923年由法律学者、法官与法律实践者组成的法律研究院，长期致力于法律规则的整理与总结。《侵权法重述》主要通过“重述”的方式将已经被绝大多数法域所认可的法律规则或他们认为是更好的规则（即使这些规则并未被大多数法域所采纳）进行整理。②《侵权法重述》对美国侵权法的统一作出了巨大的贡献，其中不乏对恶意诉讼的具体类型及侵权责任的阐释。目前主要存在《侵权法重述（第一次）》（1923—1939）、《侵权法重述（第二次）》（1955—1979）、《侵权法重述（第三次）》（1991—　）等版本。虽然《侵权法重述》只是将相关法律规则、判例加以汇总，本身并不属于法律范畴，更多属于习惯法范畴，但“因其理论上的高度权威性而被美国司法界所认可，成为法官判案的依据”。③ 故在司法裁判过程中，援引率颇高，成为美国一种特殊的习惯法方式。

① 孔令章：《纯化的民事诉讼法典——美国〈联邦民事诉讼规则〉立法体例与编纂技术考察》，载《华北电力大学学报（社会科学版）》2010年第6期。

② 杨立新：《世界侵权法的历史源流及融合与统一》，载《福建论坛（人文社会科学版）》2014年 第6期。

③ 李响：《美国侵权法原理及案例研究》，中国政法大学出版社2004年版，第24页。

由于英美法系国家将恶意诉讼行为视为特殊的侵权行为类型，故在《侵权法重述（第二次）》第七编第29章至31章中对恶意诉讼行为的构成要件、赔偿责任等进行了具体论述，并归纳总结了"恶意地提起民事诉讼、恶意刑事告发、滥用诉讼程序"三种恶意诉讼具体类型。针对这些滥用法律诉讼的行为，原告可以提起侵权诉讼，从被告那里获得补偿。① 在其第七编第31章中规定，行为人基于不正当的目的，利用刑事或民事诉讼程序起诉他人，行为人应就滥用诉讼程序所致损害承担相应的损害赔偿责任。在程序法方面，《美国联邦民事诉讼规则》对诉讼不同阶段的行为作了规范。其第11条②共分四个条款对程序制裁事项进行了规定。有学者认为，第11条所规定的内容类似于"诚实信用原则"条款，该法条贯通于整个诉讼过程，其主要制裁的对象为诉讼文书，并以是否存在不正当诉讼作为制裁的标准。此外，该条还对制裁的程序、措施等进行了规定。③ 第17条第1款规定"每一诉讼应以有实际利害关系的当事人的名义提起……"④ 第26条对证据开示进行了规定，其第2款规定："任何一方当事人可要求对方当事人提出与诉讼标相关且不属于保密特权的任何事项。"自第26开始至第37条，相关规定基本上都围绕证据开示展开，其中第37条对违反证据交换或出示证据的相关义务的制裁情形进行了规定。有学者认为，《联

---

① C. D. Baker. Tort (3rd edition), Sweet & Maxwell, 1981: 295.

② 《美国联邦民事诉讼规则》第11条规定："……有诉答文书、书面申请及其文件，应当由至少一名登记律师以其个人的名字签字；当事人未委托律师代理的应当由当事人本人签名……；律师或未由律师代理的当事人向法院提交诉答文书、书面申请或其他文件是在经过合理的调查并尽可能以其本人的指示、信息及信念的情况下作出的，并且确认如下事项：提出文件的目的并不是为了骚扰他人、不必要地拖延诉讼或者增加无谓的诉讼费用……。"参见李汉昌：《美国民事审前程序中值得借鉴的几个问题》，载《法学评论》1998年第6期。

③ 李曼：《诚实信用原则适用的美国经验——〈美国联邦民事诉讼规则〉第11条的透视与启示》，载《华东政法大学学报》2016年第3期。

④ 《美国联邦民事诉讼规则证据规则》，白绿铉、卞建林译，中国法制出版社2000年版，第39页。

邦民事诉讼规则》第一次把证据开示作为一个诉讼阶段固定下来，有效的解决了诉讼突袭的现象。① 综合来看，美国在实体法和程序法中都对恶意诉讼进行了规定。

（二）英国

英国规制专利滥诉的法律依据主要由《英国最高法院诉讼规则》《英国民事诉讼规则》及相关判例法等组成。在1998年之前，英国诉讼程序较为复杂，高等法院和郡法院作为英国民事案件的一审法院，分别适用《最高法院规则（1965）》《郡法院规则（1981）》及与之相配套的注释本《最高法院诉讼实务》（白皮书）和《郡法院诉讼实务》（绿皮书）。② 在诉讼规范法典化的趋势下，为解决"讼成本高昂、诉讼延迟和程序复杂等问题"，③ 更好地简化诉讼程序、提高诉讼效率、降低诉讼成本，英国结合诸多诉讼制度改革成果，于1998年签署了《英国民事诉讼规则》综合性文件（含《民事诉讼规则》《诉讼指引》《术语解释》《附表》等），并于次年4月28日生效。值得注意的是，该规则只是将普遍适用于一审程序中最重要的一些程序规则加以修订，这些修订规则以外的某些诉讼规则通过附件的形式仍予以保留，所以，《最高法院诉讼规则》《郡法院诉讼规则》并未随着该规则的生效而废止，涉及专利诉讼等规则则由相关的诉讼实务指示调整。④ 具体到知识产权领域而言，英国知识产权企业法院审理案件所依据的程序法主要包括《民事诉讼规则》第63章、《英国民事诉讼指引》第63章。⑤ 英

① 陈桂明、吴如巧：《美国联邦民事诉讼程序的新发展及其启示》，载《甘肃政法学院学报》2011年第1期。

② 何勤华：《英国法律发达史》，法律出版社1999年版，第495~496页。

③ 齐树洁：《英国民事司法改革》，北京大学出版社2004年版，第54页。

④ 齐树洁、冷根源：《英国〈民事诉讼规则（1998）〉述评》，载《法学家》2001年第2期。

⑤ 黄晓稣、陈静怡：《英国知识产权审判体系》，载《科技与法律》2015年第1期。

国《民事诉讼规则》第 3.4 条第 2 款规定，如某一案情声明涉嫌滥用法院诉讼程序或者可能阻碍诉讼程序公正进行的，法院可撤销该案情声明。《最高法院诉讼规则》第 18 条 r19（b）规定："如果诉讼文件是骇人听闻的、荒谬的、折磨人的，法院应予撤销。"① 在判例法方面，如 1838 年的"Grainger v. Hill"案将恶意诉讼确定为侵权行为；1854 年"Stevens v. Midland Counties Railway Co"案（以下简称"Stevens 案"）中对恶意诉讼中的"恶意"进行了界定。在 Stevens 案中，法院认为，是否属于"恶意"可参照诉讼当事人的动机予以把握，如诉讼的动机主要在于阻止他人的行为，那么起诉可能是恶意；如其动机在于为寻求正义，则并不会构成恶意。在"Grainger v. Hill"案中，将为达到诉讼以外的目的而不当提起诉讼的行为，定性为一种侵权行为。与此同时，英国的"向法院付款程序"也在一定程度上起到防止滥诉行为作用。如被告认为原告的诉讼请求不当，可向法院交纳一定款项作为与原告和解的要约，原告拒绝且仍坚持要求法院继续审理后，若最终判决低于或等于被告交纳给法院的金额，此时，原告应偿还被告向法院付款之后所支出的费用。②

二、大陆法系国家

在大陆法系国家，主要通过程序法对恶意诉讼行为加以规制。同时，鉴于诚实信用原则在诉讼法领域的普遍适用，通过民法中诚实信用原则、禁止权利（诉权）滥用原则的适用也可对恶意诉讼进行补充性的规制。

（一）德国

德国是成文法国家，属于大陆法系。无论是我国，还是日本都

① 沈达明：《比较民事诉讼法初论》，中国法制出版社 2002 年版，第 247~249 页。

② 章武生等：《司法现代化与民事诉讼制度的建构》，法律出版社 2003 年版，第 455 页。

深受德国立法的影响。德国在规制专利恶意诉讼方面的相关制度主要包括《民法典》《民事诉讼法》《专利法》及相关判例。第一，《德国民法典》于1896年公布，1900年开始施行。之后《德国民法典》虽历经发展，但大的修改并不多，《德国民法典》的发展，除了制定单行法以外，主要是德国法官根据实际情况发展，结合《德国民法典》第242条一般条款，通过判例的形式加以发展。①《德国民法典》第226条规定："权利的行使不得专以损害他人为目的。"第242条规定："债务人有义务依诚实和信用，并参照交易习惯，履行给付。"这些规定确定了诚实信用原则和禁止权利滥用原则，该原则适用于包括实体法和程序法在内的所有法律领域。在法律责任上，《德国民法典》对侵害权利、违反保护性法律的、故意违反善良风俗等三种侵权行为类型规定了相应的损害赔偿责任，② 但并未直接规定恶意诉讼须承担相应的损害赔偿责任。第二，德国《民事诉讼法》于1877年公布，1879年实施，历经发展，沿用至今，在其诉讼法不断发展中确立了当事人的真实义务和法官的释明义务等制度。近几十年来，德国《民事诉讼法》修改的次数更加频繁，更为有效地满足了当前的社会需求。③ 如《德国民事诉讼法》第138条第1款规定："当事人应就事实状况为完全而真实的陈述。"第139条规定："审判长应该使当事人就一切重要的事实作充分的说明。"④ 如当事人违反真实义务将会承担不利

---

① 冯桂：《〈德国民法典〉的制定及影响》，载《广西大学学报（哲学社会科学版）》2005年第1期。

② 如《德国民法典》第823条规定："因故意或者过失不法侵害他人生命、身体、健康、自由、所有权或者其他权利者，对他人因此而产生的损害负赔偿责任。违反以保护他人为目的的法律，负相同的义务。"第826条规定："以违反善良风俗的方式故意对他人施加损害的，行为人对他人负有损害赔偿义务。"

③ 章武生，杨严炎：《德国民事诉讼制度改革之评析》，载《比较法研究》2003年第1期。

④ 《德意志联邦共和国民事诉讼法》，谢怀栻译，中国法制出版社2001年版，第36页。

的法律后果。譬如，若当事人违反真实义务致使诉讼迟延的，依《德国民事诉讼费用法》第39条之规定，负担因诉讼迟延而产生的费用。① 第93条对诉讼费用的负担进行规定，并确定了“即时认诺制度”，也即“起诉如不是由于被告行为而引起，而被告又对诉讼请求即时认诺时，诉讼费用由原告负担。”在诉权滥用方面，德国以消极的态度来对待民事诉权滥用行为，德国法不承认起诉本身能构成滥用民事诉权。② 第三，德国现行的专利制度主要包括1981年生效的《专利法》、1876年制定的《外观设计法》、1891年制定的《实用新型法》及相应的修改文本，此外还包括《欧洲专利条约》等。在其专利法中主要对专利侵权救济进行规定，较少涉及专利恶意诉讼的规定。

（二）日本

《日本民法典》在受《法国民法典》等影响之外，《德国民法典》对其影响尤为深远。其第709条至第724条对侵权行为的构成要件和法律责任作了具体规定，其中，第709条规定：“因故意或者过失侵害他人权益时，负因此而产生损害的赔偿责任。”以此来看，对于恶意诉讼行为，当事人可援引该条要求恶意诉讼方承担相应的损害赔偿责任。但日本对于恶意诉讼行为主要体现在程序法的规制上。《日本民事诉讼法》（经过1996年修订，1998开始实施）将诚实信用原则引入到程序法之中，③ 该原则在适用主体范围上，既要求当事人之间应恪守诚实信用原则，也要求当事人对法院、法院对当事人也应坚持诚实信用原则。在真实义务及其违反上，日本

① 王玲：《论当事人真实义务在我国的确立——基于规制民事诉讼当事人虚假陈述的思考》，载《甘肃社会科学》2016年第3期。

② 沈达明：《比较民事诉讼法初论（上）》，中信出版社1991年版，第252页。

③ 《日本民事诉讼法》第2条规定：“法院应为民事诉讼公正并迅速地进行而努力；当事人进行民事诉讼，应以诚实信用为之。”白绿铉译：《日本新民事诉讼法》，中国法制出版社2000年版，第32页。

《民事诉讼法》第209条规定，当事人在宣誓后做出虚假陈述的，对其科以10万日元以下的罚款处罚。第230条第1款规定："当事人或其代理人出于故意或重大过失，违背事实制作相关文书时，法院可裁定对其处以10万日元以下的罚款。"① 在诉权滥用方面，日本学者认为："诉权滥用主要指专门以损害对方当事人为目的而行使诉权的行为。"② 在日本相关司法判例中，认为若当事人在行使相关程序性权利时，违背诚实信用原则或具有不正当的目的，其权利主张最终可能会被法院予以否定。③ 可见，日本主要通过程序法对恶意诉讼加以规制，同时可援引民法中的诚实信用原则来要求相应的损害赔偿。

（三）法国

法国民事诉讼制度历史悠久、影响深远，其诉讼制度法典化进程发轫于1667年路易十四制定的《民事诉讼程序敕令》。法国于1806年制定了《法国民事诉讼法典》，之后通过不断修正，形成了1976年《法国民事诉讼法典》版本。2007年12月，法国议会通过了《关于简化民事诉讼程序的立法修正案》，在该修正案中明确规定了《法国民事诉讼法典》(1806年) 即行废止，法国现行《新民事诉讼法典》主要是在2007年修正之后所形成的。④ 法国民事诉讼法虽经几次修改，但每次都明确地保留了"滥诉"一词。⑤ 如《法国民事诉讼法》第30条规定："对某项诉讼请求之胜诉或

① 王玲：《论当事人真实义务在我国的确立——基于规制民事诉讼当事人虚假陈述的思考》，载《甘肃社会科学》2016年第3期。

② ［日］兼子一、竹下守夫：《民事诉讼法》，法律出版社1997年版，第81页。

③ 王亚新：《我国新民事诉讼法与诚实信用原则——以日本民事诉讼立法经过及司法实务为参照》，载《比较法研究》2012年第5期。

④ 参见徐昕：《法国民事诉讼法律发达史及其理论意义》，载《江西社会科学》2013年第9期。

⑤ 王艳：《法国民事滥诉的规制——以法国司法判例为考察对象》，载《法律适用》2014年第12期。

败诉有正当利益的人均享有诉权。”① 对滥诉的法律规制，法国并未局限于程序法上的制裁，受害人还可基于实体法请求要求相应的损害赔偿。法国民事诉讼法第 32 条第 1 款规定：“以拖延诉讼方式，或者以滥诉方式进行诉讼者，得科处法郎至法郎之民事罚款，且不影响有可能要求的损害赔偿。”② 其第 123 条规定：“诉讼不受理，得于诉讼任何阶段提出，但对意图拖延诉讼，故意不尽早提出者，法官得科处损害赔偿。”其第 700 条规定，法官依职权判处滥诉行为人以附加的诉讼费或者不可挽回的费用的名义向滥诉“受害者”即对方当事人支付全部或部分补偿。在实体法方面，《法国民法典》第 1382 条规定：“任何行为致他人受到损害时，因其过错致行为发生之人，应对该他人负赔偿之责任。”其第 1383 条规定：“任何人不仅因其行为造成的损害负赔偿责任，而且还因懈怠或者疏忽大意造成的损害负赔偿责任。”由此可见，法国虽未将恶意诉讼行为直接确定为侵权行为类型，但从相关法律规定来看，恶意诉讼行为也可视为一种准侵权行为而依据实体法加以规制。

三、相关启示

通过分析英美法系国家和大陆法系国家在规制恶意诉讼方面的做法，可以看出，在大陆法系国家一般并未将恶意诉讼明确规定为侵权责任，侧重于以程序法来规制恶意诉讼行为。在特殊情形下，可援引民法中的诚实信用原则、禁止权利滥用原则要求行为人承担相应的损害赔偿责任，从而弥补程序法规制的不足。与此同时，在程序法中，一方面，注重将实体法中的相关原则引入到诉讼法领域，如在诉讼法中明确诚实信用原则、禁止诉权滥用原则等。《日

① 罗结珍译：《法国新民事诉讼法典》，法律出版社 2008 年版，第 71 页。

② 罗结珍译：《法国新民事诉讼法典》，法律出版社 2008 年版，第 81 页。

本民事诉讼法》第2条关于诚实信用原则之规定便是一例。另一方面，在程序法中重申实体法责任。如《法国民事诉讼法》第32条第1款中关于损害赔偿责任之规定，将恶意诉讼行为视为一种准侵权行为。在大陆法系相关国家缺乏对恶意诉讼行为实体法规制的情形下，以上做法加强了实体法与程序法的衔接，为恶意诉讼的程序法规制提供了一定的实体法依据。较之大陆法系国家，英美法系国家针对恶意诉讼行为则具有较为明显的实体法与程序法双重规制的特点。除了依据程序法给予行为人诸如罚款等程序性惩戒外，由于判例法、习惯法等将恶意诉讼行为直接作为一种类型化的侵权行为，故可援引判例法要求恶意诉讼行为人承担相应的损害赔偿责任。如美国《侵权法重述（第二次）》所归纳总结的"恶意地提起民事诉讼、恶意刑事告发、滥用诉讼程序"涉及恶意诉讼的三种侵权行为类型；英国判例法中将恶意诉讼行为确定为侵权行为等。这些规定为追究恶意诉讼行为人的侵权责任提供了法理依据。

第三节　标准必要专利禁令滥用规制的域外实践

在"技术专利化、专利标准化、标准垄断化"的专利运营中，专利技术标准化逐渐演化为一种新型的竞争形态。FRAND原则的存在，使得标准必要专利许可较之一般的专利权许可表现出较大的差异性。与之相对应，标准必要专利禁令救济方式与一般专利侵权救济方式也大有不同。尤其是专利劫持①与专

① 专利劫持主要是指必要专利权人以禁令或诉讼相威胁的方式，向标准必要专利实施者收取高于合理费率的许可费。参见孟雁北：《标准制定与实施中FRAND承诺问题研究》，载《电子知识产权》2014年第11期。专利劫持主要表现为"披露专利信息不当、通过专利转让规避专利许可声明的约束力以及在FRAND承诺下寻求禁令救济"形式。参见李慧颖：《专利劫持和反向专利劫持的法律关注》，载《竞争政策研究》2015年第2期。

利反向劫持①的存在，使得法院在决定是否颁发标准必要专利禁令救济等问题持较为谨慎的态度。专利劫持论者对专利权人以诉讼相威胁，达到敲竹杠的目的加以指摘，而专利反向劫持论者则偏向于考虑专利权人的委屈，侧重于对免费使用他人的专利技术的行为加以批判。② 为防止标准必要专利禁令的滥用，各国或地区积累了一些规制标准必要专利禁令滥用的经验，其中尤以美国和德国在司法实践中所形成的一些规则最为典型，下文将予以详述。

一、英美法系国家——以 eBay 案为例

eBay 案所确立的永久禁令颁发的“四要素检验标准”，促使法院审慎颁发永久禁令，对专利权人滥用禁令起到了重要的抑制作用。在 eBay 案中，MercExchange 公司拥有“在线拍卖系统”专利，而以购物网站为其主营业务的 eBay 公司在网站运营过程中所使用的相关技术正好纳入该专利保护范围之内，双方曾就该专利许可事宜进行过谈判，但以失败而告终。2001 年 MercExchange 公司以其专利权遭受侵犯为由向法院提起诉讼，联邦地区法院随后作出 eBay 公司赔偿 3500 万美元判决，但拒绝了原告要求颁发永久禁令的请求。之后，案件上诉至联邦巡回上诉法院，上诉法院虽维持了上述的赔偿判决，但却颁发了永久禁令。2006 年，联邦最高法院推翻了上诉法院的判决，将案件发回原审法院重审。联邦最高法院

---

① 专利反向劫持主要指专利技术利用人（通常为拥有大量专利的大公司）以种种理或借口拒绝接受专利许可或通过种种手段拖延取得许可。参见胡允银、林霖：《当代专利制度改革的理论思潮：劫持论与反向劫持论》，载《科技进步与对策》2016 年第 6 期。专利反向劫持也被称之为 FRAND 劫持，即标准实施者策略性地利用 FRAND 原则，反向“劫持”标准必要专利权人。在后果上，专利“劫持”容易引起标准必要专利权人以禁令等威胁方式获取过高的许可使用费率，而“FRAND 劫持”则容易导致标准必要专利权人难以获得与合理的专利许可使用费率。参见李扬：《如何应对“FRAND 劫持”》，载《中国知识产权报》2015 年 6 月 10 日第 11 版。

② 胡允银 、林霖：《当代专利制度改革的理论思潮：劫持论与反向劫持论》，载《科技进步与对策》2016 年第 8 期。

虽未对是否应该颁发永久禁令这一问题阐明立场，但其指出，在专利侵权诉讼中，应根据传统的“四因素检验标准”来决定是否颁发永久禁令。也即，在决定是否颁发永久禁令时，应考虑，（1）专利权人已遭受不可弥补的损害；（2）未来还存在侵权的可能且通过损害赔偿尚不足以抑制未来侵权行为的发生；（3）颁布禁令给被告带来的损失与原告所带来的收益之间并不会存在严重失衡的情形；（4）颁布禁令不会严重损害公众利益。① 总体来看，“四因素检验标准”力求在原告（专利权人）、被告（被控侵权人）、公众利益之间寻求平衡。该判例对永久禁令在知识产权领域的适用造成了重大影响。根据美国专利法第 283 条规定，颁布禁令时要“依照衡平法原则”。② 长期以来，基于衡平法原则，在一般诉讼案件中，法院一般会坚持“四要素检验标准”来决定是否颁发禁令，但这一标准并未在专利侵权诉讼类案件中适用。对于专利侵权诉讼类案件，如寻求永久禁令救济，采取的是一般规则，即一旦法院认定侵权成立且该专利有效时，法院在判决损害赔偿的同时，也会颁发永久性禁令。eBay 案则赋予了法院在决定是否颁发禁令时更多的自由裁量权，从而使得即使在确定被告侵权、专利权人胜诉的情形下，法院在权衡原被告双方利益之后，可能仅判决被告支付专利权人相应的赔偿费用，而拒绝颁发永久禁令。

二、大陆法系国家——以“橘皮书案”“华为诉中兴案”为例

（一）“橘皮书案”——反垄断抗辩原则

《德国专利法》139 条第 1 款规定任何人违反第 9 条至第 13 条的规定，实施专利发明的人如果有重复侵权的危险，专利权人可请求停止侵权。第 2 款规定：“对任何故意或者过失侵权人，对被侵权人因此产生的损害负有赔偿义务。”一般而言，德国法院只要认定专利侵权行为成立，都会判令被控侵权人停止侵权（禁令救

① e Bay, Inc. v. Mere Exchange, L. L. C, 126 S. Ct. 1837, 1841 (2006).

② 35 U. S. C. § 283.

济），也即“停止侵害当然论”。

然而，德国在专利侵权诉讼中颁发禁令救济所秉持的“停止侵害当然论”在“橘皮书标准”案①中得以正式改变，该案也是德国将反垄断抗辩制度正式引入专利侵权诉讼之中的标志性事件。值得注意的是，德国相关的技术标准往往被发布在“橙皮书”出版物上，故“橘皮书标准”亦称“橙皮书标准”。在这一案件中，原告飞利浦公司拥有可刻录光盘（也称 CD-Rs）等标准的专利技术，该标准并不是在标准化组织成员内部经过协商而产生的法定标准，而是在竞争过程中所形成的一种事实标准，故该标准必要专利权人并未向标准化组织做作出 FRAND 许可的任何声明。在本案中，飞利浦公司与被告曾就专利许可问题进行过相关谈判，但最终因专利许可费存有分歧，谈判失败。随后，飞利浦公司以被告未经许可使用其专利技术构成专利侵权为由，向法院提起专利侵权诉讼，请求法院判决被告停止侵害、损害赔偿等；而被告辩称，原告即飞利浦公司在专利权侵权诉讼程序中主张禁令救济的行为，构成了市场支配地位的滥用。德国联邦最高法院虽认可了标准必要专利实施人可在标准必要专利侵权诉讼中提出反垄断抗辩，但附加了反垄断抗辩成立的条件。对此，联邦最高法院主要从专利权人和标准必要专利实施人两个方面来明确反垄断抗辩的条件。原告即标准必要专利权人所需满足的要件为：其一，原告的专利是进入相关市场必不可少的前提条件，或称具有市场支配地位；其二，标准必要专利权人对专利实施人的专利拒绝许可行为缺乏合理性和公正性。同时，被告基于以上两个要件提出反垄断抗辩自身也应满足以下两个要求，一是，在诉讼之前即在双方进行专利许可谈判过程中，被告已向标准必要专利权人发出了无条件且合理的要约（包括标的、授权范围、许可费率、不争执条款等）；二是，被告如未经授权或许可就使用该标准必要专利，需要预期履行诸如向相关专利权人提交财务账单、拟使用情况、预留（存）专利许可费等合同相关的

① German Federal Supreme Court, 6 May 2009, KZR 39/06- “Orange-Book-Standard”.

义务。最终，联邦最高法院认为被告并不符合反垄断抗辩构成要件，支持了原告的禁令救济请求。总体来看，如果被控侵权人欲阻止法院判决禁令救济，可提出反垄断或强制许可抗辩，举证证明专利权人存在违反竞争法或滥用知识产权的情形。①

（二）“华为诉中兴”案——协商意愿原则

纵然“橘皮书”案确立了标准必要专利禁令之诉的反垄断抗辩制度，但由于设置了较高的门槛，使得被控侵权人的反垄断抗辩很难对抗标准必要专利权人的禁令救济申请，并未有效缓解“专利劫持”现象。2011 年的“华为诉中兴”案，则修正了“橘皮书”案中所确定的标准必要专利禁令颁发标准。在该案中，华为在德国拥有一项“在通信系统中建立同步信号的方法和设备”的专利技术（EP2090050B1 号），且该专利于 2009 年被欧洲电信标准协会（ETSI）纳入了“长期演进技术”标准，华为向 ETSI 作了 FRAND 许可的声明。由于中兴公司在德国进行相关产品的生产时涉及该项专利技术的使用，于是在 2010 年 11 月至 2011 年 3 月期间曾就专利许可费问题与华为公司进行过谈判，然而在许可条件上，中兴期望通过交叉许可的方式来代替许可费，而华为则要求中兴直接向其支付专利许可费，不同意交叉许可的方案。谈判陷入僵局后，中兴公司又继续使用该项专利技术并销售了专利产品。2011 年 4 月，华为公司以中兴公司侵犯其专利权为由，向德国杜塞尔多夫地方法院提起诉讼，要求中兴公司停止侵权、提供销售数据、召回侵权产品。而中兴公司辩称，华为公司申请禁令的行为构成了市场支配地位的滥用。法院根据“橘皮书”案所确定的反垄断抗辩要件，认为中兴公司并不满足“橘皮书标准”案中所确定的“无条件且合理的要约”以及“预期履行合同相关的义务”等条件，初步认定中兴公司构成侵权，并支持华为公司的禁令请求。然而，问题的重点在于，根据欧盟第 1/2003 条例的第 16 条的相关规定，各成员国

① 赵启杉：《竞争法与专利法的交错：德国涉及标准必要专利侵权案件禁令救济规则演变研究》，载《竞争政策研究》2015 年第 2 期。

在适用《欧盟运行条约》（简称 TFEU）第 102 条中关于市场支配地位滥用的相关条款时，应与欧盟委员会关于该条款的适用保持一致。① 而在“华为诉中兴”案期间发生的“三星诉苹果”“三星诉摩托罗拉”两起反垄断案件中，欧盟委员会根据 TFEU 第 102 条所作的公告或声明中，明确了“协商意愿”标准，也即如果标准必要专利权人已作出了 FRAND 声明，被控侵权人也有根据 FRAND 条款进行缔结专利许可协议的意愿，此时标准必要专利权人不能寻求禁令救济，否则将构成市场支配地位滥用。基于欧盟委员会对这两起涉及标准必要专利禁令救济的反垄断案件所阐释的观点与“橘皮书”案所确定观点具有一定的冲突性或出入，杜塞尔多夫地方法院暂缓了“华为诉中兴”案的判决，并于 2013 年 3 月 21 日就该案争议问题②请求欧洲法院予以回复。欧盟法院于 2015 年 7 月 16 日该案相关问题作出了预先裁决，其认为，在标准必要专利持有者未事先满足一定的条件之前，向涉嫌被控侵权人寻求禁令救济，可能构成欧盟运行条约第 102 款关于市场支配地位滥用的规定。③ 具体来讲，欧盟法院以专利许可费的谈判为中心，站在专利

① 虽然德国的反垄断抗辩的基础来源于《反限制竞争法》的第 18、19 条，但是根据欧盟 1/2003 号条例的规定，德国反垄断法的适用不能与欧盟反垄断法的适用相冲突。参见魏立舟：《标准必要专利情形下禁令救济的反垄断法规制——从“橘皮书标准”到“华为诉中兴”》，载《环球法律评论》2015 年第 6 期。

② 主要涉及以下几个方面的问题：一是，在标准必要专利权人已作出 FRAND 声明，且被控侵权人具有谈判的意愿并作出明示的情形下，该专利权人是否可以申请禁令救济？如申请禁令救济，是否构成市场支配地位的滥用；二是“协商意愿“的标准如何确定；三是标准必要专利实施人所发出的无条件的要约的要件与构成滥用市场支配地位要件之间的关系；四是“预先履行”义务与滥用市场支配地位的关系；五是如禁令救济申请构成市场支配地位滥用，该判定标准是否适用于损害赔偿、产品召回等救济领域。参见 Huawei v. ZTE，CJEU，20 November 2014，Case C-170/12。

③ PHD Batista& G. C Mazutti. Comment on “Huawei Technologies” （C-170/13）：Standard Essential Patents and Competition Law-How Far Does the CJEU Decision Go? International Review of Intellectual Property and Competition Law，2016（47）：244.

权人与专利实施者双方的立场，规定了标准必要专利权人和专利实施者所应履行的相关程序和义务，如在标准必要专利权人发现专利遭受侵权时，其已履行了诸如适时寄发警告函、发出要约等程序，而专利实施者并未作出及时有效的回应（在不同意该要约的情况下没提出反要约，也未预先履行相关义务），此时标准必要专利权人的禁令救济主张并未构成市场支配地位的滥用。然而，如果在标准专利权人未履行告知侵权、发出要约等程序而径直提出禁令救济，或者在其履行上述规定的程序后，专利实施者也履行了规定的程序或义务后，还提出禁令救济，标准必要专利权人则涉嫌构成市场支配地位滥用。

三、相关启示

通过对比美国和德国在标准必要禁令救济规制上的具体做法，可以得出以下启示：第一，标准必要专利权人作出 FRAND 承诺，并不意味着其对禁令救济的放弃。虽然在学理中，部分学者从“要约说”“缔约过失说”“侵权说”“默示许可说”等角度，对 FRAND 承诺的法律属性予以分析，但对标准必要专利权人作出 FRAND 承诺的法律性质并未达成共识。一般而言，作出 FRAND 承诺并不视为对禁令救济的放弃。从美国、德国等司法实践来看，对于作出 FRAND 承诺的标准必要专利，并不排除给予权利人适当的禁令救济。第二，在禁令救济与损害赔偿的关系上，美国禁令救济是作为损害赔偿的补充救济手段，在“四因素检验标准”下，法院以不颁发永久禁令为原则；而在德国专利法中，禁令救济却是进行损害赔偿的前提。① 在标准必要专利禁令之诉中，美国在 eBay 案之后，对禁令救济开始持较为谨慎的态度，救济方式主要以损害赔偿为主，但如符合“四因素检验标准”，也将给予权利人以禁令救济。对于德国而言，以“橘皮书”案为里程碑，在“橘皮书”

① 施高翔：《中国知识产权禁令制度研究》，厦门大学出版社 2011 年版，第 128 页。

案之前，标准必要专利实施人一旦构成侵权，当然适用禁令救济。一旦认定专利侵权成立，德国法院原则上均适用“停止侵害”，只有涉及“公共利益”等情况时不适用，而对于“公共利益”的审查又极为严格。① 但经历“橘皮书”案、“华为诉中兴”案之后，德国对标准必要专利权人的禁令救济的适用采取逐渐严格的态度，并从反垄断法的角度来考量禁令救济可能带来的不良后果，禁令救济当然适用论日渐式微。综合来看，虽然美国和德国都并未直接排除标准必要专利禁令救济的适用，但基于标准必要专利权人与标准必要专利实施人的利益权衡以及竞争秩序维护、技术创新激励等因素考量，都开始对标准必要专利禁令的颁发设置较为严格的门槛，以期在竞争政策与产业政策、个人利益与社会利益之间求得平衡。第三，在规制路径上，美国侧重于从民事侵权的角度来对标准必要专利禁令滥用加以规制，而德国则倾向于从反垄断法的角度来对标准必要专利禁令滥用加以规制。

第四节　专利懈怠行为规制的域外实践

一、英美法系国家之“权利懈怠抗辩原则”

1. 专利法的一般规定。美国《专利法》第 286 条规定：② 除法律另有规定外，对于提起侵权诉讼之日或者提起侵权反诉之日起 6 年之前所作出的任何专利侵权行为，不能获得损失赔偿。也即侵权人不必对专利侵权诉讼之日起前 6 年的侵权行为承担相应的损害

① 孔祥俊：《知识产权保护的新思维——知识产权司法前沿问题》，中国法制出版社 2013 年版，第 115 页。

② 参见 35 U. S. C. 286. “Except as otherwise provided by law, no recovery shall be had for any infringement committed more than six years prior to the filing of the complaint or counterclaim for infringement in the action.” . https://www.uspto.gov/web/offices/pac/mpep/consolidated_laws.pdf。

赔偿责任。理解该规定需注意：一是，“6 年前”表述，意味着专利权人已超过 6 年未提出专利侵权诉讼或反诉；二是，对于 6 年期限届满之日起发生的侵权行为，不受上述条款限制，不能免除侵权人的损害赔偿责任；三是 6 年的起点以侵害行为发生之日计算，而非从权利人知道或者应当知道之日起计算；四是，6 年期限不受任何其他任何因素而中止或改变。由以上规定可以看出，“6 年”是专利权人获得损害赔偿的期限性规定，而非诉讼时效的规定，此规定主要针对在专利侵权发生后，6 年内专利权人如没有及时行使权利，从而无法获得这 6 年内的损害赔偿金，其目的在于敦促专利权人及时行使自己的权利。然而，专利权人没有及时行使权利，可能在于无故拖延时间，对此情形，美国又通过判例形成了一系列与专利法中关于专利赔偿金请求期限 6 年之规定不同的规制专利懈怠行为的规则，其中较为重要的便是“权利懈怠原则”和“禁止反悔原则”。

2. 专利懈怠抗辩原则。美国权利懈怠抗辩制度的真正确立是在 1992 年的“A. C. Aukerman Company v. R. L. Chaides Construction Company”案（以下简称 Aukerman 案）中①。Aukerman 公司拥有高速公路混凝土路障制作方法的相关专利，在该专利技术下，通过滑动模板，即使面对不同高度的高速公路路面，也可直接在路面上浇注路障，免去了另行安装模具的繁琐程序。1977 年 Aukerman 公司将该专利许可给 Gomaco 公司使用。1979 年 2 月至 6 月间，从 Gomaco 公司手中购买滑动模具产品的 Chaides 公司被 Aukerman 公司指控侵权，并要求 Chaides 公司与其达成专利许可协议，但此后一段时间内，此事又被暂时搁置。直至 1988 年 10 月，Aukerman 公司才就 Chaides 公司的专利侵权行为向法院提起专利侵权之诉。联邦地区法院认定原告不合理的迟延行使权利构成专利懈怠行为且

① A. C. Aukerman Co. v. R. L. Chaides Construction Co. 960 F. 2d 1020 (Fed. Cir 1992).

其沉默行为也构成禁止反悔，判决被告胜诉。随后，案件上诉至联邦上诉法院，经过审理，上诉法院认为，一方面，在举证责任上，原告举证其正忙于其他专利侵权诉讼，但事实上的争议已使得举证责任发生了转移；另一方面，在原告没有明示义务的情形下，沉默行为并不当然构成禁止反悔。① 最终，联邦上诉法院认为地区法院的判决不当，发回重审。该判例对专利懈怠的适用标准、构成要件、举证责任、法律效力等问题进行了系统阐释，明确了“懈怠”在专利侵权诉讼中可作为一种抗辩事由，确立了针对懈怠和禁止反悔问题的新的举证责任的承担、优势证据规则等适用规则。② 之后经过判例的不断发展，专利懈怠抗辩制度不断完善。第一，在适用范围上，专利懈怠抗辩制度不仅适用于专利侵权诉讼中，还延伸至专利申请审查过程中。第二，在认定标准上，专利懈怠抗辩成立的要件主要包括“权利人不合理的迟延和被控侵权人的损害两个方面”。③ 在不合理迟延方面，也存在 6 年期限的假设，当然，较之美国《专利法》第 286 条规定 6 年的期限之规定，专利懈怠抗辩原则语境下的 6 年期限之规定，仅是一个参考标准，低于 6 年也可能构成权利懈怠，6 年期限的计算从专利权人知道或应当知道被侵权之日起计算。在实质性损害方面，既包括被控侵权人基于默认许可所产生的信赖利益（如扩大生产、投资），而产生的经济损害，也包括由于时间间隔太长，相关证据丢失所带来的证据损害。第三，在法律后果上，一旦专利懈怠抗辩成立，被控侵权人将对专利侵权诉讼之前的侵权行为不承担损害赔偿责任。与此同时，如果被控侵权人基于专利权人默示行为的信赖，已利用该专利技术扩大了投资和生产的情形下，基于被控侵权人的申

① Reay v. Raynor. 19 F. 308, 311 (C. C. S. D. N. Y. 1884).

② 孟庆法、冯义高：《美国专利及商标保护》，专利文献出版社 1992 年版，第 145~146 页。

③ JM Mueller. An Introduction to Patent Law, CITIC Publishing House, Aspen Publishers, 2003, 48 (2): 338-351.

请，法院可判决被控侵权人在支付给专利权人合理的许可费之后，继续使用该技术。① 但专利懈怠抗辩的成立并不必然阻却永久禁令的颁发，且在诉讼之后，若被控侵权人继续侵权，将要承担相应的损害赔偿责任。

3. 禁止反悔原则。无论是美国《专利法》第 286 条关于 6 年期限之规定，还是权利懈怠原则，其法律效力主要局限于损害赔偿，并未延及于禁令救济。但是，如果专利权人以误导的方式怠于行使权利，他人对这种怠于行使权利的行为产生了合理的信赖，此时，可适用衡平法中的禁止反悔原则。第一，在适用标准上，禁止反悔主要包括以下几个方面的因素：②（1）专利权人存在误导行为，且这种误导行为使得被控侵权人有理由推断出专利权人不会对其行为提起侵权诉讼；（2）被控侵权人对该误导行为产生了合理信赖；（3）基于上述因素，在被控侵权人对专利权人怠于行使权利产生合理信赖的情形下，如支持专利权人的相关诉求，将会对被控侵权人造成实质性损害。第二，在法律后果上，基于专利权人的懈怠行为，法院一旦适用禁止反悔原则，专利权人的损害赔偿请求（包括诉前和诉后的侵权行为所致损害）将无法获得支持，且不能获得禁令救济。所以较之专利懈怠抗辩原则，禁止反悔原则剥夺了专利权人更多的专利权权能，此时，专利权人对诉讼之后的侵权行为也无法获得损害赔偿，被控侵权人也可以继续使用该专利。从个案来看，专利权人的权利基本处于失效状态。第三，在期间计算方面，禁止反悔原则下，并未严格的期间限制，由法院根据具体案情灵活把握。

综上所述，美国对专利懈怠行为的规制，主要依据权利人的主

① John B. Campbell JR, A Decade of Aukerman: An Analysis of Laches and Estoppel in the Federal Circuit, IDEA-Journal of Law and Technology, 2003, 43 (2): 306.

② A. C. Aukerman Co. v. R. L. Chaides Construction Co. 960 F. 2d 1020 (Fed. Cir. 1992).

观状态之过错程度①来采取类别化的规制手段。具体来讲，其一，对于专利侵权诉讼之日起6年前的侵权行为，不考虑专利权人的主观状态，适用6年之期限。也即，被控侵权人对于6年之前的侵权行为免于承担损害赔偿责任，但对于6年之后的侵权行为，专利权人既可获得损害赔偿，也可获得禁令救济。其二，在专利侵权诉讼中，被控侵权人提出专利懈怠抗辩，如果专利权人自知道或应当知道侵权行为发生之日起权利行使不合理迟延超过一定期间（以6年为参考标准），且会对被控侵权人造成损害，则可能构成专利懈怠行为，此时，对于起诉前的侵权行为，专利权人无法获得损害赔偿，但对于起诉之后的侵权行为，专利权人不仅可以获得损害赔偿，还可获得禁令救济。但是如被控侵权人基于合理信赖已进行了扩大投资、规模生产等，法院可基于被控侵权人的申请，在被控侵权人支付合理专利许可费用后，可继续使用该专利技术。其三，如果专利权人怠于起诉的行为主要通过积极陈述等误导方式进行，进而使得被控侵权人误以为专利权人不会对其侵权行为提起诉讼，并基于这种合理信赖扩大了生产和投资，此时，专利权人对被控侵权人诉讼前后的侵权行为都无法获得损害和禁令救济，针对该个案专利权将处于一种权利失效的状态。

---

① 美国《专利法》第286条所规定损害赔偿6年时效的经过，并不考虑专利权人的主观状态；专利懈怠抗辩原则下，首先以自权利人知道或应当知道侵权之日起设立6年时效假设，其次，以权利人怠于行使权利是否具有“正当理由”来判断专利权行使是否构成“不合理的迟延”，该“正当理由”主要包括“忙于与其他侵权人进行侵权诉讼、专利无效审查、调查侵权事实”等；最后，在禁止反悔原则下，主要以专利权人是否通过误导行为使得被控侵权人误以为专利权人不会对其提起诉讼。不难发现，专利懈怠抗辩原则下，重点关注于由于疏忽或大意而引起诉讼行为的迟延，而在禁止反悔原则下，重点关注于专利权人通过一定的作为或不作为，在一定的期间内怠于诉讼，从而使被控侵权人误认为专利权人不会对其诉讼。其典型行为是，权利人起初通过警告威胁或诉讼威胁的方式主张起权利，之后在较长时间内怠于行使诉权，从而使被控侵权人误认为专利权人放弃了权利主张或默认了该种侵权行为。

二、大陆法系国家之“权利失效原则”

在大陆法系国家，为防止权利人怠于行使权利，诉讼时效制度起着非常重要的作用。如德国民法典中将诉讼时效分为普通时效和特殊时效，普通时效为 3 年，特殊时效为 10 年和 30 年。德国专利权法规定，自权利人得知侵权行为和侵权人身份 3 年后，提起专利侵权诉讼，其诉讼请求将不能得到法律的保护。以此来看，在德国，专利侵权诉讼时效为 3 年，最长不超过 30 年。又如日本在专利法中虽未直接规定专利诉讼时效，但依据其民法中关于诉讼时效的规定，专利侵权诉讼中的损害赔偿请求时效为 3 年。虽然损害赔偿请求权可因时效而消灭，但只要该专利处于有效状态，专利权人仍然可以提起专利侵权诉讼，要求被控侵权人停止侵权。

诉讼时效制度的功能在于“督促权利人及时行使其权利，有利于更好地发挥财产的效用及保障社会经济流转正常进行，促进社会经济的发展”。① 但是，以简单的“时间经过”来防止权利人怠于行使权利，尚不能有效应对变动不居的社会复杂现实。尤其是在专利权领域，面对持续性的侵权行为，专利权人可能并不会直接通过诉讼等方式主张权利，而是待侵权达成一定规模后，伺机提起诉讼。此时，如果一味固守僵化的诉讼时效期间，将对他人利益乃至社会公共利益造成严重损害。因此，为防止权利人滥用诉权，作为诉讼时效制度的补充，权利失效制度应运而生。从德国、日本关于权利失效规则的生成来看，权利失效规则是一项经由学说推动而由判例创设的规则，其民法典中都无此项规则之明文规定。② 权利失效在德国法上称之为“Verwirkung”，前已述及，自 19 世纪德国帝国商事法院产生权利失效相关判例以来，权利失效制度在德国司法实践中不断发展，进而成为法院裁判时一项基本的法律原则。在日本，权利失效制度的确立源于昭和 30 年最高裁判所对“一租赁权

① 梁慧星：《民法总论》，法律出版社 2004 年版，第 238 页。

② 王洪平：《论权利失效规则及其法典化》，载《法学论坛》2015 年第 2 期。

让渡案”所形成的判决。在本案中，甲从土地所有人乙处获得土地租赁权后，之后由于战乱原因，无法与乙取得联系，甲未经土地所有人乙的同意将该租赁权转让给丙，后丙在该建有土地建筑物。问题在于，之后，当甲要求丙拆除相关建筑物时，乙却同意将土地租赁给丙，且乙认为甲未经其同意擅自转让租赁权，从而要求解除其和甲的租赁合同。日本最高裁判所判决认为，权利人（乙）虽享有解除权，但长时间内却怠于行使权利，给相对人即甲产生了合理信赖，如此时再主张权利有违诚实信用原则，所以，此项解除权不得再为行使。“在本件，……相对人虽有信赖上诉人不行使解除权之正当事由，但尚未有特别理由得认为解除权之行使，违背信义诚实。”①

第一，在构成要件上，德国在确定是否构成权利失效上，主要考虑以下几个方面的因素：（1）权利人在一定期间内原本可以主张权利却怠于行使；（2）义务人有理由确信权利人不会再对其主张权利；（3）义务人事实上基于这种确信而调整了自己的行为；（4）在上述情形下，如权利人再进行权利主张将与诚实信用原则不符。② 第二，在法律后果上，前文已述及，对权利失效的法律效果存在着本体消灭说、相对人抗辩产生说、诉权消灭说等理论学说。拉伦茨认为：“权利失效，权利也就不存在了。”③ 我国有学者提出，建议将权利失效在未来民法典中予以规定，也即因权利人之怠惰，在相当期间内不行使权利，致使义务人确信其不再行使权利，若再行使权利有违诚实信用原则的，则权利人之权利消灭。④ 一旦构成权利失效，专利权人针对专利侵权行为所具有的停止侵害请求权和损害赔偿请求权将得以丧失。以此来看，权利失效并非简

① 史尚宽：《民法总论》，中国政法大学出版社 2000 年版。

② 参见［德］迪特尔·施瓦布：《民法导论》，郑冲译，法律出版社 2006 年版，第 183 页。

③ ［德］卡尔·拉伦茨：《德国民法通论（上册）》，王晓晔等译，法律出版社 2003 年版，第 311~312 页。

④ 王洪平：《论权利失效规则及其法典化》，载《法学论坛》2015 年第 2 期。

单的权利限制，而是权利终止的原因，但权利是部分时效抑或是完全失效应根据各地具体情况而定，并无统一之标准。值得注意的是，权利失效具有相对性，也即主要针对个案本身，专利权人仍可对其他人主张权利。第三，在大陆法系相关国家对权利失效的期间把握上，和诉讼时效所规定的法定期间并无必然联系，权利失效原则的适用只需在相当期间内未行使权利。也即诉讼时效的长短与权利失效所要求的相当期间也不存在直接的相关关系，该期间由法院根据实际情况加以判定。但是，权利失效期间起点的计算可与诉讼时效期间起点的计算保持一致。

三、相关启示

纵观英美法系国家（尤其是美国）以及大陆法系相关国家在规制专利懈怠行为方面的具体做法，从中可得出以下启示：第一，英美法上依禁反言之权利放弃规则，与权利失效规则具有相通之法理。① 无论是英美法系中的权利懈怠抗辩制度，还是大陆法系中的权利失效制度，都构成了诉讼时效制度的有力补充。英美法系国家和大陆法系国家虽然在成文法中都确定了诉讼时效制度，但针对权利懈怠抗辩和权利失效的规定都主要通过判例演变而来，并未在成文法中加以明确规定，是否构成懈怠行为主要由法官根据交易惯例、个案情况等加以判断。正所谓："适用权利失效原则实际上是对权利人默示事实的一种推定，是把事实与意欲达到的结果相联结的一种司法技术。"② 值得注意的是，美国直接确定了专利懈怠抗辩原则，而大陆法系国家并没有在民法中直接确定专利懈怠抗辩原则，而更多是在判例中所形成的关于权利失效的相关规则。第二，英美法系国家尤其是美国，依据过错程度对专利懈怠行为采取不同的规制方式，尤其是区分不同的情形来确定损害赔偿请求和禁令救

① 王泽鉴：《民法学说与判例研究》（第一册），中国政法大学出版社2005年版，第290页。

② ［日］成富信夫：《权利时效原则》，判例时报六十九号，第78~80页。

济的范围，而在大陆法系国家，权利人行使权利时的主观状态是判断某项专利权是否构成权利失效的重要性因素。第三，权利懈怠抗辩制度和权利失效制度都关注于被控侵权人合理信赖利益的保护及专利权人与被控侵权人利益的平衡，但对迟延诉讼的期间都未作绝对性规定一般而言，延迟诉讼所经过的期间越长，使他人形成合理信赖的可能性也就越大。同时，法官在衡量是否构成权利懈怠时，诉讼时效失效的长短对延迟诉讼期间的认定也具有一定影响。第四，为防止权利抗辩制度、权利失效制度在适用上的过于宽泛而导致诉讼时效制度的形同虚设，无论是英美法系中的权利抗辩原则、禁止反悔原则，还是大陆法系中的权利失效原则，在判例的演进中，都逐渐形成了较为严格的适用条件。第五，在大陆法系，权利失效与权利滥用虽存在着紧密的联系，但权利失效是一个相对独立的概念。有学者认为，权利失效只具有轻微的权利滥用性质。① 也有学者称权利失效系禁止权利滥用之一种特殊形态。② 知识产权法作为民法特别法，专利权作为一种重要的民事权利，权利失效原则适用于专利权领域并不存在法理上的障碍。值得注意的是，在一定语境下，可称专利权懈怠行为是专利权滥用的特殊形态，但专利权滥用可能构成侵权行为或垄断行为，专利懈怠行为则不构成侵权行为或垄断行为，它更多是被控侵权人在专利侵权诉讼中进行专利懈怠抗辩的重要事由。

① 杜颖、谢鸿飞：《论权利失效原则》，载《河北法学》1998 年第 5 期。

② 王泽鉴：《民法学说与判例研究（第一册）》，中国政法大学出版社 1997 年版，第 307~318 页。

第四章　我国规制专利滥诉的现状及困境

诉讼失范行为在民事诉讼领域早已有之，专利滥诉作为民事诉权滥用的特殊形态，对其进行法律规制，一方面，既有规制一般民事诉讼失范行为所面临的普遍性问题，又有规制专利滥诉自身所面临的特殊性问题；另一方面，既有规制所有专利滥诉类型所面临的共性问题，又有规制某一专利滥诉类型所面临的个性问题。本章重点从制度建设、制度设计、制度实践等视角，来对专利滥诉规制过程中所面临的困境加以梳理。综合观之，在专利滥诉规制制度现状方面，还存在着“多间接规范少直接规范、重权利保护轻权利限制、有现实需求无制度回应”等问题；在专利滥诉规制制度体系方面，还未形成集综合规制与单独规制、实体规制与程序规制、事先规则与事后规制于一体的制度框架体系；在专利滥诉规制制度的运行方面，还存在着法律适用、自由裁量、协调规制等操作困境。

第一节　制度建设困境之“现状检视”

当前，我国虽也有所涉及规制专利滥诉方面的法律制度，但总体上来看，还存在着“多间接规范少直接规范、重权利保护轻权利限制、有现实需求无制度回应”等问题。

一、现行制度较为粗疏：多间接规范少直接规范

我国并无一部专门规制专利滥诉的规范性文件，关于规制专利滥诉的相关规定散见于不同层次的规范性文件之中，内容较为零散。

第一，法律层面：规制专利滥诉可供援引的法律条文主要散见于《民法典》《反垄断法》《专利法》《民事诉讼法》等。我国《民法典》第7条对诚实信用原则进行了规定，在缺乏具体的制度规定对专利滥诉加以规制的情形下，诚实信用原则可作为“兜底性原则”加以适用。《反垄断法》第55条对反垄断法适用知识产权滥用领域做了原则性的规定，但缺乏对专利滥诉反垄断规制的具体规定。新《民事诉讼法》在第13条确立了诚实信用原则的同时，对恶意诉讼行为进行了创设性的规制，第112条、第113条关于规制双方串通型恶意诉讼的规定，但条文不多，总体上较为原则。① 更为重要的是，民事诉讼法中所规定的恶意诉讼从本质上来看，属于虚假诉讼，与专利恶意诉讼具有较大差异。《专利法》中除了涉及先用权、强制许可等涉及权利本身限制的条款外，较少有涉及规制专利滥诉的相关规定。除了相关条款对诉前临时措施进行规定以外，其68条对诉讼时效进行了规定，如“侵犯专利权的诉讼时效为二年。”值得注意的是，《专利法修改草案（2015年征求意见稿）》除了确立禁止专利权滥用原则之外，第82条对标准必要专利权人的专利信息披露义务、违反披露义务的法律后果及争议解决方式进行了规定。②

第二，在司法解释、司法解释性质文件以及其他规范性文件层面：最高人民法院《关于审理侵犯专利权纠纷案件应用法律若干问题的解释（二）》第24条对权利人违反FRAND原则后又请求停止标准实施行为的主张进行了限制，第26条对专利侵权诉讼中

① 宋朝武：《新〈民事诉讼法〉视野下的恶意诉讼规制》，载《现代法学》2014年第6期。

② 《专利法修改草案》第82条规定：“参与国家标准制定的专利权人在标准制定过程中不披露其拥有的标准必要专利的，视为其许可该标准的实施者使用其专利技术。许可使用费由双方协商；双方不能达成协议的，由地方人民政府专利行政部门裁决。当事人对裁决不服的，可以自收到通知之日起三个月内向人民法院起诉。”http：//www. sipo. gov. cn/ztzl/ywzt/zlfjqssxzdscxg/xylzlfxg/201504/t20150401_1095940. html，2017年1月2日访问。

权利人停止侵害主张时的公共利益限制情形进行了规定。① 《关于审理侵犯专利权纠纷案件应用法律若干问题的解释》（2010 年）第 18 条对基于不当寄发侵权警告函而提起不侵犯专利权诉讼的情形进行了规定。② 针对持续性专利侵权问题，《关于审理专利纠纷案件适用法律问题的若干规定》（2015）第 23 条规定："……权利人超过二年起诉的，如果侵权行为在起诉时仍在继续，在该项专利权有效期内，人民法院应当判决被告停止侵权行为，侵权损害赔偿数额应当自权利人向人民法院起诉之日起向前推算二年计算。"此外，北京市高级人民法院出台的《专利侵权判定指南》，对滥用专利权抗辩的情形进行了规定。③

第三，在相关政策性或指导性文件层面，2011 年 12 月，最高人民法院发布的《关于充分发挥知识产权审判职能作用推动社会主义文化大发展大繁荣和促进经济自主协调发展若干问题的意见》对滥用诉权给他人造成损失后损害赔偿问题进行了明确规定④，

① 最高人民法院《关于审理侵犯专利权纠纷案件应用法律若干问题的解释（二）》第 24 条规定，"……专利权人故意违反其在标准制定中承诺的公平、合理、无歧视的许可义务，导致无法达成专利实施许可合同，且被诉侵权人在协商中无明显过错的，对于权利人请求停止标准实施行为的主张，人民法院一般不予支持。"第 26 条规定："……被告构成对专利权的侵犯，权利人请求判令其停止侵权行为的，人民法院应予支持，但基于国家利益、公共利益的考量，人民法院可以不判令被告停止被诉行为，而判令其支付相应的合理费用。"

② 第 18 条规定："权利人向他人发出侵犯专利权的警告，被警告人或者利害关系人经书面催告权利人行使诉权，自权利人收到该书面催告之日起一个月内或者自书面催告发出之日起二个月内，权利人不撤回警告也不提起诉讼，被警告人或者利害关系人向人民法院提起请求确认其行为不侵犯专利权的诉讼的，人民法院应当受理。"

③ 《专利侵权判定指南》第 113 条规定："被诉侵权人以专利权人恶意取得专利权且滥用专利权提起侵权诉讼进行抗辩的，应当提供相应的证据。"

④ "对于明知其专利权属于现有技术或者现有设计，仍然恶意向正当实施者及其交易对象滥发侵权警告或者滥用诉权，构成侵权的，可以视情支持受害人的损害赔偿请求。"

2015年12月，国务院《关于新形势下加快知识产权强国建设的若干意见》明确指出：“完善规制知识产权滥用行为的法律制度，制定相关反垄断执法指南。”2016年9月，最高人民法院出台的《关于进一步推进案件繁简分流优化司法资源配置的若干意见》规定：“加大对虚假诉讼、恶意诉讼等非诚信诉讼行为的打击力度，充分发挥诉讼费用、律师费用调节当事人诉讼行为的杠杆作用。”根据该意见，当事人在诉讼中如存在滥用诉讼权利、拖延承担诉讼义务等不当行为，律师费可由败诉方承担。

第四，在行政规范性文件层面，2013年12月，国家标准化管理委员会、国家知识产权局联合制定的《国家标准涉及专利的管理规定（暂行）》对国家标准涉及专利的相关问题作了规范，如对权利人披露必要专利、作出专利实施许可声明等进行了明确的规定。2015年4月，国家工商行政管理总局公布的《关于禁止滥用知识产权排除、限制竞争行为的规定》，明确规定了具有市场支配地位的经营者不得在标准的制定过程中故意不向标准制定组织披露其权利信息，不得在标准实施过程中进行专利拒绝许可等限制或排除竞争的行为。2017年3月国家发展改革委员会起草并发布的《关于滥用知识产权的反垄断指南（征求意见稿）》对分析和认定标准必要专利经营者申请禁令救济是否排除、限制竞争所要考虑的因素进行了规定。2019年1月，国务院反垄断委员会发布了《关于知识产权领域的反垄断指南》，对标准必要专利禁令颁发所需考虑的因素进行了规定①。此外，《专利实施许可合同备案办法》（2011）、《专利实施强制许可办法》（2012）、《关于经营者集中申报的指导意见》（2014）、《科学技术保密规定》（2015年）、《关于规范专利申请行为的若干规定》（2017）等相关规定虽未直接涉及专利滥诉的相关规定，但其对专利申请、转让、许可等方面的限制，也可在一定程度上实现对专利滥诉的间接性规制。

① 国家市场监督管理总局反垄断局：《2019年反垄断规章和指南汇编》，中国工商出版社2020年版，第42页。

基于以上分析，不难发现，我国涉及专利滥诉规制的法律规范较为粗疏，总体上呈现出以下特点：其一，缺乏针对性规定。专利滥诉的规制涉及竞争法、专利法、侵权责任法、诉讼法等不同部门法的调整，但无论是在法律层面，还是在行政法规、部门规章、司法解释等层面，并没有针对专利滥诉规制的某一类型或某一重要性问题制定一部规范性文件，相关规定较为分散且语焉不详，对不同专利滥诉类型的规制往往只能从零散的制度中间接援引相应的条款。如对专利恶意诉讼的规制，主要通过参照民事诉讼法中关于恶意诉讼的规制。然而，修改后的《民事诉讼法》第112条和第113条虽首次对恶意诉讼进行了规制，但仍存在规制对象范围狭窄、法条规定过于简略、规制力度明显不够、权利救济依然有限等问题。① 更为重要的是，民事诉讼法所规定的串通型恶意诉讼本质上属于虚假诉讼，与专利恶意诉讼之间并非简单的上下位概念，二者之间存在较大的区别；在标准必要专利禁令滥用的反垄断规制中，其是否适用反垄断法，关键在于标准必要专利禁令滥用是否能匹配于反垄断法所规定的垄断行为之中，反垄断法的抽象性和原则性，使得反垄断法直接适用专利滥诉领域较为困难；对专利懈怠行为的规制，仅通过诉讼时效对损害赔偿请求权加以限制有其局限性。对于“专利蟑螂”滥诉行为的规制，更多从专利转让、许可等限制来对其进行间接性规制。其二，缺乏系统性的规定。对专利滥诉的规制更多采取的是“头痛医头，脚痛医脚”的做法，并未形成事前、事中、事后的相衔接的规制体系。如对专利权及其行使的限制与专利诉权的限制之间并没有形成必要的勾连。其三，缺乏有效性规定。我国关于专利滥诉的规制很难在上位法中找到直接的依据，只在部门规章、司法解释等层面存在一些规制专利滥诉的相关规定，专利滥诉规制制度体系存在层次结构失衡、法律效力较低等问题。

---

① 郝晶晶：《论恶意诉讼应有的实体法规制——以程序法规制及其不足为基点》，载《暨南学报（哲学社会科学版）》2014年10期。

二、制度取向尚需匡正：重权利保护轻权利限制

专利滥诉的法律规制不可避免的涉及对专利权和诉权的双重限制，但在现有制度的价值取向下，对权利的限制保持较为审慎的态度。一方面，我国正在大力实施创新驱动发展战略、知识产权强国战略，加强专利保护是主旋律。另一方面，《关于全面推进依法治国若干重大问题的决定》明确提出保障当事人诉权。当前，立案登记制在我国全面推行，保障当事人诉权已然成为司法改革过程中所应秉持的基本价值理念。在加大专利保护、保障当事人诉权的这一大的背景下，我国关于专利权保护和诉权保护等立法工作取得了显著成就。相比之下，我国对专利权和诉权限制等方面的立法则黯然失色，涉及禁止权利滥用的规定往往作为权利保护制度中的一种例外情形加以考虑。譬如，纵观最高人民法院关于专利侵权诉讼法律适用方面的司法解释文件，其价值取向更多偏向于统一和细化专利侵权裁判标准、确保专利制度的正确实施以及维护专利权人的权益。又如在我国《专利法修订草案》（征求意见稿）（2006 年）中，曾对专利权人的停止侵权请求权的行使附加了 5 年的期限限制，但其后又删除了此条，其中便隐含着立法者对权利限制的担忧。诚然，基于我国当前的经济发展水平，对专利权和诉权采取较大力度的保护有其合理性和正当性。但也应该看到，随着人们法律意识的不断提升，在市场竞争中，一些专利权人为谋取不正当的利益，以专利侵权诉讼为工具，极大地浪费了有限的司法资源、扰乱了正常的竞争秩序，损害了他人和公共利益。此时，对专利权和诉权的行使加以适当的限制甚有必要。虽然，当前我国法律也存在着对专利权滥用及诉权滥用的限制，但其限制或规制的水平尚不足以应对与日俱增的专利滥诉现象。如对专利滥诉的法律规制仅仅依赖于诉讼法规制，而忽视侵权责任法、竞争法在专利滥诉规制方面的作用，从而导致程序法规制过程中缺乏实体法的依据，规制的效果将大打折扣。所以，如果一味固守“权利保护”的价值导向，对权利的限制仅作宣示性的规定，无疑会放纵专利权及其诉权的不当

行使，进而会对技术创新、市场竞争秩序、司法权威等造成严重危害。

三、制度供给相对滞后：有现实需求无制度回应

我国对专利滥诉的规制尚未形成一个较为清晰的立法进路。纵观相关立法，既无专门规制专利滥诉的法律法规，也无就规制专利滥诉的相关法律适用问题出台专门的司法解释。与英美法系国家不同，我国是一个成文法国家，法官造法活动受到较大限制。在专利滥诉现象不断涌现且滥诉行为不断演化的过程中，如何克服法律的局限性，对新兴的专利滥诉行为作出及时有效的制度回应，成为摆在我们面前的现实课题。美国是判例法国家，可利用判例法所具有的灵活性，对专利滥诉进行及时的规制。譬如美国在 eBay 案中所确立的永久禁令颁发 四要素检验标准；在 Aukerman 案中所确立的权利懈怠抗辩原则、禁止反悔原则等。在判例法之外，针对“专利蟑螂”滥诉行为，美国政府提出的 5 项行政措施、7 项立法建议，与立法机关保持密切沟通合作，积极推动法案的制定、修正等。即使在法国、德国等大陆法系国家，虽然那些精心编制的法典依然存在，但是法官已经开始悄悄地参与到造法的过程之中。① 法官法在成文法国家也可具有与制定法同等重要的作用，在特定领域其重要性甚至要超过法律法。② 在德国某些法律部门，法律制度的发展甚至是受到判例操纵的。③ 具体到德国规制专利滥诉的司法实践而言，无论是“橘皮书”案所确定的反垄断抗辩原则，还是权利失效制度在判例中的确立，都可以看到法官造法在规制专利滥诉方面的重要作用。对于我国是否允许法官造法学理上备受争议。在我国立法秉持宜粗不宜细的理念下，虽然我国知识产权相关司法实

---

① 何家弘：《论法官造法》，载《法学家》2003 年第 5 期。

② 刘飞：《德国“法官造法”的功能解构》，载《华东政法大学学报》2009 年第 1 期。

③ 徐国栋：《民法基本原则解释》（增订本），中国政法大学出版社 2001 年版，第 338 页。

践也存在一定的法官造法活动,① 但由于判例不是我国法的渊源，在个案中所创制的裁判规范并不具有法的普遍适用效力。同时，一些学者对知识产权法官造法也给予了一定的批判，认为我国部分法院在知识产权领域利用民法或其他法律的原则条款扩充知识产权的保护范围，破坏了知识产权法的利益平衡机制。② 在各种专利滥诉形态不断涌现以及缺乏灵活立法的背景下，即便采取“成熟一部制定一部、成熟一条制定一条”的立法理念，我国涉及专利滥诉规制的相关规定也是屈指可数。譬如实体法中还未将专利恶意诉讼明确确定为侵权行为，为专利恶意诉讼反赔责任的建立构成了障碍；专利滥诉尤其是标准必要专利禁令滥用较易引发反垄断问题，如何促进反垄断法在专利滥诉领域的适用离不开反垄断指南或相关司法解释的指引，从而亟须我国反垄断指南或有关司法解释的完善或制定；我国专利审查制度还不尽完善，为“问题专利”的产生提供了条件，实质审查制度的完善需要在专利法的修正中得以体现；权利失效制度尚未建立，专利侵权诉讼中的专利懈怠抗辩制度的建立缺乏相应的法律依据等。

总体观之，我国关于专利滥诉的规制依据方面尚存在以下几个方面的问题：其一，关于专利滥诉规制方面的制度规定还比较笼统、原则，缺乏明确的法律适用标准。在规制专利滥诉的规范性文件方面，除《专利法》《侵权责任法》《反不正当竞争法》《反垄断法》《民事诉讼法》等法律法规外，近年来，为统一和细化专利侵权裁判标准、确保专利制度的正确实施，最高院相继出台了《关于对诉前停止侵犯专利权行为适用法律问题的若干规定》《关

① 如有学者结合《最高人民法院公报》所登载知识产权案例，对法院发展知识产权法进行了分析，进而认为，法院发展知识产权法符合我国宜粗不宜细之立法原则所导致的知识产权法律成文化程度较低的实际要求，为立法中原则性条款的司法适用所必要。参见梁志文：《法院发展知识产权法：判例、法律方法和正当性》，载《华东政法大学学报》2011 年第 3 期。

② 崔国斌：《知识产权法官造法批判》，载《中国法学》2006 年第 1 期。

于审理因垄断行为引发的民事纠纷案件应用法律若干问题的规定》《关于审理专利纠纷案件适用法律问题的若干规定》《关于审理侵犯专利权纠纷案件应用法律若干问题的解释》《关于审理侵犯专利权纠纷案件应用法律若干问题的解释（二）》《民事案由规定》等。但是也应该看到，上述法律和司法解释在价值取向上偏向于保护专利权以及遏制侵犯专利权的行为，较少从限制专利权行使的角度对专利滥诉行为予以规制，涉及规制专利滥诉的规定也只是零星散见于这些规范性文件之中，且相关规定缺乏直接性、系统性，从而在实践中产生诸多弊端。法律规定的抽象性，使得法院对专利滥诉的认定有所偏差，对法律适用的选择也有所不同，从而导致类似的案件在不同法院间得出不同的审判结果（类案不同判），甚至同一案件在不同的法院得出不同的审判结果。① 其二，缺少专门为规制专利滥诉而设置的规制手段。相关法律在专利滥诉领域的正确适用，尚缺少具体的配套性规则。如对专利滥诉的竞争法规制，依赖于竞争法相关实施性细则、配套性指南的完善。在反垄断法框架下，专利滥诉如限制或排除了竞争，构成垄断行为，可由竞争执法机关依据《反垄断法》相关条款进行反垄断审查。与此同时，当

① 譬如在“许赞有外观设计专利引发的纠纷案”中，拥有17项竹产品外观设计专利的许赞有认为安吉县一些企业所生产的竹产品侵犯了其专利权，自2003年开始，遂向各地法院提出诉讼40余起，在已判决的诉讼案件中胜诉37起。安吉县的多家竹产品企业生产的涉嫌侵权产品，陆续被上海、杭州等地海关查扣。此后，许赞有的这些“竹地毯”专利权相继被宣告无效，雪强公司、拜特公司与康拜特公司、华夏公司等曾遭受许赞有专利侵权滥诉的企业分别在杭州、南京、上海的法院起诉许赞有，要求许赞有承担专利侵权滥诉反赔责任。然而杭州市中院和浙江省高院、上海市闸北区人民法院均驳回了原告的诉讼请求，而南京市中院和江苏省高院则支持了原告的反赔请求。从中可见不同法院对专利侵权滥诉反赔责任认定的差异及所秉持的不同态度。相关资料参见：《专家点评：专家纵论竹地毯专利权纷争》，http：//www.sipo.gov.cn/ztzl/ywzt/yczyhctzsbh/jlfk/200804/t20080411_374351.html，2016年5月25日访问；王活涛、郑友德：《专利恶意诉讼及其法律应对》，载《知识产权》2009年第5期。

事人还可依据《反垄断法》第50条①、最高人民法院《关于审理因垄断行为引发的民事纠纷案件应用法律若干问题的规定》（2012年）等规定，提起反垄断民事诉讼。然而，问题在于，在我国反垄断法、专利法及其他相关法律均未对专利滥诉构成垄断行为的情形做出明确规定下，反垄断法在专利滥诉领域的具体适用甚为困难。由国务院反垄断委员会发布的《关于知识产权领域的反垄断指南》，对分析和认定标准必要专利权人申请禁令救济是否排除、限制竞争所要考虑的因素进行了规定。但该指南主要为竞争执法机关进行反垄断执法提供指引，不创设权利义务，并不属于具有强制约束力的法律文件，在反垄断民事诉讼案件中，其并不能直接为司法机关所援引。

四、制度经验尚缺积累：有具体案例少成熟判例

制度不仅是写在纸上的，还须付诸实践。所以，在静态的规范之外，还要从制度的动态运行层面对制度的具体实施进行考察。权利受到侵犯时，通过司法途径加以救济，乃权利得以保障的重要条件，正所谓“无救济无权利”。“两害相权取其轻，两利相权取其重”，在涉及专利滥诉案件的审理中，如何评价专利人相关诉讼行为的合法性及对经济的具体影响，有时并不能一概而论，法院须在鼓励创新、促进竞争、维护社会公共利益之间作出权衡。具言之，在处理、审理涉及专利滥诉的案件中，法院须衡诸法理，充分考量裁判结果对市场竞争、技术创新和资源配置等所造成的影响，在个案中实现专利权人、专利实施人、社会公众等不同主体间的利益平衡。然而，对法院而言，这种平衡并非易事，在其自由裁量过程中，还面临着诸多困境。

第一，停止侵害当然论，影响着法院的裁判取向。在专利侵权诉讼中，法院在停止侵权、损害赔偿等责任承担方式之间的选择过程，也蕴含着深层的利益平衡机理。在我国专利侵权诉讼中，损害

① 《反垄断法》第50条规定：“经营者实施垄断行为，给他人造成损失的，依法承担民事责任。”

赔偿数额有待提高的情形下，停止侵害作为专利权人重要的权利救济方式也不容抹杀。然而，如固守“停止侵害当然适用论”，基于停止侵害请求权并不受诉讼时效之限制等特点，将可能诱发停止侵害请求权的过度行使，助涨专利滥诉的发生。所以，停止侵权、损害赔偿两种民事责任承担方式之间，何时单独适用，何时合并适用，具有界分的必要。在英美法系国家，在普通法中主要规定了损害赔偿责任，当事人只有在通过普通法中的损害赔偿无法获得充分救济也即“不足以弥补对原告已经造成的损害”时，才可能获得衡平法上的禁令救济。从某种程度上来讲，损害赔偿责任优先适用于永久禁令（类似于停止侵权），二者的适用存在一定的递进次序。在美国 eBay 案所确立的永久禁令颁发“四要素检验标准”中，停止侵权适用条件之一便是“未来还存在侵权的可能且通过损害赔偿尚不足以抑制未来侵权行为的发生”。相比之下，我国对损害赔偿责任与停止侵害责任的适用则相对随意。我国民事责任体系中，“停止侵害”虽位居第一位，但并未形成损害赔偿责任与停止侵害责任区别性适用规则，在损害赔偿责任与停止侵害责任的替代性适用方面，缺乏自由裁量的制度环境。

第二，主体的多重性、利益的多元性、价值的多维性，影响着法院的裁判尺度。在主体层面，既涉及不同主体的利益平衡问题；在政策层面，又涉及专利政策与竞争政策的协调问题，利弊权衡不易拿捏，无疑对法院自由裁量提出了较高的要求。譬如，法院在确定是否颁发标准必要专利禁令救济及处理标准必要专利禁令救济纠纷案件时，如采取过于宽松的态度，纵容标准必要专利权人进行标准必要专利禁令滥用，从而不适当的放大技术标准的“网络效应”和“锁定效应”，形成市场垄断，引起“专利劫持”现象，扰乱正常的专利许可谈判机制，从而对市场竞争秩序造成严重危害。反之，如采取过于严厉的态度，则可能为标准必要专利实施人拒绝接受合理的专利许可或延迟（拖延）专利许可提供条件，引起“专利反向劫持”现象。又如，对于 NPE（s）而言，其在对创新造成负面效应的同时，可能在促进专利权人充分实施其专利、提高专利市场的运作效率等方面也具有一定的积极效应。所以，在我国专利交易市场尚不健全、专利技术成果转化率有待提高的情形下，全盘否定 NPE（s）有因噎废食之虞。再如，专利权行使中的不合理迟延作为构成专利权懈怠行为的重要条件之一，在判定专利权人权利行使过程中是否存在不合理迟延情形时，除了将诉讼时效作为主要参考因素之外，当事人的利益动机、当事人之间竞争关系、合理信赖利益、所致损害等因素也须纳入综合考量之中。专利权人可能形式上存在懈怠行为，但真实原因可能在于侵权规模较少，所获赔偿不足以弥补维权成本等问题，而事先并未起诉。还如，由于在标准必要专利相关诉讼中，争议的落脚点往往在于标准必要专利许可费，此时可能需要法院居中判决合理的许可费率。标准必要专利许可费定价主要包括司法裁判定价和双方合议谈判定价两种方式。①问题在于，司法实践中，虽然存在着假想谈判方法、事先基准的计算方法、价值增值计算方法、可比较许可计算方法等②，但在不同计算方法尚存争议的情形下，法院无论采取何种方法判决许可费，都难以统一裁判尺度，获得一致认同的结果。

第三，专利滥诉案件的特殊性，考验着法院的裁判水平。一方面，专利滥诉行为可能构成垄断行为，在对涉嫌垄断行为的判定中，涉及市场份额、市场定价、相关市场界定等涵盖边际成本、成本效益、假定垄断者测试（SSNIP）等经济学问题，可能需要借助精确的经济学理论，依据合理分析原则对该行为是否构成垄断行为进行具体的认定。另一方面，专利滥诉往往与专利侵权诉讼交织在一起，判定是否构成专利滥诉，各领域的专业问题可能皆有涉及，要求法官对某一技术性问题须达到一定的司法认知程度，进而在此基础上进行事实认定和法律适用。可见，如何对形态各异的专利诉讼行为作出准确的评判，依赖于法官深厚的法律知识和审判经验，高超的审判技术和审判智慧。

---

① 丁文联：《专利劫持与反向劫持：裁判定价或谈判定价》，载《竞争政策研究》2015 年第 2 期。

② 李慧颖：《专利劫持和反向专利劫持的法律关注》，载《竞争政策研究》2015 年第 2 期。

第二节　制度设计困境之“体系检视”

不同类型的专利滥诉的法律规制需要专利法、诉讼法、竞争法等不同部门法的衔接配合，在整合相关制度资源过程中，我国还缺乏框架性制度的统领，从而不利于处理好综合规制与单独规制、实体规制与程序规制、事先规制与事后规制的关系，进而对专利滥诉的一体化规制体系的建立构成了障碍。

一、综合规制与单独规制相统一问题

专利滥诉是一个集合概念，涵盖了“专利蟑螂”滥诉行为、专利恶意诉讼、标准必要专利禁令滥用、专利懈怠行为等不同形态，在立法模式上，是采取综合规制，抑或是进行单独规制，不易选择。反观“专利拒绝许可、专利搭售、不争执条款、差异化许可、回馈授权、专利联营、标准专利滥用以及专利许可中的数量限制、销售区域限制”等专利的实体性滥用行为，虽然其也可能受到民法、知识产权法、反不正当竞争法、反垄断法等部门法调整，但人们更多关注其在市场竞争中可能造成限制或排除竞争的效果。所以，专利权滥用类型与规制路径之间更多是“多对一”或单向度的关系，从而使得专利的实体性滥用在反垄断法层面进行一体化规制成为可能。如美国司法部和联邦贸易委员会于1995年发布的《知识产权许可的反托拉斯指南》，日本于2007年9月颁布的《知识产权利用的反垄断法指南》等。近年来，我国也根据情势需要，将制定统一的知识产权领域反垄断执法指南提上议程。如国家工商行政管理总局、国家发展改革委员会分别起草拟定的《关于滥用知识产权的反垄断执法指南（国家工商总局第七稿）》①《滥用知识产权的反垄断指南》等。2019年1月，国务院反垄断委员会发

① 早在2009年，国家工商行政管理总局就启动了《关于滥用知识产权的反垄断执法指南》的制定工作，几经征求意见和修订，形成了现行的第七稿。

布了《关于知识产权领域的反垄断指南》。相比之下，由于不同的专利滥诉类型在法律定性上不尽相同，所选择的规制路径也具有一定差异。具言之，不同的专利滥诉行为可能构成垄断行为、不正当竞争行为、侵权行为、诉权滥用行为等，从而需要专利法、竞争法、侵权责任法、诉讼法等部门法的规制。由此，专利滥诉类型与规制路径之间更多是“多对多”的关系，很难将不同专利滥诉类型的规制聚焦于某个部门法之中。譬如针对“专利蟑螂”滥诉行为，可能更加侧重于专利法对其加以预防性规制；对于标准必要专利禁令滥用可能更多侧重于反垄断法的规制；对专利懈怠可能更加侧重于民法、专利法的规制；对专利恶意诉讼可能更加侧重于专利法、诉讼法的规制等。在存在多种滥用类型且多元规制路径的情形下，专利滥诉的规制很难像专利的实体性滥用规制一样，可借助于某一部制度规范加以系统的规定。在我国对专利滥诉的立法规制采取“各个击破”的立法方式下，亟需对专利滥诉的立法规制进行制度上的顶层设计，并在此基础上，依据不同的专利滥诉类型进行分别立法或局部集中立法，实现普遍性规制与个别性规制相统一，进而为形成专利滥诉的一体化识别、一体化规制体系奠定基础。

专利滥诉主要包括立法规制、行政规制、司法规制等多种规制手段。就立法规制而言，在社会系统分化的背景下，针对专利滥诉领域的特殊问题，对其规制可能需要综合运用公法与私法规制手段，不同制度之间也需要加以协调。就行政规制而言，主要包括专利行政管理和竞争执法。前者如专利行政部门颁发专利强制许可。后者主要指相关行政机构通过规制工具的运用，实现对专利滥诉的规制。如专利滥诉构成垄断行为，竞争执法机关可依据《反垄断法》对违法行为人处以责令停止违法行为、没收违法所得、罚款等责任。就司法规制而言，在保障当事人相关请求权、抗辩权行使的同时，通过法院自由裁量权的行使，在不同的诉讼环节实现对专利滥诉的规制。具言之，除了保障受害人民事裁判请求权、赋予被诉侵权人相应抗辩权外，还包括法院针对专利滥诉行为所采取的实体性和程序性的处理措施。如实体性处理措施主要包括判决驳回诉讼请求、不支持停止侵害诉讼请求以及判决专利恶意诉讼原告承担反赔责任等，程序性处理措施主要包括不予受理、驳回起诉的裁定，诉讼费用由败诉方承担以及程序制裁等。这三种规制手段并非孤立而存在，而是一个有机体。立法规制处于上游规制环节，是行政规制、司法规制的基本条件，为行政规制和司法规制提供法律依据。行政规制与司法规制处于中下游规制阶段，二者之间也存在紧密的联系。譬如，当专利滥诉构成垄断行为，可能存在反垄断执法程序、反垄断民事诉讼、标准必要专利禁令诉讼之间的衔接问题。然而，当前，我国尚未形成立法规制、行政规制、司法规制综合的规制体系，不同规制手段之间缺乏整合，不同规制手段的适用条件和适用标准之间没有体现出层次性和衔接性。如我国专利法仅就专利权宣告无效前人民法院作出并已执行的专利侵权的判决，因专利权人的恶意给他人造成的损失，应当给予赔偿，但对在专利侵权诉讼中被宣告无效的专利以及虽未宣告无效但有充分证据证明该专利可能被宣告无效的，原告存在恶意的，被告是否可提出反诉或另行提起诉讼要求原告给予赔偿，并没有明确规定，这无疑不利于在追究专利恶意诉讼中原告的反赔责任。又如在标准必要专利禁令滥用涉嫌市场支配地位滥用且给当事人造成损失时，当事人提起反垄断民事诉讼是否以反垄断执法机关就该垄断行为作出审查决定为前提，也即反垄断民事诉讼是否需要设立行政前置程序以及反垄断民事诉讼案件撤诉或和解结案后，法院能否向反垄断行政执法机关提出启动反垄断审查等问题尚未明确。总体来看，在专利滥诉的立法规制、行政规制、司法规制等方面，还存在衔接性不足、协调性较差、操作性不强等问题，尚需实践经验的进一步积累。

二、实体规制与程序规制相衔接问题

马克思曾言："审判程序和法二者之间的联系如此密切，就像植物的外形和植物的联系，动物的外形和血肉的联系一样。"① 程序法和实体法共同支撑诉讼这一法律框架，程序法所表述的程序必须向着有利于实体法中权利实现的方向设计，实体法上的权利必须

① 《马克思恩格斯全集》第1卷，人民出版社1995年版，第178页。

按照程序法的规定进行方能获得实现。① 专利滥诉的法律规制，既离不开实体法，也离不开程序法。纵观我国现有专利滥诉规制制度，实体法规制与程序法规制之间还没有形成必要的逻辑关联。实体法无规定而仅在诉讼法中规定不得滥用诉权，是不足以防止滥用诉权的行为在司法实践中的大量存在的重要原因。② 如我国民法、专利法并无专利恶意诉讼的明确规定。在民法典的起草过程中，有学者曾建议将恶意起诉、恶意告发列入侵权行为，并建立相应的侵权损害赔偿制度。③ 但最终的民法典草案将涉及恶意诉讼的规定予以删除。在我国《专利法》的第三次修改过程中，也曾对恶意诉讼的构成要件进行了规定，但基于立法技术、立法时机等考量，最终也未能将其纳入其中。我国现行《专利法》第 47 条就专利权宣告无效前人民法院作出并已执行的专利侵权的判决，因专利权人的恶意给他人造成的损失，应当给予赔偿。依此规定，反赔请求须以“恶意”为前提，但“恶意”究竟是指恶意申请专利，抑或是指恶意提起专利侵权诉讼等，不得而知。在诸如侵权责任法、专利法等实体法对专利恶意诉讼的概念、构成要件、恶意认定等缺乏相应规定的情况下，专利恶意诉讼的司法规制缺乏实体法依据，从而使得专利恶意诉讼反赔责任的具体实施存在较大的困难。又如专利滥诉尤其是标准必要专利禁令滥用可能构成市场支配地位滥用，从而产生反垄断民事诉讼问题。我国《反垄断法》第 50 条确立了反垄断法民事责任制度，最高院也出台了《关于审理因垄断行为引发的民事纠纷案件应用法律若干问题的规定》司法解释，明确了停止侵害、赔偿损失等反垄断民事责任。有学者认为，反垄断法上的损害赔偿责任是民事责任，具有保护民事主体私益的功能，但其又属于经济法上的民事责任，具有通过补偿、惩罚、威慑、恢复等方式

① 李龙、闫宾：《历史维度中的实体法与程序法》，载《河北法学》2005 年第 7 期。

② 郭卫华：《滥用诉权之侵权责任》，载《法学研究》1998 年第 6 期。

③ 梁慧星：《中国民法典草案建议稿》，法律出版社 2011 年版，第 312~313 页。

促进公平竞争的市场秩序的公益等功能。① 总体来看，在我国司法实践中，更多将反垄断民事责任视为侵权责任，然而，反垄断法民事损害赔偿与民法中的损害赔偿在起诉主体资格、构成要件、举证责任、损害赔偿额认定等方面具有较大的差异，简单将其等同于民法中的民事责任，将可能导致反垄断民事责任功能的弱化，在未来反垄断法的修订中或相关的司法解释中还需对反垄断民事责任作更加清晰的规定或界定，以更好发挥反垄断民事责任在赔偿受害人损失、制止垄断行为方面的重要作用。

三、事先规制与事后规制相结合问题

前已述及，专利滥诉以专利权人拥有专利权为逻辑起点，以诉权滥用为逻辑中介，故在专利滥诉规制过程中，既要注重事后规制，又要注重事先规制。专利滥诉的事先规制主要体现在以下两个方面，一是对专利权及专利权的行使加以合理的限制。譬如通过完善专利审查制度，确保专利质量，防止以问题专利提起专利侵权诉讼；对专利纳入标准时附加诸如 FRAND 承诺，防止标准必要专利禁令滥用；对专利转让、许可进行备案或登记管理，防止专利的不当集中，消除“专利蟑螂”滥诉行为产生的条件等。二是，在审前阶段、庭审阶段、裁判结案等不同诉讼环节完善诉讼风险提示制度、证据交换制度、诚实诉讼宣誓制度等，端正专利权人的诉讼动机，减少专利滥诉发生的机会。专利滥诉的事后规制主要指综合运用行政手段、司法手段等对专利滥诉加以规制，如竞争执法机关对标准必要专利禁令滥用的反垄断审查；法院根据专利恶意诉讼中受害人的请求判决原告承担相应的反赔责任；对怠于行使权利后继而提出的专利侵权诉讼，其诉讼请求法院不予支持或灵活运用停止侵权责任和损害赔偿责任等。专利滥诉事先规制与事后规制在规制主体、规制环节、规制手段等方面存在较大的差异，前者更多属于预防性规制，后者则更多属于主动性规制。如追究标准必要专利权人

---

① 李志刚、徐式媛：《反垄断法上的民事赔偿责任》，载《人民司法（应用）》2011 年第 7 期。

违反 FRAND 承诺的责任当属事先规制，标准必要专利权人提起禁令之诉可能构成市场支配地位的滥用，对该行为进行反垄断规制则属于事后规制。又如有些规制手段则侧重于对专利侵权诉讼的启动及诉讼请求的实现设置一定的限制条件，从而抑制专利滥诉引发的条件；有些规制手段则在专利侵权诉讼之外，或由公权力介入，或赋予当事人或受害人另行起诉的权利，从而对专利权人的滥诉行为加以抑制。综合来看，当前我国涉及专利滥诉得事先规制制度与事后规制制度之间缺乏衔接配合以及制度上的整体设计。

第三节 制度构造困境之“理论检视”

专利滥诉集权利滥用与诉权滥用于一体，并无自成体系的方式，权利滥用的认定范式需结合实体性滥用和程序性滥用理论加以重构；不同的专利滥诉形态在个案中的认定标准不同，须条分缕析，明晰每种行为样态的判定标准；专利滥诉的不同行为样态违法性质有别，牵涉多个部门法调整，须明确不同的法律适用情形。

一、权利滥用认定范式的双重性问题

专利权人提起专利侵权诉讼时，是否具有相应的权利基础，决定着权利人基于专利权所提起的诉讼是否具有合法根据或合理理由。一项权利行使是否构成滥用，既存在着权利行使范围、权利行使程序、权利宗旨、社会公共利益①等不同学说，又衍生出禁止诉权滥用相关理论。承前所述，专利滥诉主要指专利权人主观上存在过错，在缺乏诉的利益或具有诉的利益但违背法律基本精神而提起专利侵权诉讼，借此进行不公平、不正当竞争，进而谋取不当利益的行为。专利滥诉的判断交织着专利权行使的合法性与专利诉权行使合法性判断的双重问题。对于专利蟑螂（非专利实施主体）滥

① 相关文献可参见史尚宽：《民法总论》，中国政法大学出版社 2000 年版，第 718 页；胡鸿高：《论公共利益的法律界定——从要素解释的途径》，载《中国法学》2008 年第 4 期等。

诉、专利恶意诉讼、标准必要专利禁令滥诉、专利懈怠行为等专利滥诉行为的分析，不能仅仅考察诉权本身，还需结合专利权加以综合考量。举例来讲，对于专利蟑螂（非专利实施主体）滥诉而言，之所以受到法律的质疑，并不在于专利权缺乏合法性，而在于在权利行使过程中有违专利权的宗旨；于专利恶意诉讼而言，其之所以受到法律的责难，主要在于诉讼所依附的专利权缺乏正当性基础，从而使后续诉讼缺乏合法性基础。标准必要专利禁令滥用主要在于标准必要专利权人的权利行使对社会公共利益造成了严重影响。专利懈怠行为之所以滥用，不在于起诉缺乏权利基础，而在于权利行使违背了规定的程序。

然而，专利滥诉认定范式的双重性，使得专利滥诉规制的制度构造不能仅仅局限于某一法域。如专利恶意诉讼属于“非善意的无理由之诉”，也即“问题专利”持有人所提起的专利侵权诉讼并不具有诉的利益，缺失权利基础而不具有合法性，有学者将恶意诉讼划分为“权利瑕疵型、虚构事实型、恶意保全型和重复诉讼型”等几种常见类型①。实践中，仅从狭义上定义专利恶意诉讼，即仅指利用“问题专利”来提起侵权诉讼的行为。而针对没有直接提起诉讼的行为，也即当事人明知专利存在瑕疵的状态下，仍以专利侵权警告函相威胁，而没有实质性提起诉讼，意在通过警告函威胁，提高谈判砝码、干扰对方生产经营计划、牟取诉讼之外利益的行为则不在此列。有学者认为，恶意诉讼首先必须是行为，为谋取不正当利益，以提起诉讼或者以其他诉讼行为相要挟的行为不能归入恶意诉讼之中。② 据此，专利恶意诉讼，主要指专利权人明知或应知其专利为问题专利仍提起专利侵权诉讼的行为。又如“专利蟑螂”滥诉行为、标准必要专利禁令滥用、专利懈怠虽具有诉的利益，所提起的专利侵权诉讼虽形式上符合程序要求，但实质上违

---

① 姚志坚、柯胥宁：《知识产权恶意诉讼的司法认定及规制》，载《人民司法》2019 年第 1 期。

② 杨立新：《类型侵权行为法研究》，人民法院出版社 2006 年版，第 466 页。

背诉讼目的，违反诚实信用基本原则，僭越了法律的界限，侵犯了他人合法权益，故属于“非善意的有理由之诉”。如何将不同形态的专利滥诉行为纳入至一个统一的权利滥用认定范式较为困难。一般而言，对于不同的专利滥诉类型，是否构成滥用，混杂着程序性滥用因素和实体性滥用等因素的权衡，对于程序性滥用因素而言，重点从诉讼时机、诉讼双方竞争关系等方面来评价权利人的诉讼动机，进而评价专利侵权诉讼是否符合具体程序要求；对于实体性滥用因素而言，重点从专利权状态、专利许可情况、专利运营情况、专利市场影响力等方面来评价专利侵权诉讼是否具有诉的利益以及是否具有正当性。

二、权利滥用考量因素的复杂性问题

专利滥诉形态的多样性，决定了在具体个案中，对每种滥诉形态是否构成滥用所考量因素亦存在较大区别。

（一）“专利蟑螂”诉讼的认定困境

NPE 作为专利运营的一种方式，对聚合运营本身并不能全盘加以否定；NPE 诉讼作为专利维权的一种重要手段，亦不能一律纳入专利滥诉的范畴。NPE 诉讼是否异化为“专利蟑螂”诉讼，须从聚合状态、权利行使、目的动机、创新效果等方面加以综合考量。其一，就聚合状态而言，有学者认为曾将 NPE 分为善意运营和专事运用两种。① 然而，专利聚合本是专利运营的应有之义，在国家倡导促进专利交易和价值实现背景下，试图对专利聚合本身加以正反两方面评价较为困难。尤其是在纷繁复杂的专利运营方式中区分善意与恶意，并不具有现实可操作性。其二，就权利行使而言，正当维权与诉权滥用的界限，受权利保护环境、诉讼环境等影响较大，难以一概而论。其三，就目的动机而言，专利蟑螂诉讼的

① 刘斌强等：《NPE 的角色定位：是专利运营，还是专利投机》，载中华全国专利代理人协会．《2013 年中华全国专利代理人协会年会暨第四届知识产权论坛论文汇编》第 465 页。

主要目的在于获得可观的损害赔偿金，但并不能以此作为评价是否构成专利蟑螂滥诉的唯一标准。诚如有学者所言，“专利侵权诉讼被当事人更多用于谋取利益，而非寻求正义，侵权与损害赔偿之间的单一关系被打破，权利人不再以获得一定数额的赔偿为唯一目标，以诉讼作为市场竞争的手段也是其目的所在”。① 所以，在评价专利权人的诉讼动机时，除了分析其所要求的损害赔偿金额之外，还要综合考量权利人是否要求停止侵权等其他条件。其四，创新效果而言，NPE 诉讼并不当然具有抑制创新的效果，还可能对促进专利市场化具有积极意义。对专利蟑螂滥诉的规制程度内蕴着产业政策与竞争政策、促进创新与维护竞争等不同价值取向。事实上，将 NPE 诉讼直接定性为专利蟑螂滥诉给人以“先入为主”涉嫌违法之嫌。一般而言，若侧重于产业政策，将着力于以规模化的 NPE 提升专利实施、运营水平，进而对 NPE 及其诉讼保持较为宽容的态度，专利蟑螂滥诉的认定门槛较高；若偏重竞争政策，将关注于 NPE 及其诉讼对技术创新、市场竞争所带来的影响，对 NPE 尤其含有标准必要专利的 NPE 所发起的诉讼或禁令救济保持较为严厉的态度，专利蟑螂滥诉的认定门槛较低。

（二）专利恶意诉讼的认定困境

有学者认为专利恶意诉讼的构成要件主要包括主观过错、行使的诉权没有合法合理依据、损害事实、因果关系等几个方面，其中主观过错是最关键的因素。② 而恶意作为一个主观性很强的概念，是否构成恶意一般从权利人是否明知其专利为“问题专利”为前提，如果权利人应知而不知其专利为“问题专利”，并以此提起诉讼，则构成过失，其不属于专利恶意诉讼的范畴。有学者总结了专利权人应当知道专利权存在重大瑕疵的具体情形，即“发明人或

① 张剑文：《从思科诉华为案论知识产权之诉讼价值》，载《国家检察官学院学报》2003 年第 6 期，第 17 页。

② 王活涛、郑友德：《专利恶意诉讼及其法律应对》，载《知识产权》2009 年第 5 期。

设计人在专利申请过程中故意隐瞒或不实陈述其知晓的某项现有技术；专利技术方案已被专利申请日前的相关技术标准所披露；专利权人将自己以前的发明或者已经无效的发明改头换面重新申请并获得专利”。① 然而，当前我国尚未建立起专利司法确权制度，法院无法对专利的有效性作出判断，在专利侵权诉讼中，如果涉案专利进入专利无效宣告程序，法院可能会中止诉讼，待专利复审委员会作出专利无效决定生效或经法院生效裁判维持后，当一方当事人提出损害赔偿反诉或另行提起损害赔偿诉讼时，法院再结合专利无效宣告的决定及其理由来判定专利权人是否构成专利恶意诉讼。可见，“恶意”本身客观化评价的困难，专利恶意诉讼的认定可能依赖于诸如专利无效宣告程序、专利无效行政程序等决定或判决结果。

在“袁利中诉扬中市通发气动阀门执行器厂等专利侵权纠纷案”中，2003 年 8 月，原告袁利中以被告扬中市通发气动阀门执行器厂（以下简称“通发厂”）、扬中市通发实业有限公司（以下简称“通发公司”）侵犯其“消防用球阀”实用新型专利为由，向法院提起专利侵权诉讼。被告通发公司在答辩期内提出专利无效宣告申请，法院遂中止专利侵权诉讼案件的审理。2005 年 3 月，涉案专利经过专利无效宣告程序、专利无效诉讼后，最终被确定无效，专利侵权诉讼案件随之恢复审理。此时，通发公司以“袁利中将该专业领域中公知的国家技术标准内容申请专利并以此提起专利侵权诉讼”构成专利恶意诉讼为由，向法院提起损害赔偿之诉，法院受理后将专利侵权之诉与损害赔偿之诉两案合并审理。2006 年 8 月，法院经审理认为，袁利中明知“消防用球阀”实用新型专利申请不符合专利法中关于授予专利权的实质要件，属于恶意申请专利并获得专利不当授权。在此基础上，以损害他人为目的，提起专利侵权诉讼，致使通发公司在诉讼中遭受损失，构成专利恶意诉讼，应承担相应的民事赔偿责任。值得注意的是，在专利侵权诉

① 朱理：《滥用问题专利的司法规制》，载《电子知识产权》2008 年第 11 期。

讼中，并非被告提出专利无效宣告申请且涉案专利被确定专利无效时，专利侵权诉讼的原告也即专利权人都会构成专利恶意诉讼。本案中，法院之所以认定袁利中构成专利恶意诉讼，主要在于，一是袁利中所在公司与通发公司系同业竞争企业；二是，袁利中将早已公开的国家标准中记载的技术方案申请为“消防用球阀”实用新型专利权；三是，恶意申请专利后又发起专利侵权诉讼，给通发公司造成诉累，干扰竞争对手正常的生产经营活动，明显存在恶意。

在北京明日电器设备有限责任公司（以下简称明日公司）与维纳尔（北京）电气系统有限公司（以下简称维纳尔公司）专利纠纷案例中，对是否构成专利恶意诉讼的认定与上述案例具有较大区别。2005 年 2 月，维纳尔公司以明日公司侵犯其外观设计专利权为由，向法院提起专利侵权之诉，并向法院申请冻结了明日公司银行账户。此后，该案由于当事人提请了专利无效宣告程序而中止审理。2007 年 7 月在涉案专利经过专利无效宣告程序、专利无效诉讼被相继确定为无效的情形下，维纳尔公司向法院申请撤回对明日公司的专利侵犯诉讼，并得到法院准许。2007 年 7 月，明日公司以维纳尔公司将早已进入公知领域的“熔断器式隔离开关”系列产品申请外观设计专利后，提起专利侵权诉讼，给自己造成较大损失为由，向法院提起损害赔偿之诉。法院经审理认为，涉案四项外观设计专利由国家知识产权局予以授权，具有形式上的合法性，其被宣告无效的原因主要在于维纳尔公司在相关产品的宣传广告和宣传册中公开了相关外观设计，而非将其他自由公知设计或已有设计申请为外观设计专利，故不能推出维纳尔公司恶意申请专利的结论，被告维纳尔公司的涉案行为不能认定为恶意提起诉讼。

由此可见，以“问题专利”提起专利侵权诉讼并不必然构成专利恶意诉讼，需综合考虑多方面的因素加以确定，如当事人是否知道或应当知道其问题专利存在瑕疵，恶意申请专利又提起专利侵权诉讼的，构成专利恶意诉讼的可能性就较大。

（三）标准必要专利禁令滥用的认定困境

在标准必要专利禁令滥用案件中，主要牵涉行政规制和司法规制两个维度。就标准必要专利禁令滥用的行政规制而言，主要聚焦于标准必要专利禁令滥用的反垄断规制方面，无论是涉嫌市场支配地位滥用，抑或是经营者集中，都涉及相关市场界定、市场支配地位滥用认定等问题，而标准必要专利权人是否当然认定为拥有市场支配地位在理论和实践中尚存争议，需要通过实践经验的积累进一步完善。就标准必要专利禁令滥用的司法规制而言，由于FRAND原则的抽象性，诸如FRAND承诺性质的认定、FRAND许可费率的计算等问题在具体的司法实践中尚未形成统一的判断标准，在标准必要专利禁令之诉、标准必要专利许可费争议、标准必要专利反垄断民事诉讼的法律适用较为困难，增加了法院处理标准必要专利相关案件的难度。

（四）专利懈怠行为的认定困境

专利懈怠行为主要指权利人明知或者应知侵权行为的存在，为索取高额专利许可使用费，采取“放水养鱼”的策略，找准合适的时机再发动专利侵权诉讼。由于被诉侵权人已然构成侵权，专利权人通过起诉加以维权本也无可厚非。但若任由专利权人随时随地行使诉权，将会对专利市场交易安全产生不利影响。在专利实施方对专利权人怠于行使权利的行为产生了合理信赖情形下，为平衡专利权人与被诉侵权人利益之考量，应在专利权人所发起的专利侵权诉讼中赋予被诉侵权人以专利懈怠抗辩权。被控侵权人能否行使专利懈怠抗辩权，需综合“默示方式、相当期间、得知或应当得知、实质性损害”等因素加以综合认定。美国在具体的司法判例中确立了“专利懈怠抗辩原则”“禁止反悔原则”，德国也通过判例的形式确立了“权利失效”原则，对专利懈怠行为的构成要件、法律责任进行了明确规定。于我国而言，依专利法之规定，侵犯专利权的诉讼时效为3年。而相关的司法解释，对于持续性的专利侵权行为，如果专利权人超过两年未起诉的，停止侵权救济并不受时效限制，而侵权损害赔偿数额则自起诉之日起向前推算二年进行计算。在专利法第三次修改草案征求意见稿中，曾对停止侵害的救济进行了限制①，但在其后《专利法》正式文本中，删除了此条，在2015年专利法第4次修改草案中，也未停止侵害救济的限制作出规定。当前，我国法律及相关司法解释对专利懈怠行为的构成要件、法律责任等规定还比较模糊，权利失效原则在我国仍处于不断完善过程之中，专利懈怠行为的认定困境缺乏明确的法律指引。

三、权利滥用违法定性的多维性问题

专利滥诉虽然以专利侵权诉讼的形式表现出来，但专利侵权诉讼并不能简单的作为一种诉讼失范行为待之，而是游离于侵权行为、不正当竞争行为、垄断行为、权利滥用、妨碍诉讼行为等不同违法行为之间，类型化的专利滥诉行为由于存在多元的规制方式，不同专利滥诉行为样态很难确定统一的规制定式。如专利蟑螂及其诉讼可能违反专利法中的许可、转让事项规定而受到专利法调整；此外，NPE所拥有的专利不排除含有标准必要专利，在涉及标准必要专利的NPE经营者集中时，非专利实施主体可能受到反垄断执法机构的经营者集中审查；标准必要专利权人与NPE同为一体时，若贸然寻求禁令救济，可能涉嫌市场支配地位滥用，受到反垄断法的调整。专利恶意诉讼主要是将专利侵权诉讼作为侵害他人利益、为自己谋取不当利益的工具，在本质上属于一种侵权行为或不正当竞争行为，从而可能受到民法、侵权责任法、反不正当竞争法的调整。同时，专利恶意诉讼由于违反民事诉讼法相关规定，可能构成妨碍民事诉讼行为，从而受到程序法制裁。专利懈怠行为可能违反民法中的诚实信用原则、权利失效原则，构成权利滥用，从而要承受民法中所规定的不利后果。标准必要专利权人提起禁令之诉本身并不违法，但若标准必要专利权人在具有市场支配地位的情形

① 《中华人民共和国专利法修订草案》（征求意见稿）（2006年）第A13条规定："侵权行为自专利权人或者利害关系人得知或者应当得知之日起已持续进行超过5年，专利权人或者利害关系人无正当理由未主张权利的，如果侵权人愿意按照双方协商一致的或者依据人民法院裁定的数额支付相应的使用费，可以不停止实施该专利的行为。"参见http：//www. mofcom. gov. cn/aarticle/b/g/200609/20060903134764. html，2016年10月20日访问。

下，为获得更高的专利许可费，提起禁令之诉，则涉嫌市场支配地位滥用，可能构成垄断行为。同时，标准必要专利 FRAND 许可费争议可能涉及合同法中的违约行为或缔约过失行为等。综合观之，形态多样的专利滥诉行为的多元规制路径，使得专利滥诉的规制方式无法通过单一的部门法完成。所以，在厘清专利滥诉行为样态的基础上，还需整合专利滥诉的不同规制方式，形成专利滥诉的规制范式，并内化于相关法律制度之中，确保专利滥诉的系统规制。

第五章　我国专利滥诉的规制对策

专利滥诉的法律规制牵涉综合性规制与个别性规制、直接性规制与间接性规制、实体性规制与程序性规制等不同层面的法律问题。为避免因规制对象的多元性、规制手段的多重性等对专利滥诉的一体化规制所带来的冲击，通过建立立法规制、行政规制、司法规制三位一体的规制体系，对规制对象、规制手段加以通盘考虑，明确不同规制对象在不同规制手段下的规制重点，实现专利滥诉的标本兼治、多元共治。

第一节　立法规制：建立完备的专利滥诉规制制度体系

立法是专利滥诉法律规制的原点和起点。立法规制属于上游规制，而行政规制和司法规制则属于中下游规制，立法规制决定着行政规制和司法规制的活动空间。专利滥诉的立法规制主要包括两个方面，一是立法机关针对专利滥诉的规制所制定的相关法律，二是，依据现有法律对立法权限的界定，行政机关和司法机关对专利滥诉规制过程中的具体法律适用问题所创制或制定的相关规则。

一、专利滥诉规制的立法原则

专利滥诉的规制制度散见于不同部门法之中，从而需要以“提取公因式”的方法将各部门法中规制专利滥诉的基本理念凝练出来，并依据一定的逻辑关系将其整合成专利滥诉规制制度的基本指导原则。

（一）利益平衡原则

"对各种利益作出取舍和协调，是法的创制关键。"① 利益平衡是立法和司法实践中的重要原则。具体到知识产权法领域，利益平衡构成知识产权法的基石和知识产权法价值构造的内核。② 以法律运行角度观之，利益平衡理念贯穿于知识产权立法、执法、司法全过程。③ 具言之，利益平衡不仅构成整个专利制度的理论基础，也是指导专利法的立法设计与司法活动的根本原则。④ 在专利滥诉规制制度构建中，应将利益平衡原则贯穿于专利制度、诉讼制度、竞争制度等完善之中，科学设置当事人的程序性权利与义务，规范法院自由裁量权的行使，实现公共利益与私人利益、产业政策与竞争政策的平衡。譬如，专利侵权纠纷的特殊性，使得法院并不能简单地适用停止侵害、赔偿损失等民事责任，而应结合具体案情，综合考量不同利益，进而作出符合专利法价值目标的处理决定。⑤这就需要在制度上对停止侵害、损害赔偿等责任的具体适用条件做出科学的规范，适用损害赔偿责任足以弥补专利权人损失的，尽可能不适用停止侵害责任。标准必要专利禁令颁发标准过低，易引起"专利劫持"现象，其过高则易引起"专利反向劫持"的现象，便是一例。在前文所述的 eBay 案、"橘皮书"案"华为诉中兴案"中所形成的相关判例规则，就对法院颁发永久禁令时所需考量的因素进行明确规定。总之，在利益平衡理念指导下，对专利滥诉的规

① 孙国华、朱景文主编：《法理学》，北京大学出版社 1995 年版，第 67 页。

② 冯晓青：《知识产权法的价值构造：知识产权法利益平衡机制研究》，载《中国法学》2007 年第 1 期。

③ 王玉凯：《反思知识产权领域"利益平衡"》，载《中国版权》2011 年第 3 期。

④ 冯晓青、杨利华等：《知识产权法热点问题研究》，中国人民公安大学出版社 2004 年版，第 89 页。

⑤ 张德芬、韩萌：《论利益平衡原则在我国专利侵权救济制度中的建构》，载《公民与法》2009 年第 4 期。

制要坚持必要性和谦抑性相济的原则，既不能因为规制过度，而影响专利权和诉权的正当行使，也不能因为规制不足，而妨碍技术创新、扰乱竞争秩序。所以，在专利滥诉规制制度的具体立法中，要正确处理好权利保护与权利限制、竞争政策与产业政策、专利权人与专利实施人、私人利益与公共利益的关系，防止失之偏颇。

（二）权利限制原则

“限制自由的理由来自自由原则本身。”① 罗马法法谚云：“行使自己的权利，无论对于何人，皆非不法。”② 没有不受限制的权利，专利权、诉权亦然。譬如对专利权的行使主要存在着专利权内在限制、专利权滥用抗辩、竞争法规制以及禁止权利滥用原则等诸多限定，对诉权的行使既存在着诉讼条件、适格主体、诉讼时效等内在要求，又存在着诚实信用原则、程序惩戒（罚款、拘留等）等限制。当前，相关法律法规在制度价值取向上侧重于保护专利权、保障诉权，但“自由是做法律许可的一切事情的权利”，③ 随着“专利权、诉权工具化”趋向日渐明显，专利滥诉不断挑战法律的底线，出于对他人或社会公共利益的保护，对专利权及其诉权的行使进行适当限制十分必要。故，不同的部门法应根据各自作用和功能，对专利权及诉权的行使作出合理的限制，使权利“戴着镣铐跳舞”。在专利法中通过完善专利强制许可制度、专利诉讼时效制度、专利审查制度、专利转让许可制度，限制专利权的行使范围，在源头上防止专利滥诉的发生；在竞争法中，细化竞争法规则，明晰专利滥诉构成垄断行为、不正当竞争行为的情形，促进竞争法在专利滥诉领域的适用，防止专利诉权的行使僭越竞争法底线；在侵权责任法中，将专利滥诉明确为侵权行为，为追究行为人

① ［美］罗尔斯：《正义论》，何怀宏等译，中国社会科学出版社 1988 年版，第 241 页。

② 郑玉波：《民商法问题研究》（一），台湾大学法学丛书 1976 年版，第 50 页。

③ ［法］孟德斯鸠：《论法的精神（上册）》，张雁深译，商务印书馆 1982 年版，第 192 页。

的侵权责任提供实体法依据；在诉讼法中，基于不同的诉讼环节，完善相应的程序防控措施，避免专利滥诉的发生。

（三）正当程序原则

在民事诉讼中，当事人享有平等的诉讼权利。正当程序的内容至少应当包括“法官的中立性、当事人的平等性、当事人的参与性以及程序的民主性、公开性、效益性”等方面的内容。① 在专利滥诉规制制度的构建中，需要建立一套公正的司法程序，保障专利诉权的合法行使、保护对方当事人的合法权益。在实践中，往往会出现双方当事人程序性权利配置不均衡的情形。当诉讼制度赋予一方当事人权利的同时，也应赋予另一方当事人相对应的对抗权利。此时，通过建立权利义务均衡配置的程序规则体系，对诉讼主体的诉讼活动加以引导。如建立诉讼费用转移制度，由败诉方承担相关的诉讼费用，以实现程序的公正。又如，针对专利滥诉行为，可建立反赔责任制度，赋予受害人提起反赔之诉的权利。还如，鉴于反垄断民事诉讼垄断案件的专业性、复杂性等特点，在涉及专利滥诉的反垄断民事诉讼中，可采取举证责任倒置原则，减轻原告的举证责任，消除反垄断民事诉讼中原告举证难的问题。综合来看，在正当程序理念下，专利滥诉规制制度应侧重赋予受害人、被诉侵权人（被告）在遭受滥诉时相应的程序性救济权利，从而对专利权人（原告）诉权的行使形成制衡。

（四）公共利益原则

权利滥用往往伴随着公共利益的违反。如我国台湾地区“民法”第148条规定：“权利之行使，不得违反公共利益，或以损害他人为主要目的。”在“专利蟑螂”滥诉行为、专利恶意诉讼、标准必要专利禁令滥用、专利懈怠行为等行为认定标准中，公共利益一般是必不可少的考量因素。但“公共利益是一个不确定的法律概念，作为不确定性法律概念，公共利益没有确定的边界，或者说

① 常怡：《比较民事诉讼法》，中国政法大学出版社2002年版，第95页。

无法准确描绘其边界，其本身呈现一种开放性状态”。① 社会公共利益的难以界定性，使得不同法域中所蕴含的社会公共利益并不一致。如激励发明创造、推进技术公开、促进科技创新和进步等更多指专利法语境下的公共利益，而竞争法所指公共利益主要体现为对竞争秩序和消费者权益的维护等方面。考虑到专利滥诉的规制涉及诉讼法、竞争法、专利法、民法等多个领域，在相关规制制度设计中，既要体现对各自部门法域内社会公共利益的维护，又要兼顾不同法域公共利益的协调，促进不同部门法之间的互动适应。

二、专利滥诉规制的立法形式

立法内容需要借助一定的立法形式表达出来。对于专利滥诉规制制度的立法形式，存在合并立法、分别立法、混合立法等几种选择。若采取合并立法的形式，意味着将涉及规制不同专利滥诉类型的法律规范统一于一部规范性文件之中；采取分别立法的形式，则是针对不同的专利滥诉类型，分别制定若干规定予以规范；采取混合立法的形式，则是融合分别立法和合并立法两种立法形式，针对某一类或几类专利滥诉类型，视情形制定若干法律规则加以规范。

专利权滥用的规制与专利滥诉的规制具有较大的差异性。如前所述，专利权滥用可分为专利拒绝许可、专利搭售、不争执条款、差异化许可、回馈授权、专利联营、标准必要专利禁令滥用以及专利许可中的数量限制、销售区域限制、价格限制等类型，其行为通常表现为在专利许可合同中设置对竞争秩序可能造成严重损害的“限制性条款”，在民法和专利法的补充性规制之外，其更多侧重于反垄断法的规制。有学者认为，对于反垄断法在知识产权领域适用的一般原则和一系列具体问题，可由反垄断执法机构根据不同阶段的具体情况制定专门的指南或规章加以解决。② 相比之下，专利

① 胡鸿高：《论公共利益的法律界定——从要素解释的途径》，载《中国法学》2008 年第 4 期。

② 陈丽苹：《论专利权滥用行为的法律规制》，载《法学论坛》2005 年第 2 期。

滥诉的规制所牵涉的法律问题较为分散，很难以一部规范性文件加以统摄。

鉴此，笔者建议对涉及专利滥诉规制的相关立法可采取“形散而神不散”式混合立法的形式，也即“糖葫芦式”的立法形式。第一，以诚实信用原则为统领，以专利制度、竞争制度、诉讼制度中所衍生出规制专利滥诉的制度为分支，采取统分结合的立法方式。第二，针对同一专利滥诉类型所涉及竞争法、专利法、诉讼法等不同法律问题，可依据立法时机、立法条件采取分别立法形式。如对标准必要专利禁令滥用在通过专利法、诉讼法加以规制的同时，考虑到标准必要专利禁令滥用的反垄断规制经验相对成熟，故可在《关于知识产权领域的反垄断指南》中对标准必要专利禁令救济是否排除或限制竞争所要考虑的因素进行规定。而对于“专利蟑螂”滥诉行为，虽也可能引起滥用市场支配地位、经营者集中等反垄断问题，但由于我国尚未形成大规模的“专利蟑螂”现象，故在反垄断法相关制度中，预留一定的立法空间即可，待时机成熟后，再通过相关立法对“专利蟑螂”滥诉行为进行反垄断规制。第三，针对不同专利滥诉类型所引发的同一法律问题，在具备整合性可能的情形下，可采取局部性集中立法的形式。如针对“专利蟑螂”滥诉行为、专利恶意诉讼、标准必要专利禁令滥用、专利懈怠行为在诉讼法领域所存在的起诉条件、撤诉异议制度、程序惩戒、诉讼费用转移等共性问题，可通过出台相关的司法解释及其他司法解释性文件进行集中规定。而对于法院在审理不同专利滥诉行为时的自由裁量权问题，可通过完善案例指导制度，对典型案例的裁判要旨进行归纳、凝练，明晰相关案例的法律适用依据、裁判要旨、司法理念等，为法官裁判类似案件或者处理类似问题时提供指导。第四，考虑到专利滥诉的规制制度主要采取混合立法的形式，应建立不同的规范性文件之间的衔接与协调机制，同时根据情势需要，加大不同制度之间的整合力度。

综合来看，专利滥诉规制制度的构建主要采取制度整合与制度立法并重、专门立法与合并立法并重的方式进行，其并不拘泥于制定一部综合的法律规范，而是通过不断完善、修正、制定涉及专利滥诉的相关规制制度，并待时机成熟时加以系统的整合。在立法层级上，专利滥诉的规制制度可包括法律、行政法规、部门规章及司法解释等不同层面的规范性文件。

三、专利滥诉规制的立法内容——规制不同专利滥诉类型的立法策略

当前，我国在法律、行政法规、部门规章等层面对专利滥诉的规制进行了相关的规定。(见表1)

表1　　我国现有涉及专利滥诉规制的规范性文件

具体内容 文件类型	涉及规制专利滥诉的规范性文件
相关政策	国务院《关于新形势下加快知识产权强国建设的若干意见》(2015)以及最高人民法院《关于充分发挥知识产权审判职能作用推动社会主义文化大发展大繁荣和促进经济自主协调发展若干问题的意见》(2011)、《关于进一步推进案件繁简分流优化司法资源配置的若干意见》(2016)等。
法律	《民法典》(2020)、《专利法》(2009)、《反垄断法》(2008)、《反不正当竞争法》(1993)、《侵权责任法》(2010)、《对外贸易法》(2004)、《民事诉讼法》(2013)等。
行政法规	《技术进出口管理条例》(2002)、《关于经营者集中申报标准的规定》(2008)、《专利法实施细则》(2010)等
部门规章及规范性文件	《专利审查指南》(2010)、《专利实施许可合同备案办法》(2011)、《专利实施强制许可办法》(2012)、《关于经营者集中申报的指导意见》(2014)、《国家标准涉及专利的管理规定(暂行)》(2013)、《科学技术保密规定》(2015年)、《关于禁止滥用知识产权排除、限制竞争行为的规定》(2015年)、《关于规范专利申请行为的若干规定》(2017)等。

续表

具体内容 文件类型	涉及规制专利滥诉的规范性文件
司法解释及规范性文件	《民事案由规定》(2011)、《关于对诉前停止侵犯专利权行为适用法律问题的若干规定》(2011)、《关于审理因垄断行为引发的民事纠纷案件应用法律若干问题的规定》(2012)、《关于审理侵犯专利权纠纷案件应用法律若干问题的解释(二)》(2016)、《关于审理专利纠纷案件适用法律问题的若干规定》(2015)、《关于适用〈中华人民共和国民事诉讼法〉的解释》(2015)等。
已生效或正在制定的规范性文件	《专利法修改草案(送审稿)》(2015)、《民法典》(2020)、《民法总则》(2017)、《反不正当竞争法(修订草案)》(2017)、国务院反垄断委员会发布的《关于知识产权领域的反垄断指南》(2019)等

从我国现有专利滥诉的立法规制来看，我国并无统一规制专利滥诉的规范性文件，相关规定主要散见于不同层次的规范性文件之中。从表1之中可以看出，在法律层面，缺乏对专利滥诉的直接性立法规制，相关法律依据主要存在于《民法典》和《民事诉讼法》中的诚实信用原则，以及《反垄断法》《反不正当竞争法》中涉及垄断行为或不正当竞争行为的相关规定等。法律层面规定的原则性和抽象性，为专利滥诉的司法规制和行政规制留下了较大的立法空间。正因如此，专利滥诉规制的规范性文件主要集中于部门规章、司法解释等层面。这既反映出司法规制和行政规制在专利滥诉规制体系中的重要作用，也从侧面反映出，在现有的法律资源下，通过行政机关、司法机关创制具体的法律适用规则，可在一定程度上满足专利滥诉规制过程中的立法需求。但也应该看到，我国专利滥诉规制制度尤其是法律效力层级较低、实体法制度的缺失等问题还比较突出，对专利滥诉规制中所面临的实质性问题尚未突破，从而需要在法律层面加以明确规定。

总体来看，对于专利滥诉的立法规制，在现有立法的基础上，还须结合“专利蟑螂”滥诉行为、专利恶意诉讼、标准必要专利禁令滥用、专利懈怠行为等不同滥诉类型，采取针对性的立法策略。

(一)专利恶意诉讼的立法规制重点

专利恶意诉讼属于“非善意的无理由之诉”，也即其所提起的专利侵权诉讼可能并不具有诉的利益，缺失权利基础而不具有合法性。故对于专利恶意诉讼的立法规制重点主要集中于“问题专利”的防控、专利恶意诉讼的反赔责任等方面。

1. 探索建立实质审查登记制

在今后专利法修订中可对实用新型、外观设计的专利审查制度稍加修正，以遏制“问题专利”的蔓延态势，保证授予专利的质量。如有人认为，可将实用新型专利初步审查制度改为登记制，申请人可以请求进行“实质审查”，只有经过实质审查而获得的实用新型专利才可以提出专利诉讼。① 笔者建议，将实用新型专利形式审查制度改为形式审查与专利实质审查登记双轨制，在提起专利侵权诉讼时，为防止诉讼本身缺乏诉的利益，可将经过实质审查登记的专利作为专利权侵权诉讼的重要事实、理由。其根据在于：民事诉讼法规定了起诉的一般条件②，依据此规定，专利权人或利害关系人在提起专利侵权诉讼时，一般需要提交“专利证书、权利要求书、说明书、专利登记簿副本及其他可以证明其享有专利权及相关权利的证据、被控侵权产品、涉案专利技术特征(权利要求书记载)与被控侵权产品技术特征的对比材料、证明其赔偿数额的证据、侵权人的基本情况(住址、注册资本、经营范围等)”等诉讼材料。除此之外，当前我国涉及实用新型、外观设计专利的侵权诉讼中，在未经过无效宣告程序之前，一般都会要求权利人提交专利权评价报告

① 朱广玉：《实用新型专利质量提升之路探析》，载《知识产权》2015年第7期。

② 《民事诉讼法》第119条规定，起诉须符合以下条件：(一)原告是与本案有直接利害关系的公民、法人和其他组织；(二)有明确的被告；(三)有具体的诉讼请求和事实、理由；(四)属于人民法院受理民事诉讼的范围和受诉人民法院管辖。

来解决起诉时专利的有效性问题。① 根据《专利法》《关于审理专利纠纷案件适用法律问题的若干规定》(2015)等相关规定，法院可以要求原告提交专利权评价报告。原告如无正当理由不提交的，人民法院可以裁定中止诉讼或者判令原告承担可能的不利后果。专利权评价报告作为法院审理专利纠纷时判断实用新型专利或外观设计专利是否有效的初步证据，虽然其并非提起专利侵权诉讼的条件②，但在司法实践中，法院一般都会要求实用新型、外观设计专利权人在提起诉讼时提供专利权评价报告。此外，专利权评价报告还与中止诉讼、专利无效宣告等之间有着较为密切的关系。在涉及侵犯实用新型、外观设计专利权纠纷案件中，如果专利权评价报告的内容为否定性评价且被告在答辩期间又向专利复审委员会请求宣告专利无效的，法院应当中止诉讼。但是如果专利权评价报告内容为肯定性评价且未发现专利无效宣告事由的，即使被告向专利复审委员会请求宣告专利无效，法院也可以不中止诉讼。所以，我国一方面我国对实用新型、外观设计专利采取形式审查，另一方面又要求在涉及实用新型、外观设计专利侵权诉讼中提交专利权评价报告，由于专利权评价报告可对涉案专利的授权条件进行实质性的分析和评价，其接近于实质审查。

为此，不妨取消专利权评价报告这一中间环节，直接设立实用新型专利与外观设计实质审查登记制，并将经过实质审查的专利作为判定所提起专利侵权诉讼是否具有“具体的事实和理由”。值得注意的是，设立实用新型专利、外观设计专利实质审查登记制，并不是要废除现有的形式审查制度，而是采取形式审查与实质审查登记双轨制，专利权人是否对其专利进行实质审查由其结合实际情况

① 专利权评价报告制度由专利检索报告制度演变而来，其主要指专利行政管理部门(下属专利审查协作中心)对专利权有效性所作出的综合性评价报告，它可作为法院或专利行政管理部门审理、处理专利侵权纠纷的证据。

② 《最高人民法院关于对出具检索报告是否为提起实用新型专利侵权诉讼的条件的请示的答复》([2001]民三函字第2号)早就指出，出具检索报告(现表述为专利权评价报告)并非是原告提起实用新型专利侵权诉讼的条件，提起专利侵权诉讼仍需符合《民事诉讼法》所规定的起诉要件。

自行决定。“具体的事实和理由”是起诉的条件之，将经过实质审查登记的专利作为提起专利侵权诉讼的“事实和理由”，具有以下几个方面的好处，其一，有助于筛选专利恶意诉讼行为，防止一些人抱着侥幸心理以“问题专利”提起侵权诉讼。其二，有利于确保涉案专利的法律稳定性，促进专利侵权纠纷的解决。其三，有利于节省诉讼期限。在当前的制度下，由于专利权评价报告的出具一般需要近两个月的时间，在此期间专利侵权诉讼案件会中止审理，这无形中也拖延了案件的审理期限。而一旦实用新型专利经过实质审查登记，即使一方当事人在专利侵权诉讼中提出专利无效宣告请求，法院一般也不会中止诉讼，也无形中缩减了案件审理期限。

2. 将专利恶意诉讼规定为侵权行为

未经专利权人许可而非法实施其专利的行为是典型的专利侵权行为，《专利法》第 11 条对专利侵权行为进行了具体规定，并在第 63 条、第 65 条等规定相应的侵权责任，从而为专利权人在遭到专利侵权后进行司法救济提供了实体法依据。然而，无论是专利权，抑或是诉权，都存在滥用的可能。较之专利侵权行为在实体法中的明文规定，我国并未将权利滥用直接规定为侵权行为。我国《专利法》第 47 条仅就专利权宣告无效前人民法院作出并已执行的专利侵权的判决，若因专利权人的恶意给他人造成的损失的，应当给予赔偿，但对在专利侵权诉讼中被宣告无效的专利以及虽未宣告但有充分证据证明该专利可能被宣告无效的，原告存在恶意的，被告是否可提出反诉或另行提起诉讼要求原告承担相应的损害赔偿责任，并没有明确规定。纵观美国、英国、法国等国家，或在判例法、实体法中直接将恶意诉讼确定为一种侵权行为类型，或在程序法中将恶意诉讼视为一种准侵权行为，保证了实体法与程序法衔接。虽然有学者认为，恶意诉讼并非专利诉讼领域所独有，其实质是诉讼法问题，让专利法明确规定恶意诉讼的起诉条件、恶意诉讼的构成，有僭越法域之嫌。① 但在实体法明确恶意诉讼的侵权责任可为程序

① 李晓秋：《未决之命题：规制专利恶意诉讼的“路”与“困”》，载《学术论坛》2010 年第 2 期。

法规制恶意诉讼提供重要的法律依据。鉴此，应将专利恶意诉讼在民法、侵权责任法中直接确认为侵权行为，同时再在专利法中对专利滥诉所引起的侵权责任予以重申，从而为追究专利滥诉行为人的侵权责任提供实体法依循。

（二）标准必要专利禁令滥用的立法规制重点

标准必要专利禁令申请之所以会构成滥用，不在于标准必要专利禁令之诉本身缺乏诉的利益或缺失权利基础，而在于标准必要专利禁令之诉本身可能产生专利拒绝许可的效果，对市场竞争秩序造成严重危害，进而构成市场支配地位的滥用。标准必要专利禁令滥用的立法规制主要集中于反垄断法相关制度的完善方面。

具言之，标准必要专利禁令滥用主要涉及司法规制和行政规制。行政规制主要包括两个方面，一是当标准必要专利禁令申请涉嫌市场支配地位滥用时，反垄断执法机构对其进行反垄断审查；二是经营者集中涉及标准必要专利业务时，反垄断执法机关对经营者集中之后所附加的寻求禁令的限制条件。司法规制也包括两种情形，一是法院针对禁令之诉及被控侵权人所提出的反垄断抗辩等进行案件的具体审理，最终来判决是否颁发禁令；二是一方当事人以专利权人提起的标准必要专利诉讼行为构成垄断行为对其造成损害为由，通过反诉或另行诉讼的方式提起反垄断民事诉讼，法院据此进行审理的情形。与之相对应，标准必要专利禁令滥用的立法规制重点也主要集中在司法规制、行政规制过程中反垄断法相配套具体适用规则的完善方面。

1. 涉及标准必要专利禁令滥用反垄断执法的相关制度

在标准必要专利禁令滥用是否构成垄断行为并未在反垄断法中作出明确规定的情形下，还需通过反垄断法实施细则或配套性指南的制定为反垄断法的具体适用提供指引。当前，我国正在积极制定知识产权领域的反垄断指南，以期细化标准必要专利禁令滥用反垄断审查规则。在 2015 年 12 月国家发展和改革委员会所公布的由其主导起草的《关于滥用知识产权的反垄断指南》（征求意见稿）中，就从谈判动机、许可意愿、许可条件、相关市场等方面，对分析和认定标准必要专利经营者申请禁令救济是否会产生排除或限制竞争效果所需考量的因素进行了阐释①。2017 年 3 月国务院反垄断委员会公布的新的《关于滥用知识产权的反垄断指南（征求意见稿）》②，第 26 条重申了之前国家发展和改革委员会所公布的指南文件中关于标准必要专利禁令申请的反垄断审查所需考量的因素。此外，第 21 条至 24 条对知识产权经营者集中审查进行了规定：譬如第 23 条规定，在涉及知识产权的经营者集中审查时，限制性条件建议可包括“经营者须遵守公平、合理、无歧视义务；详细说明许可费率的计算方法、许可费的支付方式、公平的谈判条件和机会”等。伴随着国家机构的改革，国务院反垄断委员会在对上述草案进行不断完善的基础上，于 2019 年发布了《关于知识产权领域的反垄断指南》。国务院反垄断委员会主导的《关于知识产权领域的反垄断指南》更加倾向于综合规制的方式，力图将知识产权滥用所引起的市场支配地位滥用、垄断协议、经营者集中等反垄断问题集中于一部综合性指南性文件中，以便于反垄断法在知识产权领域的全面、准确适用。我国《专利法修改草案（征求意见稿）》第 14 条规定：“行使专利权应当遵循诚实信用原则，不得损害公共利益，不得不正当地排除、限制竞争，不得阻碍技术进步。”明确了禁止专利权滥用原则，有利于促进专利法与反垄断法之间的衔接，具有积极的意义。值得注意的是，上述规范性文件都尚未正式出台，对此，我国应加快完善标准必要专利禁令滥用反垄断执法的相关制度，为标准必要专利禁令滥用的行政规制提供制度依循和规范指引。

2. 涉及标准必要专利禁令滥用的垄断行为司法认定

对于司法规制而言，基于反垄断法的抽象性、原则性，标准必

---

① 《〈关于滥用知识产权的反垄断指南〉(征求意见稿)公开征求意见》，国家发改委官网：http://www.sdpc.gov.cn/yjzq/201512/t20151231_770310.html，2016 年 1 月 18 日访问。

② 公开征求《关于滥用知识产权的反垄断指南（征求意见稿）》的意见，http://fldj.mofcom.gov.cn/article/zcfb/201703/20170302539418.shtml，2017 年 3 月 25 日访问。

要专利禁令救济是否构成市场支配地位滥用，并不能简单地通过反垄断法的适用而直接得出结论，而需要在积累相关司法实践经验的基础上，凝练出可衡量的裁判标准。《关于审理侵犯专利权纠纷案件应用法律若干问题的解释（二）》《关于审理垄断民事纠纷案件适用法律若干问题的规定》虽然对标准必要专利禁令有关案件的审理进行了规定，但并没有对标准必要专利禁令滥用与垄断行为的关系进行明确阐释，使得标准必要专利禁令滥用缺乏相应的反垄断认定标准。无论是德国联邦最高法院在"橘皮书"案中所确立的禁令颁发的"反垄断抗辩原则"，还是欧盟在"华为诉中兴案"中所确立的禁令颁发"协商意愿原则"等，都明确了禁令颁发的判定标准。在我国"华为诉 IDC 案"中，我国法院就将 IDC 公司在美国对华为公司提出禁令之诉的行为认定为市场支配地位滥用行为。当前，纵观世界其他国家或地区，都对标准必要专利禁令的颁发保持较为谨慎的态度。今后，我国可通过出台司法解释等方式，对涉及标准必要专利的反垄断抗辩程序、反垄断民事诉讼、反垄断认定因素作出具体、系统的规定，确保法院正确适用《反垄断法》。

3. 竞争执法机构、法院在制定反垄断法具体适用规则中的沟通与协调

对"标准必要专利禁令申请"进行审理时所需考量的因素，最高人民法院可出台相关的司法解释，从而对具体案件的审理提供指导；同时，反垄断执法机关针对"禁令申请"进行反垄断审查时所需考量的因素，行政执法机关也会出台相应的行政规范性文件，为竞争执法提供指引。如国家工商总局制定的《关于禁止滥用知识产权排除、限制竞争行为的规定》等。由此可见，反垄断法在标准必要专利禁令滥用领域的具体适用过程中，法院和竞争执法机关均会从不同方面制定具体的法律适用规则。然而，一方面，行政机关针对标准必要专利禁令滥用反垄断规制所制定的相关规则在法律效力上或属于行政解释，或属于部门规章，法院在审理相关案件审理时仅能作为参考。另一方面，鉴于反垄断法的专业性，行政执法机关具有丰富的反垄断执法经验，其所制定的相关规范性文

件对最高人民法院制定相关的司法解释具有重要的参考价值。所以，行政执法机关和司法机关在制定标准必要专利滥用相关规制制度时，应加强沟通和协调，确保二者对标准必要专利禁令滥用的反垄断认定标准保持一致。譬如为更好规制“专利蟑螂”滥诉行为，美国政府所提出的 7 项立法建议中，其中之一便是确保美国国际贸易委员会基于 337 条款发布排除令所依循的标准要与美国联邦最高法院在 eBay 案中所确立的永久禁令颁发的“四要素检验标准”保持一致。纵然，反垄断执法机关与法院在反垄断法的具体适用中，秉持着不同的价值取向和价值考量，但在涉及制定标准必要专利禁令申请是否构成垄断行为这一核心因素上，应确保认定标准的相对统一性，使二者在规制标准必要专利禁令滥用方面实现良性互动，进而促进反垄断法的良好实施。

（三）专利懈怠的立法规制重点

对于专利懈怠而言，专利权人提出的专利侵权诉讼形式上符合程序法律规定，但其之所以属于专利滥诉，在于专利权人本可以尽早行使诉权而怠于行使，也即采取“放水养鱼”策略，而给他人造成损失。由于诉讼时效制度仅仅依据简单的时间经过来判定专利侵权诉讼是否正当，而缺乏从当事人诉讼的主观动机、行为性质等来考察专利侵权诉讼合法性与正当性。故专利懈怠的立法规制重点应在权利人面对持续性侵权的情形下，对其寻求损害赔偿和停止侵权救济加以期限上的限制，也即通过设立权利失效条款，为被诉侵权人进行专利懈怠抗辩提供法律依据。停止侵权请求权不受诉讼时效限制是其专利权人采取“放水养鱼”策略的重要诱因之一。我国《专利法》规定专利侵权的一般诉讼时效为 3 年①，但该时效主

① 《最高人民法院关于适用〈中华人民共和国民法总则〉诉讼时效制度若干问题的解释》第 1 条规定，民法总则施行后诉讼时效期间开始计算的，应当适用民法总则第 188 条关于 3 年诉讼时效期间的规定。当事人主张适用民法通则关于二年或者一年诉讼时效期间规定的，人民法院不予支持。民法典颁布后，涉及专利侵权方面的诉讼时效也为 3 年。

要适用于损害赔偿请求，而停止侵权的请求不罹于诉讼时效。同时根据相关司法解释，权利人超过 3 年起诉的，不影响停止侵权责任的适用，只是损害赔偿额自权利人向人民法院起诉之日起向前推算 3 年计算①，对诉讼时效制度的具体适用提供了指引。

虽然我国当前并未建立起专利懈怠抗辩制度，但无论是在司法解释，还是专利立法层面，我国都曾试图对专利懈怠作出具体规定，如表 2。譬如，2003 年 7 月，最高院在《关于处理专利侵权纠纷案件有关问题解决方案草稿》（征求意见稿）中最早对诉讼时效、懈怠和诉权行使进行了规定，② 如超过 5 年后专利权人再行使诉权，专利权人的损害赔偿请求将无法获得法院支持，与此同时，在被诉侵权人愿意支付合理许可费的前提下，法院也可不判决停止侵权。2006 年 8 月，我国第三次《专利法修订草案》（征求意见稿）第 A13 条③曾对停止侵权的权利主张规定了 5 年的期限，该期限仅对权利人的停止侵权责任请求加以适当的限制；2006 年 12 月

① 《最高人民法院关于审理专利纠纷案件适用法律问题的若干规定》（2020 年修正）第 17 条规定："侵犯专利权的诉讼时效为三年，自专利权人或者利害关系人知道或者应当知道权利受到损害以及义务人之日起计算。权利人超过三年起诉的，如果侵权行为在起诉时仍在继续，在该项专利权有效期内，人民法院应当判决被告停止侵权行为，侵权损害赔偿数额应当自权利人向人民法院起诉之日起向前推算三年计算"。

② 2003 年 7 月，最高院在《关于处理专利侵权纠纷案件有关问题解决方案草稿》（征求意见稿）第 112 条【诉讼时效、懈怠和诉权行使】规定："在专利权有效期内，停止侵犯专利权的请求不受诉讼时效限制。自权利人知道或者应当知道专利权被侵犯之日起，该侵权行为持续进行已逾五年，权利人无正当理由不向侵权人主张权利的，权利人不能要求损害赔偿，但可以要求停止侵权行为，被控侵权人愿意支付合理使用费的，可以不停止实施专利。侵权人故意侵犯他人专利权的，不适用前款规定。"

③ 2006 年 8 月，第三次《专利法修订草案》（征求意见稿）第 A13 条规定："侵权行为自专利权人或者利害关系人得知或者应当得知之日起已持续进行超过 5 年，专利权人或者利害关系人无正当理由未主张权利的，如果侵权人愿意按照双方协商一致的或者依据人民法院裁定的数额支付相应的使用费，可以不停止实施该专利的行为。"

第三次《专利法修订草案》（送审稿）第 72 条中，将“5 年”的表述改为“无正当理由超过诉讼时效 3 年”,① 在上述征求意见稿的基础上，送审稿对权利人的损害赔偿请求无法获得支持的情形进行了规定；第 73 条在其第 72 条规定专利懈怠行为的基础上，又规定了权利人无法获得专利侵权损害赔偿和停止侵权救济的情形，类似于美国在判例法中所确立的“禁止反悔原则”②，送审稿相关规定较好反映了专利懈怠规制的本质，并且注重损害赔偿责任与停止侵权责任限制的递进性。虽然在最后的正式法律文本中，并没有吸收上述条款中的规定，但上述立法的积极性探索和尝试，为今后专利懈怠抗辩制度的建立具有较强的指导意义。值得注意的是，在第四次《专利法修订草案》（送审稿）（2015 年 12 月）则没有对专利懈怠行为作出相关规定。

有学者认为，应在未来专利法的修改中增加：“如果权利人的行为明显违反诚实信用原则、产生显失公平的后果且侵权人无过错的，侵权人可以不承担停止侵害的责任，但应该支付合理的许可使用费”。③ 从我国目前法律规定来看，就专利侵权损害赔偿请求而

① 2006 年 12 月，第三次《专利法修订草案》（送审稿）第 72 条规定：“专利权人或者利害关系人超过诉讼时效向人民法院起诉或者请求专利行政管理部门处理的，可以对起诉或者请求处理之日前两年的侵权行为获得赔偿；无正当理由超过诉讼时效三年后才向人民法院起诉或者请求专利行政管理部门处理的，无权对请求处理或者起诉之前的侵权行为获得赔偿；在上述情形下，可以请求人民法院或者专利行政管理部门责令侵权人立即停止侵权行为。”

② 2006 年 12 月，第三次《专利法修订草案》（送审稿）第 73 条规定：“专利权人或者利害关系人的有关行为、意思表示或者沉默使实施其专利的单位或者个人有理由相信专利权人或者利害关系人不会对该实施行为主张权利，随后又向人民法院起诉或者请求专利行政管理部门处理，其权利主张明显违反诚实信用原则的，无权对起诉或者请求处理之日前的实施行为获得赔偿，也无权请求人民法院或者专利行政管理部门责令该单位或者个人停止实施行为。”

③ 梁志文：《反思知识产权请求权理论——知识产权要挟策略与知识产权请求权的限制》，载《清华法学》2008 年第 4 期。

言，诉讼时效为 3 年。① 停止侵权的请求不罹于诉讼时效。结合我国之前关于专利懈怠的立法思路，笔者认为，在现有诉讼时效制度的基础上，为更好的防止专利侵权诉讼中的“放水养鱼”现象，应建立专利懈怠抗辩制度。具体而言，针对持续性专利侵权行为，自权利人得知或应当得知侵权行为之日起，如超过 3 年但未超过 5 年才提起诉讼的，专利侵权损害赔偿额向前推算 2 年计算，如若被控侵权人愿意支付合理使用费的，法院可以不支持专利权的停止侵权诉讼请求；若超过 5 年才提起诉讼的，专利权人将无权对起诉日之前的侵权行为获得损害赔偿，但仍然可向法院提出停止侵权请求，若被控侵权人愿意就后期使用支付合理许可费的，法院可以不支持专利权的停止侵权诉讼请求。

表 2　　我国关于专利懈怠立法的尝试与探索

责任类型 / 修订草案	损害赔偿	停止侵权
最高院在《关于处理专利侵权纠纷案件有关问题解决方案草稿》（征求意见稿）（2003 年 7 月）	得知或应当得知侵权行为、侵权行为持续、未主张权利 ≥ 5 年，损害赔偿请求无法获得法院支持	原则上不受诉讼时效限制，若被控侵权人愿意支付合理使用费，可以不支持停止侵权请求。

① 在 2017 年 3 月通过并于 2017 年 10 月 1 日正式实施的《民法总则》中，将现行 2 年的一般诉讼时效期间延长为 3 年，且停止侵权仍然不受诉讼时效限制，专利侵权诉讼时效亦适用该规定。《中华人民共和国民法总则》，http：//www. npc. gov. cn/npc/xinwen/2017-03/15/content _ 2018907. htm，2017 年 3 月 21 日访问。2020 年发布并于 2021 年 1 月 1 日开始实施的《民法典》第 180 条规定：“向人民法院请求保护民事权利的诉讼时效期间为三年。法律另有规定的，依照其规定。”

续表

修订草案＼责任类型	损害赔偿	停止侵权
第三次《专利法修订草案》（征求意见稿）（2006年8月）		得知或应当得知、未主张权利≥5年，若被控侵权人愿意支付合理使用费，可以不支持停止侵权请求。
第三次《专利法修订草案》（送审稿）（2006年12月）	情形1：得知或应当得知侵权行为、未主张权利≥2年，但未超5年，向前推算2年计算损害赔偿数额；得知或应当得知、未主张权利≥5年，损害赔偿请求无法获得法院支持 情形2：存在误导行为，对被诉侵权人产生合理信赖的，损害赔偿请求无法获得法院支持	情形1：停止侵权请求不受诉讼时效限制。 情形2：专利权人丧失停止侵权请求权。
第四次《专利法修订草案》（送审稿）（2015年12月）	损害赔偿适用专利侵权诉讼时效2年之规定。	停止侵权请求不受诉讼时效限制。
《最高人民法院关于审理专利纠纷案件适用法律问题的若干规定》（2020年修正）	侵犯专利权的诉讼时效为3年；权利人超过三年起诉的，如果侵权行为在起诉时仍在继续，在该项专利权有效期内，侵权损害赔偿数额应当自权利人向人民法院起诉之日起向前推算三年计算	权利人超过三年起诉的，如果侵权行为在起诉时仍在继续，在该项专利权有效期内，人民法院应当判决被告停止侵权行为。

注：除第四次《专利法修订草案》（送审稿）关于诉讼时效的规定只是重述现行法的规定以外，其他条款均未出现在其后最终正式生效的法律文本中。

（四）“专利蟑螂”滥诉行为的立法规制重点

如同专利懈怠行为一样，“专利蟑螂”本身所提起的专利侵权诉讼具有权利基础，其之所以也作为专利滥诉的一种形态，关键在于其囤积大量的专利，恃强凌弱、伺机而动，利用专利侵权诉讼投机获利，在给他人造成大量的损失同时，扰乱着正常的市场竞争秩序，造成司法资源的浪费。“专利蟑螂”在我国并没有大规模发生，在立法态度上，鉴于我国目前专利利用水平较低的现状，反而对专利的集中运营持鼓励支持的态度。但我国企业频繁遭受国外“专利蟑螂”的侵扰，需要在制度上提前做好应对。对于“专利蟑螂”滥诉行为的规制可从三个方面做好相关的制度设计：一是，完善专利强制许可制度。我国专利法第 48 条将取得专利权后三年或提出专利申请后四年未实施或未实施专利的行为作为专利强制许可的情形之一。“专利蟑螂”也称非专利实施主体，其自身往往并不实施专利，主要通过购买或授权的专利提起专利侵权诉讼，其中也不乏借空壳公司提起诉讼的行为。专利蟑螂提起诉讼，往往也存在寻找目标对象的过程。鉴此，专利法及其实施细则应对实施专利强制许可的情形做进一步的细化，将相当期间内未实施专利或未充分实施专利的行为视为满足强制许可情形，为专利管理部门作出强制许可提供法律上的依据。二是，应完善“专利蟑螂”滥诉行为的审查认定程序。当前，我国在制度上并没有对“专利蟑螂”行为认定的具体标准作出规定。有学者认为，可探索设立一项“专利蟑螂”的审查认定程序，在原告向法院提起专利侵权诉讼之后，被告在应诉之后可以向法院提出启动“专利蟑螂”滥诉认定程序的申请，或者由法院主动启动。① 然而，“专利蟑螂”行为从表面上来看，其与一般的侵权诉讼并无二致，隐蔽性较强。所以，对“专利蟑螂”行为识别需要综合实施主体、主观意图、竞争因素、行为后果等多种因素加以判断。具体来讲，在“专利蟑螂”滥诉

① 周逸：《中国语境下专利蟑螂之诉讼契机及其防范》，载《太原大学学报》2015 年第 3 期。

行为的规制中，重点在于如何区分投机型 NPE 和运营型 NPE。譬如，在专利侵权诉讼中，判断原告（专利权人）是否构成滥诉，涉及较多复杂性因素的判断。除了专门通过购买、收购等囤积专利后，以积极发动专利侵权诉讼而生存的非实体公司外，大学、研究机构、实体公司等是否属于“专利蟑螂”，存有争议。因为在现有的专利运营模式下，一些颇具规模的大学、研究机构、实体公司基于成本效益等考虑，可能会专门单独设立与知识产权运营或维权的机构，① 其正当的专利授权许可、专利交易、维权行为等可能也被视为“专利蟑螂”滥诉行为。所以，可通过制定相关的司法解释，对专利侵权诉讼中原告与被告的竞争关系、专利权人的职业和技术背景、诉讼动机、涉案专利的来源及专利实施情况、原告的诉讼历史记录等认定因素作出系统的规定，对判断哪些属于专利操控行为，哪些属于正当的专利授权许可、交易、维权行为提供明确的制度指引。三是，“专利蟑螂”所拥有的专利涉及标准必要专利时，适用标准必要专利禁令滥用的相关制度规定。与此同时，在现实中不排除大企业之间为取得对市场其他经营者的控制权、影响力，而共同成立专利运营公司，大肆收购相关专利，尔后向竞争对手发起侵权诉讼。对于此种行为，可能构成经营者集中，我国《关于知识产权领域的反垄断指南》也考虑到了这一情况，其在第 20 条对经营者通过知识产权的排他性许可和转让可能取得对其他经营者的控制权或者能够对其他经营者施加决定性影响的考量因素②进行了规定，从而对反垄断法第 20 条第（二）项“通过取得资产的方式取得对其他经营者的控制权”进行了细化，但对排他性许可、独立业务、独立且可计算的营业额等概念缺乏进一步的界定，在指南下一步修订过程中可加以进一步完善。

---

① 孙远钊：《应对专利操控实体（PAEs）的难题与政策规制》，载《电子知识产权》2014 年第 6 期。

② 主要包括三个方面的因素：（一）知识产权是否构成独立业务；（二）知识产权在上一会计年度是否产生了独立且可计算的营业额；（三）知识产权许可的方式和期限。参见国家市场监督管理总局反垄断局：《2019 年反垄断规章和指南汇编》，中国工商出版社 2020 年版，第 40 页。

第二节　行政规制：专利权滥诉规制工具的选择及运用

行政规制主要指特定的行政主体通过设立规则、制定政策、实施干预措施等来直接影响市场主体及其市场行为的行政活动的总称。① 专利滥诉的行政规制主要指在专利行政管理及竞争执法中而采取的影响市场主体及其市场行为的行政措施。

从规制效果来看，专利滥诉的行政规制主要包括间接性规制和直接性规制两种情形。第一种情形主要指，当专利权的存在状态可能使专利权人产生相应的道德、经济风险时，基于维护他人利益、公共利益、竞争秩序等考量，行政机关尤其是国家标准化管理委员会、国家知识产权局、商务部等行政部门对专利的授予、转让、实施许可、纳入标准以及技术出口等条件进行管理或限制，从而对专利滥诉进行预防性、间接性规制。譬如对专利权的转让和许可进行适当限制，可遏制"专利蟑螂"滥诉行为的产生；对某项专利纳入标准必要专利过程中附加相应的条件或限制以及专利强制许可的实施，可在一定程度上约束标准必要专利权人的禁令救济权；加强专利授予过程中的实质审查，防止问题专利的产生，可切断专利恶意诉讼发生的条件。第二种情形为，当专利滥诉构成垄断行为时，由竞争执法机关直接介入，对危害竞争秩序的专利滥诉进行直接性的规制。诚然，"专利权滥用僭越了竞争底线，它是市场行为规制问题而不是知识产权法的功能问题"②。在反垄断法规制方面，专利滥诉可能对竞争秩序造成严重危害，从而需要反垄断法的适度介入。譬如，具有市场支配地位的标准必要专利权人，利用市场支配地位优势，进行专利拒绝许可后，又以禁令申请相威胁，引起限制或排除竞争的效果，从而可能受到反垄断法的规制。"专利蟑螂"

① 江必新：《论行政规制基本理论问题》，载《法学》2012年第12期。

② 徐瑄：《专利权垄断性的法哲学分析》，载《中国法学》2002年第4期。

通过企业兼并的方式收购他人专利，引起专利或标准必要专利的大量集中，增强了收购方的市场竞争优势地位，可能产生反竞争的影响。① 此时，所以，竞争执法机关通过经营者集中审查，在源头上防止“专利蟑螂”滥诉的产生。

从规制手段来看，在政府干预决策中，将会涉及要不要干预、如何干预等问题，这些问题本质上又是规制工具的选择和运用问题。② 专利滥诉的行政规制主体主要包括国家标准化管理委员会、国家知识产权局、反垄断执法机构、对外经济贸易主管部门、海关等。针对专利滥诉的不同发展阶段，在不同规制环节其所选择的规制工具也具有较大差异。在专利滥诉的间接性行政规制中，可供选择的规制工具主要包括“调整专利申请费与维持费比例，技术出口许可或合同登记，专利转让合同备案，实施专利强制许可，国家标准涉及专利的管控（信息披露义务、FRAND 承诺）”等。在专利滥诉的直接性行政规制也即专利滥诉的反垄断执法中，可供选择的规制工具主要包括“审核批准（如禁止经营者集中、对经营者集中附加限制性条件等）、责令停止违法行为、没收违法所得、罚款”等。依据行政法理论，上述规制工具的运用主要通过行政许可、行政确认、行政裁决、行政处罚、行政征收等方式进行。在传统行政管理语境下，行政行为的主要形式是行政规制，如行政审批、行政许可、行政处罚、行政强制等③。在专利滥诉的规制中，应灵活运用行政裁决、行政许可、行政处罚、行政征收等各种行政规制手段。

一、标准必要专利许可费确定

行政裁决亦称为行政司法，主要指行政机关或法定授权的组

---

① 文希凯：《“专利蟑螂”的反垄断法规制》，载《知识产权》2014 年第 6 期。

② 应飞虎：《规制工具的选择与运用》，载《法学论坛》2011 年第 2 期。

③ 姜明安：《新时代中国行政法学的转型与使命》，载《财经法学》2019 年第 1 期。

织，依照法律授权，对当事人之间发生的、与行政管理活动密切相关的、与合同无关的民事纠纷进行审查，并作出裁决的具体行政行为。在诸如 FRAND 原则在法律上缺乏明确规定情形下，标准必要专利许可费纠纷往往是标准必要专利禁令滥用的逻辑起点。当前，我国对专利权保护实行司法和保护双轨制保护，故在产生标准必要专利许可费纠纷时，除了需要法院确定合适的 FRAND 许可费之外，如满足专利强制许可情形时，也可请求专利行政部门就专利许可费率问题进行裁决。

国家标准化管理委员会、国家知识产权局联合制定的《国家标准涉及专利的管理规定（暂行）》第 9 条至第 12 条对专利权人在国家标准制修订过程中作出专利实施许可声明的义务进行了规定。除强制性标准外，如专利权人在国家标准制修订过程中未基于 FRAND 承诺作出专利实施许可声明，国家标准不得包括基于该专利的内容。但对 FRAND 承诺的法律性质及违反 FRAND 承诺的法律后果在法律中缺少具体的规定。相关立法层级还较低，主要集中在部门规章层面，缺少上位法层面的规定。在专利法的修订过程中，除了对标准必要专利权人违反专利信息披露义务的法律后果进行规定外，建议增加，“标准必要专利权人故意违反 FRAND 承诺，致使标准实施者无法与其达成专利实施许可合同的，在标准实施者已向标准必要专利权人发出了无条件且合理的要约或反要约（包括标的、授权范围、许可费率、不争执条款等）且履行了提交财务账单、拟使用情况、预留（存）专利许可费等合同相关的义务时，可先行使用该项标准必要专利技术。在此期间，标准必要专利权人对专利许可费有异议的，既可请求人民法院确立合理的专利许可费率，也可请求专利行政部门就专利许可费率问题进行裁决。”如此，赋予专利行政机关确立标准必要专利许可费的裁决权，可在一定程度上避免标准必要专利权人违反 FRAND 承诺后又轻率提起禁令之诉。

专利强制许可制度是保护社会公众利益和防止滥用专利垄断权

的重要手段。① 根据我国专利法的规定，实施专利强制许可主要包括“取得专利权后三年或提出专利申请后四年未实施或未实施专利”“专利权行使行为被认定为垄断行为”“他人以合理条件提出专利实施许可，未能在合理的时间内获得许可”等情形。虽然我国尚未发生专利强制许可的案例，但专利强制许可“箭悬于弓，引而不发”，在规制标准必要专利禁令滥用方面具有较强的威慑作用。如在标准必要专利禁令救济中，其禁令申请本身便可产生专利拒绝许可的效果。如果经执法机关认定构成垄断行为，当事人可向专利行政管理部门申请强制许可，专利管理部门可依据 FRAND 原则来确定相应的许可费率。如果法院判令被控侵权人承担损害赔偿责任但不承担停止侵权责任，但被控侵权人向专利权人支付一定赔偿金的时，专利权人仍拒绝许可的，视为满足“他人以合理条件提出专利实施许可，未能在合理的时间内获得许可”这一专利强制许可的情形，此际，被控侵权人可向相关行政机关申请强制许可，国家知识产权局可在参照法院赔偿金计算方法的基础上，确定合理的专利许可费率，实施专利强制许可。亦有学者提出，“应建立反垄断强制许可费的仲裁机制，也即专利行政管理部门发布强制许可后，允许专利权人和被许可人协商许可费，若协商不成，由双方采取仲裁的方式确定许可费”②。

二、专利蟑螂规制及标准必要专利事项的经营者集中审查

（一）专利转让、许可的登记、备案：化解“聚合专利”的风险

“善除害者察其本，善理疾者绝其源。”专利滥诉主要包括“专利蟑螂”滥诉行为、专利恶意诉讼、标准必要专利禁令滥用、

① 林秀芹：《中国强制许可制度的完善》，载《法学研究》2006 年第 6 期。

② 罗蓉蓉：《论标准必要专利拒绝许可行为的规制——兼谈〈专利法〉第 48 条第 2 款强制许可的适用》，载《时代法学》2020 年第 3 期。

专利懈怠行为等类型，这些不同的专利滥诉类型都具有一个共同点，也即专利滥诉的发生往往以专利权人（之后是否被宣告未无效专利在所不问）拥有专利权为起点，如果没有专利权，也就无所谓滥诉之说。然，专利权的不同存续状态与诉讼的组合，往往会产生不同的专利滥诉形态。故通过规制工具的组合运用，对“专利蟑螂”滥诉行为、专利恶意诉讼、标准必要专利禁令滥用等滥诉行为所据以依赖的专利权加以合理的限制，可在源头上预防专利滥诉的发生。

目前我国专利运营水平还不高，“专利蟑螂”并未呈规模化发展态势。但随着我国专利保护水平的提高以及市场主体融入经济全球化进程的加快，国内“专利蟑螂”与国外“专利蟑螂”都有可能在我国发生。对于“专利蟑螂”，较之美国，我国还未出现大规模的“专利蟑螂”滥诉行为，涉及“专利蟑螂”的诉讼为数不多，但我国已悄然遭遇国外“专利蟑螂”的布局或者诉讼侵扰，且实践中已出现模仿美国高智公司的知识产权经营机构”①。尤其一些国外“专利蟑螂”利用我国专利市场化水平及专利利用率不高等特点，趁机从发明者、破产公司、企业或高校科研院所等主体中收购相关专利，尔后再在我国或其他国家向我国企业发动专利侵权诉讼，索取高额的专利许可费或损害赔偿金。2008年，专门从事发明投资的美国高智发明公司（Intellectual Ventures，简称“高智公司”）开始进军我国市场，其主要采取与我国大学和研究机构合作开发专利、进而获得专利独占经营权的运营模式，我国已成为高智公司专利库存的全球主要来源国②。从全球范围内来看，收购和经营专利正逐渐形成一个新兴行业。有人认为，过分强化专利权人利益保护，忽略专利权人滥诉行为，将加大“专利蟑螂”在我国

① 易继明：《遏制专利蟑螂：——评美国专利新政及其对中国的启示》，载《法律科学（西北政法大学学报）》2014年第2期。

② 修红义：《美国高智专利运营模式及案例分析》，载《中国发明与专利》2016年第5期。

爆发的风险。① 一般而言，专利聚合是“专利蟑螂”形成的前提条件。在我国不断探索全国专利展示交易中心、高校专利技术转移中心、专利经营公司等多层次的专利转移模式下，也要对国外企业收购我国专利的行为保持警惕和关注。鉴此，有学者建议需尽快规范国内高校与外国专利经营公司之间的转让、许可等交易行为，着力完善重大技术、知识产权对外许可的审查和登记制度。② 也有学者认为我国《对外贸易法》《技术进出口管理条例》《科学技术保密规定》对重大科技技术的境外转让的规定比较原则，缺乏实际操作性，需要进一步建立重大技术、知识产权向境外出口、转让的审查机制。③ 还有学者认为，在专利密集型战略性新兴产业，要加强对涉及国外专利经营公司商业行为的合同备案登记和反垄断审查，谨慎评估同条款可能带来的不利影响。④ 当前我国对专利转让的管理较为严格，依据《专利法》第 10 条第 3 款的规定，涉外专利转让除了履行有关法律、行政法规的规定的手续外，还须就专利转让许可合同进行登记，专利权或专利权申请权的转让自登记之日起生效。此外，对于属于限制出口技术的转让，在进行涉外专利转让合同谈判和登记之前，还应办理技术出口审批手续，如《技术出口许可证》或《技术出口合同登记证书》，该种审批具有行政许可性质。

而从我国《专利法》关于专利实施许可的规定来看，并没有要求专利实施许可合同需要进行备案，只是根据我国《专利法实

---

① 谢光旗：《2015 年美国遏制“专利蟑螂”法律动态》，http：//www.sipo.gov.cn/zlssbgs/zlyj/201609/t20160907_1290590.html，2016 年 11 月 4 日访问。

② 袁晓东、孟奇勋：《专利集中战略：一种新的战略类型》，载《中国科技论坛》2011 年第 3 期。

③ 刘彬、粟源：《Intellectual Ventures 是机会还是威胁》，载《中国科技产业》2009 年第 5 期。

④ 姜伟、赵露泽：《专利海盗现象引发的思考》，载《知识产权》2012 年第 9 期。

施细则》及《专利实施许可合同备案办法》的有关规定，在专利实施许可合同生效之日起 3 个月内，应就专利实施许可合同办理备案手续，但备案与否不影响合同的效力，且此种备案不具有行政许可的性质①。结合最高人民法院《关于对诉前停止侵犯专利权行为适用法律问题的若干规定》的规定，利害关系人申请诉前禁令时，经过备案的专利权实施许可是证明其享有权利的重要证据材料。总体观之，我国对涉外专利转让设置了较为严格的条件，但对涉外专利实施许可的管控力度明显不足。对此，国家知识产权局与商务部可联合制定涉及专利技术交易的规范性文件，对专利的转让以及专利实施许可合同的备案或登记等问题进行明确规定，探索性建立涉外发明专利独占实施许可登记审查制度，防止国外“专利蟑螂”利用我国专利市场的不完善，以收购等方式获得专利权或专利独占实施权，进行相应的专利布局，进而对我国企业的未来发展埋下隐患。

（二）涉及标准必要专利事项的经营者集中审查

标准必要专利禁令滥用除了构成市场支配地位滥用以外，还可能受到经营者集中的审查。在涉及标准必要专利经营者集中时，竞争执法机关也会经营者附加限制性的条件，也即在反垄断执法机构批准经营者集中的同时，对并购方寻求标准必要专利禁令附加行为条件、结构条件、综合条件等限制。有学者认为，涉及标准必要专利的经营者集中审查将属于事后控制的市场支配地位滥用行为前移

① 有学者认为，行政备案可分为三大类：第一，起着行政许可作用的备案，即在法律规范当中以备案的形式存在，然而实际上起着许可作用的备案行为；第二，起着行政确认作用的备案，即在法律规范当中以备案的形式存在，而实际当中属于确认性质的行政备案；第三，属于事实行为的行政备案，即备案行为，属于事实行为，是否履行备案义务对行政相对人公法上的与私法上的权利义务均无实质性影响。参加张博：《法治政府视野下的行政许可式备案：特征、成因与弊端》，载《南海法学》2017 年第 4 期。专利实施许可属于一种事实行为，并未创设权利和义务。

至事前审查，从而对标准必要专利权滥用市场支配地位的可能性加以预测和控制。① 换言之，在涉及标准必要专利经营者集中时，行为性救济一般优先于结构性救济，标准必要专利持有人应受到FRAND承诺和不得滥用禁令救济的约束。② 在“微软收购诺基亚设备和服务业务案”“诺基亚收购阿尔卡特朗讯股权案”中，考虑到该收购方案可能对我国智能手机市场产生限制或排除竞争的影响，商务部在对该收购方案所作出的经营者集中反垄断审查决定中，对该收购方案附加了限制性条件。也即微软、诺基亚等相关标准必要专利权人须在遵守FRAND承诺且不得对我国智能手机行业寻求禁令或排除令的前提下，方能实施收购。譬如在“微软收购诺基亚设备和服务业务案”中，对于微软在智能手机中实施的、为行业标准所必要的且作出FRAND承诺的标准必要专利，在集中完成后仍受FRAND原则所约束；对诺基亚方面，商务部除了要求其继续遵循FRAND原则外，还对许可费问题进行了规定。③ 所以，在滥用知识产权的反垄断指南制定过程中，除了进一步明晰标准必要专利禁令滥用反垄断审查所应考量的因素之外，亦对经营者集中限制性条件加以明确规定，为反垄断法在专利滥诉领域的适用提供指引。反垄断执法机构对经营者集中反垄断审查决定主要包括“无条件批准集中、附条件批准或者禁止集中”等几种情形，换言之，其限制性条件类型主要包括结构性条件、行为性条件、综合性条件。若涉及标准必要专利的经营者集中可能引起反竞争效果，对竞争造成严重危害时，反垄断执法机构可决定禁止集中。但是，在要求经营者履行某些义务后便可消除反竞争效果的情形下，反垄断

① 袁嘉：《标准必要专利与经营者集中反垄断审查》，载国家知识产权局：《专利法研究（2013）》，知识产权出版社2015年版，第236页。

② 王晓晔、丁亚琦：《涉及标准必要专利的经营者集中控制》，载《华东政法大学学报》2016年第6期。

③ 林平：《标准必要专利FRAND许可的经济分析与反垄断启示》，载《财经问题研究》2015年第6期。

执法机构也可在附加限制性条件的条件下批准集中，而非直接禁止。① 如通过附加限制性条件，要求合并后的标准必要专利持有人在寻求禁令救济时需满足规定的条件，不得随意寻求禁令。

三、标准必要专利信息披露及禁令滥用的行政规制

竞争法语境下的违法行为主要包括市场进入行为、市场竞争行为、市场经营行为，常见的行政处罚措施主要包括没收违法所得、责令停止违法行为、罚款、吊销营业执照、违法信息记入信用记录等。

（一）标准必要专利信息披露的行政规制

专利技术一旦被纳入标准之中，其专利权的行使与司法救济必然受到一定的限制。② 未履行标准制定过程中的专利信息披露义务以及违反 FRAND（公平、合理、无歧视）承诺往往是标准必要专利禁令滥用的发端。违反专利信息披露义务将使专利如“定时炸弹”般埋藏于技术标准之中，为专利权人利用专利挟持标准实施者埋下了伏笔。标准必要专利权人违反信息披露义务，既可从合同法的角度探讨是否对标准化组织造成违约或对标准实施者构成缔约过失，亦可专利法的角度探讨默示许可，还可从反垄断法的角度探讨是否构成市场支配地位滥用。从行政规制的角度来看，若因违反反垄断法造成限制或排除竞争的效果，可面临责令停止违法行为，没收违法所得、罚款等行政处罚。国家标准化管理委员会、国家知识产权局联合制定的《国家标准涉及专利的管理规定（暂行）》对国家标准涉及专利的相关问题进行了规范，如对专利信息的披露、作出专利实施许可声明等进行了明确的规定。譬如其第 5 条规定，参与标准制定的单位或个人应披露其拥有和知悉的必要专利，

① 刘武朝：《标准必要专利与经营者集中附加限制性条件》，载《工业技术创新》2014 年第 3 期。

② 张平：《论涉及技术标准专利侵权救济的限制》，载《科技与法律》2013 年第 5 期。

违反披露义务的应承担相应的法律责任①。但至于承担何种法律责任，相关规定语焉不详。《标准化法》第 38 条也仅着重对执行标准的公开进行了规定，“企业未依照本法规定公开其执行的标准的，由标准化行政主管部门责令限期改正；逾期不改正的，在标准信息公共服务平台上公示”。

（二）标准必要专利禁令滥用的反垄断执法

在反垄断立法由结构主义向行为主义垄断控制模式的转变过程中，垄断行为被特定类型化，如反垄断法在对“垄断协议、滥用市场支配地位、经营者集中”等垄断行为进行类型化的基础上，形成了反垄断法的“三大支柱”制度。标准必要专利禁令滥用主要遵循“标准必要专利权人违背 FRAND 承诺→申请禁令→专利拒绝许可效果→专利劫持（市场支配地位滥用）”的行为逻辑，在标准必要专利权人具有市场支配地位的情形下，申请禁令的行为可能构成市场支配地位的滥用。专利滥诉的反垄断法规制，一个关键环节就是将专利滥诉行为匹配于反垄断法所确定的垄断行为类型之中。有学者认为，正常情况下，专利在纳入技术标准的同时，标准必要专利权人即丧失拒绝许可的权利。② 但标准必要专利权人是否可以寻求禁令应结合具体个案加以判断，拥有标准必要专利并不意味着权利人拥有市场支配地位，也不意味着排除其寻求禁令的

---

① 《国家标准涉及专利的管理规定（暂行）》第 5 条，在国家标准制修订的任何阶段，参与标准制修订的组织或者个人应当尽早向相关全国专业标准化技术委员会或者归口单位披露其拥有和知悉的必要专利，同时提供有关专利信息及相应证明材料，并对所提供证明材料的真实性负责。参与标准制定的组织或者个人未按要求披露其拥有的专利，违反诚实信用原则的，应当承担相应的法律责任。第 6 条 鼓励没有参与国家标准制修订的组织或者个人在标准制修订的任何阶段披露其拥有和知悉的必要专利，同时将有关专利信息及相应证明材料提交给相关全国专业标准化技术委员会或者归口单位，并对所提供证明材料的真实性负责。

② 李丹：《滥用标准必要专利的反垄断法规制》，载《价格理论与实践》2015 年第 10 期。

可能。

反垄断法的抽象性和原则性，反垄断法适用于专利滥诉领域较为困难。这就需要反垄断委员会或竞争执法机构结合反垄断执法实际，制定反垄断执法的具体操作规则，将专利滥诉行为匹配于反垄断法所确定的垄断行为类型之中，在此基础上，再通过规制工具的具体运用，达到规制的目的。国家工商行政管理总局《关于禁止滥用知识产权排除、限制竞争行为的规定》第 13 条规定具有市场支配地位的经营者不得在标准的制定过程中故意不向标准制定组织披露其权利信息，不得在标准实施过程中进行专利拒绝许可等限制或排除竞争的行为。如构成市场支配地位滥用的，责令停止违法行为，没收违法所得，并处上一年度销售额百分之一以上百分之十以下的罚款。值得注意的是，该规定并没有对标准必要专利权人寻求禁令的行为是否属于标准实施中专利拒绝许可之情形作出明确规定。在标准必要专利权人向法院提起禁令之诉，从而迫使标准实施者接受其不合理的专利实施许可费等情形下，是否也将其视为专利拒绝许可，在反垄断具体执法中需要明确。有学者认为，向法院寻求禁令或者以禁令申请相威胁的行为，既可理解为反垄断法中所规定的不公平高价销售、附加不合理的交易条件、搭售或者拒绝交易等行为，也可理解为一种新型的、特殊的、单独的滥用市场支配地位的行为。① 诚然，除了标准必要专利禁令申请本身可能构成垄断行为外，标准必要专利权人以禁令相威胁，并提出专利搭售、不争执条款、专利费叠加等不合理的许可费条件，这些行为也可能构成垄断行为。有学者认为，专利拒绝许可、专利搭售、不争执条款、专利费叠加等滥用行为并不能完全吸收标准必要专利禁令滥用行为，鉴于其行为样态相对定型，应将标准必要专利禁令滥用行为作为一种独立的滥用市场支配地位类型予以规制。② 标准必要专利禁

① 丁亚琦：《论我国标准必要专利禁令救济反垄断的法律规制》，载《政治与法律》2017 年第 2 期。

② 韩伟、徐美玲：《标准必要专利禁令行为的反垄断规制探析》，载《知识产权》2016 年第 1 期。

令滥用与专利搭售、不争执条款等具有较为紧密的联系，但标准必要专利禁令滥用更多属于专利的程序性滥用，与专利搭售、不争执条款等专利的实体性滥用行为具有一定的区别。所以，应将标准必要专利禁令滥用行为独列为一种新型、独立的市场支配地位滥用行为，以便竞争执法机关采取更加针对性的规制措施。一般而言，构成市场支配地位滥用将可能面临责令停止违法行为，没收违法所得、罚款等行政处罚。如在美国高通公司专利垄断案中，国家发改委以高通公司涉嫌市场支配地位滥用为由，于 2013 年底开始进行立案调查，并于 2015 年年初作出处罚决定，罚款额近 61 亿元人民币。

四、利用费用杠杆抑制专利恶意诉讼

行政征收是行政主体为行政相对人提供一定的公益服务，或者授予其国家资源和资金的使用权而收取的代价。行政征收主要由税和费组成，与行政税收作为“普遍性收入”不同的是，行政收费属于“特别收入”，是由于行政机关在针对个别人提供特别服务产品过程中的特别支出引起的。专利申请和授权后皆可产生相关费用，如专利申请费、专利年费等，通过费用杠杆的调节可预防问题专利的产生。

专利恶意诉讼主要是利用问题专利不当提起专利侵权诉讼。由于对实用新型专利或外观设计专利的申请无需进行实质性审查，加之受审查员主观判断、检索文献无法穷尽等因素制约，不仅为“问题专利”提供了滋生的土壤，而且为专利滥诉尤其是专利恶意诉讼的产生埋下了伏笔。为防止问题专利或垃圾专利的蔓延，在完善专利激励政策以及做好专利实质审查工作，防止保护范围过宽的专利不当授权，进而提高专利质量的基础上，还可在以下几个方面防止问题专利的产生。一是，专利管理部门可通过调整专利申请费与维持费比例，减少问题专利的发生。也即在专利申请及专利维持的过程中，除了针对特殊群体的发明创造采取费用减免政策以外，可适当提高专利申请费用而适当减少专利维持费用，也即在增加专利授权成本的同时，减少维持的费用。纵然我国对发明专利、实用新型专利、外观设计专利都规定了一定的保护期限，但也应该看到，专利在现实中的生命周期远低于专利法所规定的保护期限，如发明专利的平均年限维持在6年左右，故过高的专利维持费用并不能对问题专利的产生形成抑制。相反，如采取高申请费用、低维持费用的费用结构，可提高专利申请的成本，在一定程度上能达到遏制问题专利的产生。二是规范专利申请行为，国家知识产权局于2007年制定并于2017年修订的《关于规范专利申请行为的若干规定》，对非正常申请专利的行为①进行了规范，专利管理部门可视情形对非正常申请专利的行为给予“不予减缓专利费用、予以通报、不予资助或者奖励、专利代理机构以及专利代理人的惩戒”等处理措施。虽然利用费用杠杆及规范专利申请行为可减少问题专利的发生，但也应该看到，在我国对实用新型专利、外观设计专利仅采取形式审查的背景下，上述规制措施只能在一定程度上防止问题专利的产生，最终还需要探索建立专利实质审查登记制这一行政许可手段，进而形成“高水平创造、高质量申请、高效率审查、高规格授予”的专利授权流程体系，从根本上提高专利质量。

第三节 司法规制：专利滥诉的司法认定及规制

请求权作为一种实体权利，具有连接实体法与程序法的重要功

① 《关于规范专利申请行为的若干规定》所列举的“非正常申请专利的行为”主要包括（一）同一单位或者个人提交多件内容明显相同的专利申请；（二）同一单位或者个人提交多件明显抄袭现有技术或者现有设计的专利申请；（三）同一单位或者个人提交多件不同材料、组分、配比、部件等简单替换或者拼凑的专利申请；（四）同一单位或者个人提交多件实验数据或者技术效果明显编造的专利申请；（五）同一单位或者个人提交多件利用计算机技术等随机生成产品形状、图案或者色彩的专利申请；（六）帮助他人提交或者专利代理机构代理提交本条第一项至第五项所述类型的专利申请。

用。审判权的启动取决于当事人基于裁判请求权行使诉权，裁判请求权的实现依赖于审判权，①而抗辩权的存在则可阻止某项请求权实现。专利滥诉的司法规制无非是基于专利滥诉的违法性质，在对请求权、抗辩权进行合理配置的基础上，法院通过案件的具体审理，基于自由裁量权的行使，使专利滥诉所造成的权益或法益损害恢复至圆满状态。

具言之，由于不同的专利滥诉类型所造成的损害程度不同，法律所给予的救济途径也会有所差异。如对于专利恶意诉讼行为，由于其所提起的专利侵权诉讼缺乏诉的利益，可能构成侵权，故应赋予受害人以损害赔偿请求权；对于标准必要专利滥用或“专利蟑螂”行为，因垄断行为给他人造成损害的，应赋予受害人提出损害赔偿、停止侵害等请求的权利。与此同时，在专利滥诉所依附的专利侵权诉讼中，被诉侵权人也可通过专利懈怠抗辩权、反垄断抗辩权的行使，来对抗专利权人的诉讼请求。然而，请求权能否得以支持、抗辩权能否成立，需要法院通过审判权的行使加以实现。

一、起诉视角：对专利滥诉受害人民事裁判请求权加以保障

专利恶意诉讼由于在缺失诉的利益条件下，贸然对他人提起专利侵权诉讼，此时，被诉侵权人可能既是被告，又是受害人，可通过损害赔偿之诉获得救济。标准必要专利权人禁令申请可能构成市场支配地位的滥用，因该垄断行为而造成损失的受害人可提起反垄断民事诉讼，向法院请求专利权人停止垄断行为、损害赔偿。与此同时，对于专利权人不当寄发专利侵权警告函的行为，被警告方可提起确认不侵犯专利权之诉，给他人商誉造成损害，还可以提起不正当竞争之诉。

① 刘敏：《论司法为民的实质——从裁判请求权与审判权的关系着手考察》，载《法律适用》2005 年第 3 期。

并非所有的纠纷都能够以法律来调整和解决，只有符合法律规定的纠纷才具有法律纠纷的含义和法律解决的效果。① 以民事案由的角度观之，每一个立案理由对应着一个或一组民事权利，只有受侵害或发生争议的民事利益符合“立案理由”中某个案由的规定，法院才能更好地受理立案，进而给予司法保护。② 在对专利滥诉司法规制的过程中，专利滥诉给他人利益造成损害，当事人如欲寻求司法救济，须根据案件的争议焦点及所涉法律关系，在案由体系中匹配具体的案由，进而提起诉讼。根据我国《民事案件案由规定》，我国已形成相对完善的四级案由体系，这对便利当事人提起民事诉讼及法院立案受理起着非常重要的作用。值得注意的是，民事案由不等同于民事诉讼条件，即使当事人在起诉时找不到相应的案由可以援用，法院也不能据此裁定不予受理。案由本身决定了其已具有实体法和程序法上的依据，考虑到在受理通知书、庭审程序、裁判文书中都需要明确案由，民事案由的缺失将为当事人提起相关诉讼以及法院受理、审理案件带来困难。专利滥诉作为一种相对新型的案件类型，确定专利滥诉相关案件所对应的具体案由，对当事人寻求相应的司法救济，法院审理基于专利滥诉所引起的纠纷具有重要的意义。

（一）损害赔偿之诉

这里的损害赔偿之诉也可称之为反赔之诉，主要为专利恶意诉讼的受害人提供相应的救济途径。我国《民事案件案由规定》规定了“因恶意提起知识产权诉讼损害责任纠纷”这一案由。对于专利恶意诉讼，实务中可采取两种操作模式来实现损害赔偿：一种是受害方在恶意诉讼者提起的诉讼中提出反诉，法官将两诉合并审理；另一种是受害方在恶意诉讼行为人提起的诉讼终结后另行提起

---

① 徐静村、刘荣军：《纠纷的解决与法》，载《现代法学》1999 年第 3 期。

② 侯海军：《试论起诉权行使的正当界限——也谈“禁止诉权滥用”原则在立案审查程序中的引入》，载《理论界》2008 年第 7 期。

一个单独的诉。① 但是，我国专利法、民事诉讼法对恶意提起知识产权诉讼的规定语焉不详，使得该案由缺乏相应的实体法和程序法基础，可操作性较差。如对专利恶意诉讼是否属于侵权行为、专利恶意诉讼的侵权构成要件等都缺少相应规定。

1. 专利恶意诉讼与侵权行为

由于恶意诉讼的欺骗性和隐蔽性以及民事诉讼构架本身的特征，要求法官通过主动调查取证进行辨别和认定十分困难。② 有学者认为，应将滥用起诉权明确作为法定的诉讼理由之一，允许受害者在对方发动恶意诉讼的同时向人民法院提起反诉。③ 如前文所述，英美法系国家一般将恶意诉讼行为视为一种类型化的侵权行为。我国在法律上虽没有明确规定恶意诉讼的侵权行为性质，但在司法实践中则倾向于将恶意诉讼视为侵权行为，并从“违法行为、存在过错、损害、因果关系”等几个方面来对专利恶意诉讼行为进行判定。如有学者认为专利恶意诉讼的构成要件主要包括主观过错、行使的诉权没有合法合理依据、损害事实、因果关系等几个方面，其中主观过错是最关键的因素。④ 专利权人提起专利侵权诉讼时，是否具有相应的权利基础，决定着专利权人行使诉权是否具有合法根据或合理理由的。专利恶意诉讼由于缺乏诉的利益，基于“问题专利”所提起诉讼的行为理应构成侵权行为，需要承担相应的反赔责任。然而，以“问题专利”提起专利侵权诉讼，并不必然意味着就构成专利恶意诉讼，是否构成专利恶意诉讼，关键在于“恶意”的认定。

---

① 李浩成：《知识产权恶意诉讼的防控机制研究》，载《烟台大学学报（哲学社会科学版）》2012 年第 3 期。

② 张海棠、徐晨平：《恶意诉讼及其程序规制》，载《上海政法学院学报（法治论丛）》2012 年第 5 期。

③ 张海滨：《滥用诉权及其法律规制研究》，载《厦门大学法律评论第 8 辑》，厦门大学出版社 2004 年版，第 416 页。

④ 王活涛、郑友德：《专利恶意诉讼及其法律应对》，载《知识产权》2009 年第 5 期。

2. 恶意的认定

专利恶意诉讼的构成要件之一便是“恶意”，而认定是否构成恶意一般从权利人是否明知其专利为“问题专利”为前提，如果权利人应知而不知其专利为“问题专利”，并以此提起诉讼，则构成过失，其不属于专利恶意诉讼的范畴。有学者总结了专利权人应当知道专利权存在重大瑕疵的具体情形，即“发明人或设计人在专利申请过程中故意隐瞒或不实陈述其知晓的某项现有技术；专利技术方案已被专利申请日前的相关技术标准所披露；专利权人将自己以前的发明或者已经无效的发明改头换面重新申请并获得专利。”① 然而，该种客观化标准主要运用于专利授权、确权程序之中。目前我国并没有建立专利司法确权机制，法院并不能对专利的有效性作出判断，在专利侵权诉讼中，如果涉案专利进入专利无效宣告程序，法院可能会中止诉讼，待专利复审委员会作出专利无效决定生效或经法院生效裁判维持后，当一方当事人提出损害赔偿反诉或另行提起损害赔偿诉讼时，法院再结合专利无效宣告的决定及其理由来判定专利权人是否构成专利恶意诉讼。换言之，为对专利人以“问题专利”提起专利侵权诉讼时的主观状态进行客观化评价，法院需要结合专利复审委员会作出专利无效宣告所依据的理由来加以综合判断。

一般而言，专利权人在以“问题专利”提起专利侵权诉讼时，是否存在恶意申请专利的情形，可作为其是否具有恶意的客观化判定标准。质言之，“恶意申请专利”的行为是认定专利权人在专利侵权诉讼中存在恶意的重要依据。专利恶意诉讼的行为逻辑为，“恶意申请专利→获得‘问题专利’→基于‘问题专利’提起专利侵权诉讼”。我国对实用新型专利、外观设计专利不进行实质性审查，从而为“问题专利”的产生提供了有隙可乘的空间。正如有学者所言，问题专利从形式上来看，主要在于，专利授权制度存在

---

① 朱理：《滥用问题专利的司法规制》，载《电子知识产权》2008 年第 11 期。

漏洞；实质上来看，是行为人滥用专利申请权，出于策略或其他考虑，故意将不具备专利授权条件的技术方案提出专利申请。① 一旦行为人恶意申请专利并获得“问题专利”后，便可能利用该“问题专利”发起诉讼，来获得不正当的利益。与之相对应，法院在判定其是否构成专利恶意诉讼时则要进行反推，其判定的具体过程可归纳为“权利人提起专利侵权诉讼→当事人提出专利无效宣告请求→专利复审委员会确认专利无效→当事提出损害赔偿之反诉或另行起诉→法院根据专利无效理由认定是否构成专利恶意诉讼”，其中，专利权人是否存在恶意申请专利等情形是认定专利恶意诉讼的关键依据。然而，专利权被确认无效后，并不能简单地认定行为人存在恶意申请专利的行为，因为专利被无效掉的原因除了将现有技术或设计进行实用新型或外观设计专利申请外，还包括专利申请不具有新颖性、创造性或实用性，专利的申请文件不清楚、不完整、不规范，与他人在先权利相冲突等事由。一般而言，如果某项“问题专利”由于将国家标准或行业标准纳入其中、与公知技术完全相同或实质相同等原因而导致专利被宣告无效，便可达到恶意的程度。值得注意的是，专利恶意诉讼之“恶意”的认定并不必然要结合专利复审委员会的无效宣告理由，有学者则认为，在专利技术内容复杂或者案件情况复杂的情形下，可通过全面的技术鉴定及提供充足证据来证明专利侵权滥诉行为者是否存在着恶意；但如专利技术内容以及案件情况较为简单时，法官根据简单的证据和常识，便足以判定专利侵权滥诉行为者是否存在恶意。②

综合来看，为更好的对专利恶意诉讼进行司法规制，亟须完善专利恶意诉讼反赔制度，除了明确“因恶意提起知识产权诉讼损害责任纠纷”这一案由外，一方面，应在专利法、民事诉讼法中

① 徐棣枫：《问题专利探析》，载《东南大学学报（哲学社会科学版）》2007 年第 4 期。

② 陶鑫良：《案例与问题探讨：专利侵权滥诉之反赔责任》，载《中国专利与商标》2008 年第 2 期。

明确专利滥诉的侵权行为性质，为专利恶意诉讼反赔责任的建立提供实体法依据；另一方面，在积累相关司法实践经验的基础上，通过司法解释的方式对专利恶意诉讼的构成要件予以阐明，为专利恶意诉讼的认定提供统一的裁判标准。

（二）确认不侵犯专利权之诉、不正当竞争之诉

“不当寄发专利侵权警告函”与专利滥诉有着较为紧密的联系，专利权人在发动专利侵权诉讼之前，往往会先向对方发送专利侵权警告函，意图达到以诉讼相威胁的效果。专利侵权警告函作为权利人在专利权受到侵犯后进行自力救济的一种重要方式，在专利维权及协商解决专利纠纷等方面具有一定的积极意义。正因如此，欧盟法院在“华为诉中兴”案所确定的“协商意愿原则”中，就标准必要专利权人是否履行“适时寄发警告函、发出要约”等程序作为判定其是否构成市场支配地位滥用的重要考量因素之一。通过建立确认不侵犯专利权之诉制度来约束不当寄发专利侵权警告函的行为，可充分发挥专利侵权警告函在协商解决专利纠纷方面的重要作用，进而为专利权人与专利实施人之间就专利许可问题的谈判提供有利的环境，防止专利滥诉现象的发生。

确认不侵犯专利权之诉主要指，当涉嫌侵权人遭受专利权人的警告或威胁而使其陷入不确定法律风险时，经被警告人或利害关系人书面催告权利人行使诉权，在合理期间内权利人既不撤回警告也不提起诉讼，被警告人或利害关系人主动提请法院确认不侵犯专利权的一种诉讼制度，确认不侵犯专利权之诉对防止专利权人滥用诉权具有重要的作用，我国《民事案件案由规定》也规定了“确认不侵害专利权纠纷”这一案由类型，《关于审理侵犯专利权纠纷案件应用法律若干问题的解释》对确认不侵犯专利权的起诉要件进行了规定，但对确认不侵犯专利权之诉的相关法律问题还有待相关司法解释或审判指导意见予以进一步阐释。

综合来看，确认不侵犯专利权诉讼在具体的司法实践中应注重以下几个方面的问题：第一，明确确认不侵犯专利权之诉的法律性

质。有学者认为，确认不侵犯专利权之诉属于否定或消极的确认之诉，① 依最高人民法院的相关批复意见，确认不侵犯知识产权之诉属于侵权诉讼的范畴，② 笔者认为，确认不侵犯专利权之诉本质上属于确认之诉，如法院经审理认为构成专利侵权时，并不会判决侵权成立，而会判决驳回原告诉讼请求。同时，在确认不侵犯专利权之诉时，如果原告认为被告（一般为专利权人）不当寄发专利侵权警告函或恶意诉讼的行为对其造成了损害，应允许原告另行提起损害赔偿诉讼，而不能在确认不侵犯专利权之诉中提起损害赔偿诉讼请求。同时，如被告不当寄发专利侵权警告函的行为构成了商业诋毁，受害人可基于《民事案件案由规定》中所确定的“商业诋毁纠纷”案由，提起不正当竞争之诉。如有学者认为，对于不当寄发专利侵权警告函的行为可通过不侵权确认之诉和反不正当竞争法来予以规制。③ 也即被警告人收到专利权人不当寄发的专利侵权警告函后，可在确认不侵犯专利权诉讼和不正当竞争诉讼之中选择其一。但在专利权人只向原告发送侵权警告函常见情形中，可能因未造成商誉损失而不能适用《反不正当竞争法》。故为消除原告是否侵权的不安状态，最佳选择是提起不侵权确认之诉。④ 第二，关于专利侵权之诉与确认不侵犯专利权之诉的关系处理，一般不允许涉嫌侵权人在侵权之诉（本诉）中提起确认不侵犯专利权之诉（反诉），而在确认不侵犯专利权之诉作为本诉的案件中，可允许

---

① 汤茂仁：《确认不侵权案的受理条件及相关法律问题研究》，载《法律适用》2006 年第 6 期。

② 在最高人民法院《关于本田技研工业株式会社与石家庄双环汽车股份有限公司、北京旭阳恒兴经贸有限公司专利纠纷案件指定管辖的通知》（（2004）民三他字第 4 号）的司法批复中，明确指出“确认不侵犯专利权诉讼属于侵权类纠纷”。参见，欧宏伟：《“知识产权确认不侵权纠纷”若干问题研究》，载《科技与法律》2008 年第 4 期。

③ 邢志：《雏议专利侵权警告函》，载《中华全国专利代理人协会年会暨第二届知识产权论坛论文集》2011 年，第 944 页。

④ 邓宏光、唐文：《论知识产权不侵权确认之诉》，载《法律适用》2006 年第 Z1 期。

被告（权利人）可提起侵权之诉，但考虑到侵权之诉对不侵犯专利权之诉的吸收关系，法院应终结不侵犯专利权之诉的审理，转而进入侵权之诉的审理。第三，确认不侵犯专利权之诉与专利行政管理部门行政处理的关系。专利侵权纠纷在经过专利行政管理部门的行政调处后，涉嫌侵权人不服行政决定向法院提起行政诉讼的同时，此时，法院不应受理涉嫌侵权人提起的确认不侵犯专利权之诉。在涉嫌侵权人在向专利行政管理部门申请行政调处的同时，又向法院提起确认不侵犯专利权之诉的，应秉持在先裁判优先的原则，在后裁判须以在先裁判的结果为依据，从而保证行政救济与司法救济两种救济方式的衔接配合。

（三）反垄断民事之诉

标准必要专利禁令救济极易引起限制或排除竞争的效果，从而可能受到反垄断法的规制。标准必要专利禁令滥用的核心因素是“禁令申请”，一方面禁令申请本身可能受到竞争执法机关的反垄断审查；另一方面，当标准必要专利禁令申请构成垄断行为时，标准实施者向法院提出反垄断诉讼时，需要法院对标准必要专利禁令救济是否存在滥用及对标准实施者所引致的损害作出认定。竞争执法和法院机关从不同侧面对禁令滥用加以规制，前者当属主动性规制，后者则属防御性规制。故在标准必要专利禁令滥用的司法规制中，既要明确专利滥诉构成垄断行为时提起反垄断民事诉讼的条件，又要厘清行政规制和司法规制这两条线的关系。

1. 完善基于专利滥诉构成垄断行为时提起反垄断民事诉讼的案件类型

我国《民事案件案由规定》确定了“垄断协议纠纷”“滥用市场支配地位纠纷“经营者集中纠纷”案由，同时，我国《反垄断法》及《垄断民事纠纷司法解释》等规定为当事人提起反垄断民事赔偿诉讼确立了法律依据。在专利滥诉中，标准必要专利禁令领域是反垄断民事诉讼的高发地带。如在华为（中国华为技术有限公司）诉 IDC（美国交互数字公司）一案中，华为在与 IDC 在进行许可费的谈判中，IDC 向美国法院提出禁令之诉，意图施加压力迫使华为接受不合理的许可条件。法院认为，其提出禁令的行为在性质上属于滥用市场支配地位，受反垄断法的约束，应承担实施垄断民事侵权行为的法律责任。① 然而，在法院受理该案件后，如何从现有案由中直接援引匹配的案由较为困难，因为双方就专利许可等事宜并未达成合意，故援引专利合同纠纷或者专利实施许可合同纠纷等案由并不妥适，在现有案由不能完整、科学确定诉争的法律关系性质的情形下，法院创造性提出了“标准必要专利使用费纠纷”这一案由。② 有学者认为，该案的请求权基础是“IDC 公司违反了 FRANGD 义务”，但我国法律并未明确规定“FRAND”原则，据此，本案案由很难被归类于第 136 类的技术合同纠纷及第 167 类滥用市场支配地位纠纷。③ 所以，司法机关应结合具体的司法实践不断完善反垄断民事诉讼的案件类型，明确标准必要专利禁令滥用案件的法律关系及性质，从而对标准必要专利禁令滥用行为加以有效的司法规制。

2. 反垄断民事诉讼与竞争执法的衔接

专利滥诉的反垄断法规制存在着行政执法与反垄断民事诉讼两种途径，如何实现行政程序与司法程序的衔接，离不开制度的保障。以当事人提起反垄断民事诉讼之时，反垄断执法机关是否已就该垄断行为作出审查决定为标准，反垄断民事诉讼可分为“单独诉讼”（直接提起的诉讼）和“跟进诉讼”（反垄断执法机构就该垄断行为作出审查决定后提起的诉讼）。对于“跟进诉讼”一般都可提起反垄断民事诉讼，对于“单独诉讼”，有学者认为，对未经反垄断行政执法程序认定的涉嫌垄断行为；竞争执法机构正在调查的涉嫌垄断行为；反垄断执法机构基于承诺制度等对涉嫌违法的经营者采取中止调查、免除或者减轻处罚措施的行为，都应允许当事

① （2013）粤高法民三终字第 306 号。

② “广东高院首次解读华为与美国 IDC 标准必要专利之争”，http：//www. chinanews. com/fz/2014/04-17/6077194. shtml，2016 年 11 月 3 日访问。

③ 罗娇、冯晓青：《标准必要专利使用费纠纷中“FRAND”义务的司法认定——“华为技术有限公司与 IDC 公司标准必要专利使用费纠纷上诉案”探析》，载《中国法律》2014 年第 5 期。

人提起反垄断民事诉讼。① 而有学者则认为，法院在受理反垄断民事诉讼案件后，应及时通报反垄断执法机构，反垄断执法机构经审查决定对涉嫌垄断行为进行立案调查后，法院应中止诉讼，待执法机构作出行政裁决或决定后再行恢复诉讼。② 具体到专利滥诉领域而言，专利滥诉的反垄断执法程序并非当事人提起反垄断民事诉讼的前置程序，当然，考虑到当事人在反垄断民事诉讼中可能遭遇举证难等问题，当事人也可待反垄断执法机关对专利滥诉行为审查完毕并作出调查结论后，依据该行政决定再提起反垄断民事诉讼。与此同时，考虑到反垄断案件的专业性、复杂性，在反垄断民事单独诉讼中，"反垄断执法机构可以专家证人的身份参与反垄断民事诉讼程序，就反垄断案件所涉及的专业性、技术性问题发表法律意见"。③

二、抗辩视角：赋予被诉侵权人专利滥诉抗辩权

对于抗辩与抗辩权的区别，学理上存在较大争议。一般而言，实体上的抗辩权以请求权的有效存在为前提，而抗辩不以原告权利之存在及有效为前提。④ 也即抗辩是以否认权利基础为前提的，而抗辩权是在承认对方请求权的基础上，通过抗辩权的行使来对抗、阻碍请求权的行使。正因为如此，实体法上最重要的一个问题，是要分清某种辩护手段应自动产生效力，还是仅仅依据被告的相关愿望才产生效力，⑤ 对于"抗辩事由"法官可主动援引，而对于

① 王先林：《论反垄断民事诉讼与行政执法的衔接与协调》，载《江西财经大学学报》2010 年第 3 期。

② 黄尧：《浅析反垄断民事诉讼中执法机关与司法机关的协调》，载《理论界》2012 年第 2 期。

③ 李棠洁：《反垄断民事诉讼与行政执法的衔接与协调》，载《湖北警官学院学报》2013 年第 4 期。

④ 杨立新、刘宗胜：《论抗辩与抗辩权》，载《河北法学》2004 年第 10 期。

⑤ ［德］梅迪库斯：《德国民法总论》，邵建东译，法律出版社 2001 年版，第 82 页。

“抗辩权事由”法官则不能主动援引。如果法律承担某项行为的合法性，一般不会对权利的行使行为附着抗辩或者抗辩权；反之，如果否定某项非法行为，则通过抗辩的模式使基于该权利而产生的请求权自始不得发生；如果某项行为的效力处于合法与非法之间，则可设置附有抗辩权的形式。① 例如，在现有的专利侵权抗辩体系中，专利权用尽抗辩、现有技术抗辩、先用权抗辩、禁止反悔抗辩等则属于抗辩权的范畴，而专利权无效抗辩则属于抗辩的范畴。由于专利懈怠行为、标准必要专利禁令滥用行为并未直接否定专利侵权诉讼合法性，故应允许被诉侵权人通过专利懈怠抗辩权、反垄断抗辩或强制许可抗辩权的行使来对抗专利权人的诉讼请求。

（一）专利侵权诉讼中的专利懈怠抗辩权

专利懈怠抗辩权主要针对专利懈怠行为而设立。对于专利懈怠行为而言，由于被诉侵权人虽已然构成侵权，但由于专利权人怠于行使权利的行为，使其产生了合理信赖，为交易安全、平衡专利权人与被诉侵权人利益之考量，在专利权人所发起的专利侵权诉讼中，应赋予被诉侵权人以专利懈怠抗辩权。值得注意是，如果被诉侵权人存在故意侵权的行为，则不享有专利懈怠抗辩权。如在美国司法实践中，就指出，“如果被控侵权人存在主观故意，就不能享有懈怠抗辩权”②。然而，我国并没有明确规定专利懈怠的判定标准。一般而言，专利懈怠抗辩成立的要件主要包括：（1）权利人在得知或应当得知侵权发生时，相当期间内以默示方式迟延或怠于行使权利；（2）被控侵权人对权利人的迟延行使权利的行为产生合理信赖，确信其不会再行使权利；（3）基于该种信赖产生了相应的信赖利益，被控侵权人已进行了扩大生产、投资等行为；（4）如在上述情形下，权利人再主张权利，将给被控侵权人造成实质损

① 柳经纬、尹腊梅：《民法上的抗辩与抗辩权》，载《厦门大学学报（哲学社会科学版）》2007 年第 2 期。

② 张晓都著：《专利侵权判定理论探讨与审判实践》，法律出版社 2008 年版，第 162 页。

害，违背诚实信用原则。从专利懈怠抗辩成立的要件中，不难发现，“默示方式”“相当期间”等认定影响着专利懈怠抗辩权的行使。

1. “默示方式”的认定

专利懈怠行为与专利默认许可之间虽然都存在着默示行为，但二者具有较大的差别，前者是在承认专利侵权的情形下，对专利权人的损害赔偿或停止侵权救济加以限制，其解决的是在专利侵权发生后怠于行使权利的问题；后者是在否定专利侵权的情形下，对专利权人拒绝许可的权利予以剥夺，其解决的是专利许可问题。专利默认许可主要指专利权人以非明确许可的默示行为，让专利使用人产生了允许其使用专利的合理信赖，进而使得专利许可事实上已然成立。在默示行为表现形式上，专利权人往往以某种积极的行为来表明其允许或不反对被诉侵权人使用其专利，只是专利权人的行为并没有明确地向被诉侵权人传递授予许可的意思表示。① 除此之外，行为人以不作为或者有特定意义的沉默间接表示其内在意思的沉默，也可能构成特定沉默，但只有在法律规定或者当事人有约定的情况下，这种特定沉默才构成默示。② 专利默示许可作为一种抗辩理由，一旦默示许可得以认定成立，在专利侵权诉讼中，专利权人与专利实施人之间关系将是一种契约关系，而非专利侵权关系。③ 在法律后果上，一旦专利默认许可抗辩成立，专利权使用人可能需要向专利权人支付相应的专利许可费，此时，由于专利使用人并未构成侵权，故专利权人并不能提出损害赔偿或停止侵权等权利主张。

与之不同的是，专利懈怠行为主要指权利人明知或者应知侵权行为的存在，为索取高额专利许可使用费，采取“放水养鱼”的

---

① 袁真富：《基于侵权抗辩之专利默示许可探究》，载《法学》2010 年第 12 期。

② 杨立新：《民法总论》，高等教育出版社 2007 年版，第 194 页。

③ 李文江：《我国专利默示许可制度探析——兼论〈专利法〉修订草案（送审稿）第 85 条》，载《知识产权》2015 年第 12 期。

策略，找准合适的时机再发动专利侵权诉讼。在专利懈怠抗辩制度中，客观上专利侵权行为已然存在，故并不存在专利许可成立与否之说，但专利默示许可对默示行为行为的认定对专利懈怠行为的分析具有一定的借鉴意义。一般而言，默示行为可分为积极行为和消极行为两种，积极行为如在专利实施人向专利权人发出或表明专利许可意愿或要约时，权利人保持沉默；消极行为主要指权利人以消极不作为的方式来表达其意思表示。如当发生较大规模的侵权时，仍未采取任何法律手段，置之不理。对于默示行为的认定，除了法定的默示行为外，对其他默示行为可依循习惯或常理等具体把握。

2. “得知或应当得知”的界定

如上所陈，怠于行使权利演化为权利懈怠，存在期限的界定问题，这个期限尤其是期间起点的计算可以诉讼时效的起点计算作为参考标准。根据我国《专利法》的规定，侵权专利权的诉讼时效为 3 年，诉权时效的起点以专利权人或者利害关系人得知或者应当得知侵权行为之日起计算。然而，如何查明原告的诉讼请求是否已过诉讼时效并非易事，因为这要求人民法院必须准确判断原告自何时起“得知或者应当得知”被告的侵权行为。①“得知或者应当得知”是一个主观性评价，从理论上来讲，只有权利人本人最为清楚自己权利行使时的主观状态，法院只能根据权利人的具体外在行为，以一个正常、理性人的标准，结合常识、惯例、当事人提供的相关证据等，对权利人当时的主观状态进行推断。笔者认为，在司法实践中，对“得知或者应当得知”的举证责任在原告和被告之间应作出合理分配，“得知”的判定需要结合“侵权产品的类型、侵权产品是否在市场上公开销售、专利实施人是否主动向专利权人表达专利许可谈判意愿”等因素综合判断，是否“得知”应主要由原告进行举证。“应当得知”则需要结合“侵权产品的生产或销售规模、侵权产品是否进行过展览、侵权产品与专利产品是否处于同一市场、侵权产品是否在公开媒体上进行过广告宣传、专利权人

① 廖志刚：《专利侵权诉讼时效研究》，载《现代法学》2007 年第 1 期。

与被控侵权人是否具有共同的商业往来”等因素加以判断，相关证据应主要由被告予以提供。此外，我国专利法中规定的“得知或者应当得知”的对象仅包括侵权行为，而不包括侵权人。有学者认为，根据我国民事诉讼法的规定，起诉应该“有明确的被告”，也即诉讼时效应该是从权利可以行使之日起计算。① 故在实践中，仅以专利权人得知或者应当得知侵权行为发生作为诉讼时效起点的话，就会存在权利人虽然知道侵权行为的发生，但不知道具体的侵权行为人，导致诉权无法行使，但诉讼时效却开始计算的情形，这对专利权人而言有失公平。即使如此，如果直接将诉讼时效起点的计算修正为“自权利人得知或者应当得知侵权行为和侵权人之日起计算”，将会使诉讼时效期间的计算更为复杂，在现实中操作也较为困难，故在目前的情形下，继续以专利权人得知或者应当得知侵权行为发生作为诉讼时效起点较为妥适。

专利懈怠抗辩在一般性专利侵权诉讼中适用范围十分有限，主要适用于持续性侵权行为。任何一项侵权行为都存在一个发生、发展、结束的过程。在专利侵权中，侵权行为的表现形式既可以是一个时间点，也可是一个反复的过程。② 最高人民法院的相关司法解释规定，对于持续性侵权行为（仍在继续的侵权行为），专利权人超过两年未起诉，如该专利权仍然有效，人民法院应当判决被告停止侵权行为，侵权损害赔偿数额应当自权利人向人民法院起诉之日起向前推算二年计算。可见，对持续性侵权行为诉讼时效的起算，我国在司法实践中并未将持续性侵权行为作为一个整体对待，而在持续性侵权行为可分的情形下，将每一次单独的侵权行为诉讼时效分别计算。然而，持续性专利侵权诉讼时效的计算较为繁琐、复杂。由于诉讼时效与权利懈怠的功能不同，权利懈怠重点关注的是权利人怠于行使权利的行为，专利懈怠所规定的期间类似于除斥期

① 张志坡：《专利持续性侵权的效果——时间对损害赔偿请求权的影响及其制度设计》，载《中国发明与专利》2009 年第 11 期。

② 梁群：《论专利侵权诉讼中的几个问题》，载《现代法学》1995 年第 1 期。

间，其不存在期间中止、中断等情形，故“得知或应当得知”的起点应以首次得知或者应当得知侵权行为之时开始计算。当然，权利人对持续性、反复性的侵权行为充耳不闻，可作为判定权利人怠于行使权利的重要参考因素。

3. “相当期间”的确定

权利人在较长时间内未行使权利并不必然构成权利懈怠，只有在相当期限内未行使权利且被控侵权人已对专利权人怠于行使权利的行为形成合理信赖，惟此方能构成权利懈怠。在法律后果上，一旦专利懈怠抗辩成立，即使存在专利侵权行为，由于专利权人怠于行使权利以及被控侵权人对该行为产生合理信赖，专利权人的损害赔偿或停止侵权等诉讼请求将可能受到限制。在美国，对专利懈怠抗辩的认定存在 6 年期限之假设，在我国专利法第三次修订草案中也曾试图规定 5 年专利停止侵权请求权的主张期限，之后无果而终。随着我国专利保护意识的不断增强，以及我国专利侵权赔偿数额的逐步提高，基于交易安全等考量，我国可适时在专利法中规定 5 年的专利损害赔偿和停止侵权请求权行使期限，从而为认定专利懈怠行为确定一个基本的期限标准。诉讼时效与专利懈怠期间的具体计算如图 2 所示。

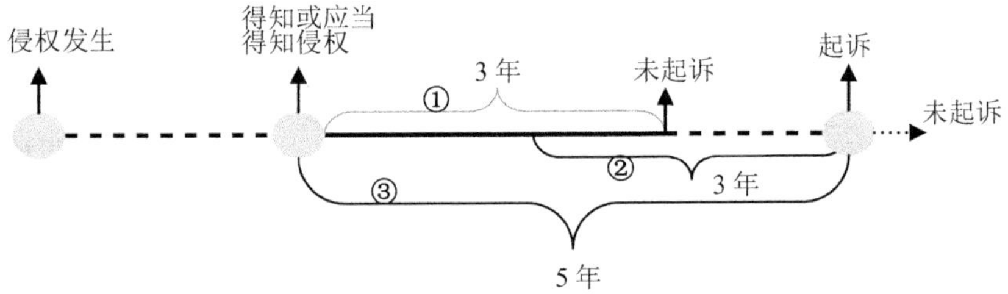

图 2　诉讼时效与专利懈怠期间的计算

在图 2 中，主要分为三种情形，其中①和②主要针对的是诉讼时效期间的计算，③主要针对的是专利懈怠期间的计算。其一，就情形①而言：其主要针对的是一般的专利侵权诉讼时效计算问题。专利侵权诉讼时效为 3 年，期间的计算起点从权利人得知或应当得知专利侵权行为之日起开始计算。一旦超过三年的诉讼时效，专利权人的损害赔偿请求将无法得到法院的支持，但专利权人的停止侵权请求，法院应当支持。其二，就情形②而言：其主要针对的是持续性专利侵权行为的诉讼时效期间计算问题。在存在持续性侵权的情形下，若专利权仍处于合法有效期，专利权人在得知或应当得知专利侵权行为之日起超过 3 年后才起诉的，专利侵权的损害赔偿数额自起诉之日起向前推算 3 年计算，但停止侵权请求仍然不受影响，法院应当支持。其三，就情形③而言：在 5 年的期限内的任何一个时间点，专利侵权仍在持续且专利处于有效期间内的，视情形适用①或②中的计算方法。但专利权人在得知或应当得知专利侵权行为之日起超过 5 年后才起诉的，即使专利侵权仍在持续且专利权处于有效期间内，专利权人的损害赔偿请求将无法获得支持。与此同时，专利权人虽然还可提出停止侵权请求，但被诉侵权人愿意就后期使用支付合理许可费的，法院也可不判决停止侵权。

4. “实质性损害”的确定

被控侵权人基于合理信赖所产生的信赖利益应得到法律的适度的保护。实质性损害可分为经济上的实质性损害和证据上的实质性损害。经济上的实质性损害主要包括，在权利懈怠期间，被控侵权人扩大了相关的生产、投资，并具有一定的销售、生产规模，如果专利权人停止侵权的权利主张得以支持，将可能对被控侵权人造成巨大的经济损失，乃至破产。值得注意的是，经济上的实质性损害不能从专利权侵权产品数量增加、损害赔偿额度提高等方面加以认定。证据上的实质性损害主要包括由于年代久远，存在证据遗失、证人证言搜集困难、相关记录灭失等问题等。

综合来看，专利懈怠抗辩制度的认定因素较为复杂，在我国民法和专利法对权利失效原则进行相关的规定的基础上，最高人民法院也可通过司法解释、案例指导制度等对专利懈怠行为的认定作出明确规定，为专利懈怠抗辩权的行使提供保障。

（二）标准必要专利禁令之诉中的反垄断抗辩权

标准必要专利权人可能以知识产权保护为由提起禁令之诉或者

侵权之诉，潜在被许可人或者侵权人则可以反垄断为由提起禁令抗辩。① 反垄断或强制许可抗辩权主要指在标准必要专利禁令之诉中，允许被控侵权人（标准必要专利实施者）提出反垄断或强制许可抗辩，一旦抗辩成立，法院将不会支持专利权人所提出颁发禁令（停止侵权）的诉讼请求。一般而言，需要法院对标准必要专利禁令申请行为是否构成滥用加以判定的，主要包括两种情形，一是标准必要专利权人向法院提出禁令请求，法院判断该标准必要专利禁令救济是否存在滥用，进而作出是否颁发禁令的决定。二是，当标准必要专利实施人认为专利权人寻求标准必要专利禁令的行为涉嫌垄断，向法院提出反垄断民事诉讼时，需要法院对标准必要专利禁令救济是否构成市场地位滥用作出判定。反垄断抗辩主要适用第一种情形。被诉侵权人的反垄断抗辩能否成立，需要法院结合FRAND 承诺、双方谈判情况（谈判意愿、许可条件）、竞争影响等因素加以综合判断。

1. FRAND 承诺的法律定性

“FRAND 条款”主要指公平、合理、无歧视原则，标准必要专利权人基于该条款作出的相关承诺称之为“FRAND 承诺”，标准必要专利权人基于 FRAND 承诺与标准实施人所达成的专利实施许可称之为“FRAND 许可”，其行为逻辑是“FRAND 条款→FRAND 承诺→FRAND 许可”。在实践中，判定标准必要专利禁令救济是否构成滥用，专利权人是否按照 FRAND 条款进行谈判协商，便是一个重要的考量因素。一般情况下，标准必要专利权人在专利权纳入某项标准时即使作出过 FRAND 承诺，也并未排除其寻求禁令救济的可能。从 FRAND 承诺本身来看，有学者认为，专利权人违反 FRAND 承诺可能构成缔约过失、不正当竞争行为、侵权行为、垄断行为、权利滥用等，总体来看，当事人既可援引《民法典》中诚实信用原则，由法院判决其相关专利权失效；也可援

① 王晓晔：《标准必要专利反垄断诉讼问题研究》，载《中国法学》2015 年第 6 期。

引《民法典》（合同编）、《反不正当竞争法》，请求专利权人赔偿损失。① 还有学者认为，标准必要专利权人在纳入某项标准之时所作出的 FRAND 承诺，不仅仅是专利权人与标准化组织之间的合同关系，还包括专利权人与标准必要专利实施者之间的默认许可关系。② 但即使在标准必要专利权人作出 FRAND 承诺的情形下，标准实施人并不能未经专利权人许可径直实施其专利，故将 FRAND 承诺视为默认许可也值得商榷。FRAND 承诺从本质上来说，是标准必要专利权人在某项专利技术纳入标准时，向不特定标准实施人就专利许可条件所作出的承诺。由于 FRAND 条款本身并未确定具体的专利许可条件和专利许可费率，基于 FRAND 条款作出相关承诺并不属于严格意义上的专利许可合同。除了学理上对 FRAND 承诺的法律性质颇具争议，在司法实践中，法院对标准必要专利权人作出 FRAND 承诺后，他人未经专利权人许可直接实施专利的行为，标准必要专利权人能否寻求禁令的态度并不明晰。总体上来看，专利权人作出 FRAND 承诺后并不影响其禁令申请。③ 考虑到

① 何怀文、陈如文：《技术标准制定参与人违反 FRAND 许可承诺的法律后果》，载《知识产权》2014 年第 10 期。

② 朱雪忠、李闯豪：《论默示许可原则对标准必要专利的规制》，载《科技进步与对策》2016 年第 23 期。

③ 2008 年最高人民法院《关于朝阳兴诺公司按照建设部颁发的行业标准〈复合载体夯扩桩设计规程〉设计、施工而实施标准中专利的行为是否构成侵犯专利权问题的函》（［2008］民三他字第 4 号）指出："……将专利纳入国家、行业或者地方标准的，视为专利权人许可他人在实施标准的同时实施该专利，他人的有关实施行为不属于专利法第十一条所规定的侵犯专利权的行为。专利权人可以要求实施人支付一定的使用费，但支付的数额应明显低于正常的许可使用费，专利权人承诺放弃专利使用费的，依其承诺处理。"在《张晶廷与衡水子牙河建筑工程有限公司等侵害发明专利权纠纷》（［2012］民提字第 125 号）判决书中指出："（2008）民三他字第 4 号复函是对个案的答复，不应作为裁判案件的直接依据予以援引。……实施该标准，应当取得专利权人的许可，根据公平合理无歧视的原则，支付许可费。在未经专利权人许可使用，拒绝支付许可费的情况下，原则上，专利侵权救济不应当受到限制。"

FRAND 条款具有强制缔约、附加一定法律义务的作用，笔者认为，不应静态、孤立地来定性 FRAND 承诺，FRAND 条款本质上是一种法律原则或法定义务，该条款内含着《专利法》《合同法》《反垄断法》等对标准必要专利权利行使的基本限制，在标准必要专利权人作出 FRAND 承诺后，其专利许可权便受到一定约束，一旦违反 FRAND 承诺，应依据具体的行为，结合法律规定来要求标准必要专利人承担相应的法律后果。

2. 违反 FRAND 承诺并提起禁令之诉——提起反垄断抗辩的重要条件

当标准必要专利实施者存在拖延谈判进程或迟延支付许可费等时，并不排除标准必要专利权人通过禁令之诉加以救济。只有在标准必要专利实施人发出有约束力和不可撤销的 FRAND 许可要约后，标准必要专利权人寻求禁令的行为才可能被认定为滥用行为。因为双方谈判存在争议时，寻求禁令并不是唯一手段，双方还可就 FRAND 许可要约相关争议事项交由合适的法院或仲裁机构裁决。① 可见，在标准必要专利权人违反 FRAND 承诺并寻求禁令的情形下，标准必要专利权人可构成市场支配地位滥用，被诉侵权人在禁令之诉中可提起反垄断抗辩。然而，标准必要专利救济是否构成滥用的判断较为复杂，需要考虑 FRAND 许可费率的计算、是否存在明示专利拒绝许可、不合理的许可费或许可条件（如搭售、不争执条款等）、提出禁令的时机及目的、通知义务的履行情况、相关市场的界定、双方谈判情况等诸多因素。

与德国在“橘皮书”案中所确定反垄断抗辩原则、欧盟在“华为诉中兴”案中所确立的“协商意愿原则”不同的是，我国虽在司法实践中也出现过如“华为诉美国 IDC 公司案”等标准必要禁令救济滥用反垄断诉讼案件，但总的来看还未形成成熟的标准必要专利禁令滥用判定规则。在未来的具体司法实践中，应对反垄断抗辩提起的条件作出明确规定。如在专利权人提起禁令之前，被诉

① 王斌：《关于标准必要专利禁令救济的思考》，载《电子知识产权》2014 年第 11 期。

侵权人并没有诚实谈判的意愿，故意采取迟延支付许可费等方式而致使双方无法达成专利实施许可，被诉侵权人无权提出抗辩。此时，被诉侵权人在标准必要专利许可谈判中是否具有善意或诚实的意愿，需结合商业惯例、交易习惯、对专利权人所提出要约的回应等综合判断；如在专利权人提起禁令之前，专利权人并没有和涉嫌侵权人或标准实施人开展充分有效的沟通，为寻求垄断性高价而寻求禁令等，则应允许被诉侵权人提出反垄断抗辩。

笔者认为，被诉侵权人能否在标准必要专利禁令之诉中提出反垄断抗辩与反垄断抗辩能否成立属于两个不同层面的问题，一般而言，应允许被诉侵权人在禁令之诉中提出反垄断抗辩，但反垄断抗辩是否成立，则需要法院围绕 FRAND 条款及双方谈判协商等情况，判断标准必要专利权人是否市场支配地位滥用，一旦构成垄断行为，法院将会对专利权人的禁令救济作出必要的限制。反之，法院将会支持专利权人的禁令请求，并参照 FRAND 许可费率要求被诉侵权人承担相应的损害赔偿额或专利使用许可费用。

三、审判视角：规范法院自由裁量权

在受害人、被诉侵权人相关请求权、抗辩权的行使中，法院在保障程序公正的基础上，还需通过认定事实、适用法律、裁判结论对专利滥诉案件作出相关判决，从而对专利滥诉进行有效的司法规制。

（一）实体性问题的处理

1. 灵活适用停止侵权与损害赔偿责任

在我国侵权责任体系中，损害赔偿和停止侵害之间的关系较为复杂，学理上较多从知识产权侵权责任归责、知识产权请求权等角度来探讨二者关系，而较少对停止侵权请求权适用限制进行探讨。在英美法系国家，权利受到侵害时主要包括普通法中的损害赔偿救济与衡平法中的禁令救济这两种相对独立的救济方式。在大陆法系国家，侵权责任采取的是“侵权——损害赔偿责任”的立法例，侵权责任等同于损害赔偿责任。而我国针对侵权责任采取的是

“侵权——民事责任”一元化的立法例，侵权责任除了损害赔偿责任外，还包括返还财产、停止侵害等其他民事责任。申言之，与大陆法系有关国家将侵权责任等同于损害赔偿责任不同，我国法律语境下的侵权责任除了损害赔偿责任外，还将大陆法系相关国家中基于物权请求权、人格权请求权或知识产权请求权所产生的民事责任也纳入到侵权责任体系中来。① 我国关于民事责任的承担方式既可单独适用或者也可合并适用。在专利侵权诉讼中，停止侵害、损害赔偿、消除影响等是专利侵权责任主要承担方式，将停止侵害纳入整个侵权责任体系将易形成适用停止侵权的偏好，催生了“停止侵害当然论”的形成。法院选择财产规则（禁令）抑或责任规则（损害赔偿）来解决侵权纠纷，还是二者同时采用，将对权利人和资源使用方产生不同的成本影响。②

停止侵权当然适用论在一定程度上催生了标准必要专利禁令滥用和专利懈怠行为。基于法律传统的影响，我国在停止侵害责任与其他侵权责任的适用方面，没有形成一定的位阶排序，或言，没有很好地考虑损害赔偿与停止侵害两种责任在适用上的递进关系。有学者认为“物上请求权”与侵权赔偿请求权是知识产权权利人寻求法律保护的两种不同救济手段，权利人既可选择其一，也可两种请求权并用。③ 近年来，美国、德国对权利人是否给予停止侵害（禁令）救济时，逐步趋向于较为谨慎的态度。也即在通过损害赔偿能够弥补权利人损失的情形下，并不会必然给予权利人以停止侵害（禁令）救济。停止侵害责任在专利侵权案件的具体适用，我国原《民法通则》第118条规定，在知识产权受到侵害时，权利

① 龚赛红：《关于侵权责任形式的解读——兼论绝对权请求权的立法模式》，载《法学杂志》2010年第4期。

② 陈武：《权利不确定性与知识产权停止侵害请求权之限制》，载《中外法学》2011年第2期。

③ 吴汉东：《试论知识产权的“物上请求权”与侵权赔偿请求权——兼论〈知识产权协议〉第45条规定之实质精神》，载《法商研究》2001年第5期。

人有权要求停止侵害，消除影响，赔偿损失等。而之后的《民法总则》《民法典》则并未就侵害知识产权的法律责任作出专门规定。反观《专利法》，其并没有对停止侵害的适用标准做出明确的规定。《专利法》第 60 条也只对管理专利工作的部门责令侵权人立即停止侵权行为的情形进行了规定。《最高人民法院关于当前经济形势下知识产权审判服务大局若干问题的意见》明确指出："如果停止有关行为会造成当事人之间的重大利益失衡，或者有悖社会公共利益，或者实际上无法执行，可以根据案件具体情况进行利益衡量，不判决停止行为，采取更充分的赔偿或者经济补偿等替代性措施了断纠纷。"可见，如果一味固守"停止侵权当然论"，将会强化专利滥诉行为发生的内在动因，也易造成当事人利益间的失衡。

所以，在前文所述的将停止侵权请求权附加一定期限的基础上，法院可根据具体的案件情形，谨慎适用停止侵权这一责任方式。如有学者认为，在认定被告构成专利侵权时，可以不支持原告停止侵权的诉求，而是要求侵权人支付专利许可费。①然而，在仅适用损害赔偿而不适用停止侵权责任时，如何确定专利赔偿金及后续使用的许可费离不开相应的制度安排。有学者认为，可在专利侵权案件中，应允许法院颁布专利实施强制许可令，侵权人可以在支付赔偿金后向国家知识产权局申请强制许可令，专利实施强制许可费则可以参照赔偿金执行。② 但由法院直接颁布专利实施强制许可令，有司法权干预行政权之嫌。可行的办法是，在专利侵权判决中，法院在要求被控侵权人向专利权支付一定赔偿金的同时，可以不判令停止侵权，但建议被控侵权人向相关行政机关申请强制许可。至于双方是通过谈判方式解决，还是通过强制许可方式、另行

① 张玲、金松：《美国专利侵权永久禁令制度及其启示》，载《知识产权》2012 年第 12 期。

② 鲁灿、詹锐：《从 eBay 案看美国专利保护趋势兼论我国专利"停止侵权"责任方式》，载《电子知识产权》2006 年第 9 期。

起诉方式，交由当事人依据实际情况自行选择。

2. 通过典型案例的发布统一专利滥诉的认定及裁判标准

根据最高人民法院《关于案例指导工作的规定》，指导性案例主要指裁判已经发生法律效力，认定事实清楚，适用法律正确，裁判说理充分，法律效果和社会效果良好，对审理类似案件具有普遍指导意义的案例。我国属于大陆法系国家，实行成文法主义，法官“造法”受到较大限制，先前判例对之后同类或类似案件并不具有约束力，由于法官在法律具体适用过程中具有较大的自由裁量权，加之社会生活的复杂多变性，在实践中易出现“同案不同判”的现象。指导性案例在附有裁判文书的基础上，对具体案件进行提炼，形成反映一定裁判规则的“裁判摘要”或“裁判要旨”，进而指导于审判实践。① 可见，建立和完善案例指导制度，通过以案释法，以已决的代表性案例对“待决案件”的裁判进行指导，在统一法律适用标准和法院裁判尺度之余，也可缓和相对稳定的法律制度与变动不居的社会现实之间的紧张关系，促进司法裁判的公平正义。对于专利滥诉的司法规制而言，在案件类型上涉及反垄断民事诉讼、不正当竞争诉讼、损害赔偿诉讼、确认不侵犯专利权诉讼，在规制对象上，涵盖但又不限于“专利蟑螂”滥诉行为、专利恶意诉讼、标准必要专利禁令诉讼、专利懈怠行为等行为样态。除了通过证据交换制度、诉讼风险提示制度、程序惩戒制度、诚信诉讼宣誓制度、撤诉审查制度、诉讼费用负担转移规则等进行专利滥诉的程序规制外，应针对不同的专利滥诉行为样态及对应的案件类型，通过案例指导制度，提炼出代表性案例的判决要旨，凝练出抽象规则，从而指导待决案件，做到相似案件相似处理。

第一，标准必要专利禁令滥用类案件。如前所述，在标准必要专利禁令滥用案件中，法院是否颁发禁令涉及诸多疑难性的法律问题。如 FRAND 承诺性质的认定、违反 FRAND 承诺与市场支配地

① 毛立新：《论我国案例指导制度的建立》，载《北京警察学院学报》2009 年第 5 期。

位滥用的关系、FRAND 许可费率的计算、通知义务的履行情况分析、相关市场的界定等法律问题明晰，然而，上述问题在具体的司法实践中还没形成统一的判断标准，法律适用较为困难，为此，纵观其他国家，美国联邦最高法院在 eBay 案确立了永久禁令颁发“四要素检验标准”，德国联邦最高法院在“橘皮书”案中确立了禁令颁发的“反垄断抗辩原则”、欧盟委员会在“华为诉中兴”案中确立了禁令颁发的协商意愿原则等。就我国而言，标准必要专利禁令滥用案件作为一种新型的案件类型，对标准必要专利禁令滥用案件尚未形成统一的法律适用标准与方法。在涉及标准必要专利的诉讼逐渐增多的趋势下，我国应通过案例指导制度，依据典型案例，凝练出判决要旨，为标准必要专利禁令诉讼案件中法律的具体适用提供参考、遵循。如“华为诉美国 IDC”案作为我国标准必要专利诉讼第一案，在全球首先适用 FRAND 原则来直接确定许可费率，并阐释了“FRAND”义务、FRAND 原则的适用以及许可费率的确定因素及计算方法，为今后类似案件的审理提供了重要的参考。未来最高院可对此类代表性案例进行归纳、凝练，并及时发布，为审理类似案件提供指导。同时，待时机成熟后，还可将指导性案例上升为司法解释。如 2016 年，针对标准必要专利诉讼中所面临的具体难题，经过司法经验的积累，最高人民法院《关于审理侵犯专利权纠纷案件应用法律若干问题的解释》第 24 条就对标准必要专利诉讼中的相关民事责任、实施许可条件所需考量因素等进行了规定。

第二，专利懈怠类案件。美国在具体的司法判例中确立了“专利懈怠抗辩原则”“禁止反悔原则”，德国也通过判例的形式确立了“权利失效”原则，对专利懈怠行为的构成要件、法律责任进行了明确规定。依据专利法的规定，侵犯专利权的诉讼时效为 3 年。而相关的司法解释，对于持续性的专利侵权行为，如果专利权人超过两年未起诉的，停止侵权救济并不受时效限制，而侵权损害赔偿数额则自起诉之日起向前推算二年进行计算。在专利法第三次修改草案征求意见稿中，曾对停止侵害的救济进行了限制①，但在其后《专利法》正式文本中，删除了此条，在 2015 年《专利法》第 4 次修改草案中，也未停止侵害救济的限制作出规定。当前，我国法律及相关司法解释对专利懈怠行为的构成要件、法律责任等规定还比较模糊，法院可结合涉及专利懈怠行为的相关案例，对怠于行使权利的期间、被控侵权人基于权利行使的迟延所产生的合理信赖、被控侵权人所造成的实质性损害等问题进行具体的阐释，通过案例加以明确，为专利懈怠行为案件的审理提供参考。

第三，专利恶意诉讼类案件。我国在实体法中并没有将恶意诉讼明确为侵权行为，司法实践中对专利恶意诉讼的概念、认定标准、责任承担等尚不明确。在最高人民法院公布的指导性案例中，也有涉及恶意诉讼的相关案例。同时，在具体的司法实践中，也出现了诸如“袁利中诉扬中市通发气动阀门执行器厂等专利侵权纠纷案”“北京明日电器设备有限责任公司与被告维纳尔（北京）电气系统有限公司专利纠纷案”等案例。所以，在专利恶意诉讼缺乏实体法明确规定的情形下，通过指导性案例的发布，对专利恶意诉讼案件中所涉案件事实认定的复杂性及法律适用的疑难性、新型性等问题予以阐释，有效弥补专利恶意诉讼规制方面实体法制度的不足。

第四，“专利蟑螂”滥诉类案件。当前，我国对专利经营实体尚处于积极引导的阶段，所以，在一段时间内，我国并不会对“专利蟑螂”滥诉行为的规制给予较大的关注。指导性案例的形成需要一个积淀与成熟的过程，越是疑难复杂的案件、新类型案件、

---

① 《中华人民共和国专利法修订草案》（征求意见稿）（2006 年）第 A13 条规定：“侵权行为自专利权人或者利害关系人得知或者应当得知之日起已持续进行超过 5 年，专利权人或者利害关系人无正当理由未主张权利的，如果侵权人愿意按照双方协商一致的或者依据人民法院裁定的数额支付相应的使用费，可以不停止实施该专利的行为。”参见 http：//www. mofcom. gov. cn/aarticle/b/g/200609/20060903134764. html，2016 年 10 月 20 日访问。

社会关注度高的案件，越不能操之过急。① 即使如此，为防患于未然，也要对“专利蟑螂”滥诉现象保持一定的关注，一旦出现“专利蟑螂”滥诉的典型性案件，也要善于通过指导性案例的形式，及时对“专利蟑螂”滥诉行为规制的相关法律适用及行为认定问题加以阐释，防止“专利蟑螂”现象在我国的蔓延滋生。

综合来看，案例指导制度在统一法律适用、规范法官自由裁量权、克服法律滞后性等方面具有一定的积极意义。专利滥诉作为经济技术的不断发展以及市场激烈竞争的新型产物，专利滥诉行为样态层出不穷，仅依靠法律的修改来对专利滥诉进行规制，将面临较大的立法压力。案例指导制度以其灵活性，能够及时适应不断演化的专利滥诉现象，弥补成文法在规制专利滥诉方面的不足。有学者认为，在案例指导制度的不断完善发展中，可将指导性案例分为三种类型，一是作为个案批复的案例，即将判决书附在个案批复之后，其自身并无效力；二是作为新类型司法解释的案例，具有法律效力；三是作为《人民法院公报》现行发布的案例，仅具参考价值，无拘束力。② 就案例指导制度在规制专利滥诉方面的作用而言，今后可进一步加强指导性案例的遴选，丰富案件类型，明确案例的适用效力，通过案例的不断积累，构筑涉及专利滥诉司法规制的指导性案例群，明确专利滥诉案件法律适用过程中所应遵循的框架、步骤和规则，实现产业政策与竞争政策、专利权人与其他相关主体之间的利益平衡。与此同时，待条件成熟时，还可将指导性案例中所蕴含的审判方法和智慧体现于相关立法之中。

（二）程序性问题的处理

1. 专利侵权诉讼的撤诉异议与撤诉审查

在诉讼过程中，原告基于趋利避害的心理，在某些情况下会向

① 吴英姿：《谨防案例指导制度可能的“瓶颈”》，载《法学》2011年第9期。

② 李仕春：《案例指导制度的另一条思路——司法能动主义在中国的有限适用》，载《法学》2009年第6期。

法院申请撤诉，以期终结诉讼。撤诉作为当事人行使处分权的表现形式，法律在保障当事人申请撤诉权利的同时，也对该权利的行使进行了必要限制。我国《民事诉讼法》赋予了原告申请撤诉的权利，但是否准许撤诉，由法院根据实际情况加以确定。① 以此观之，法院对当事人的撤诉申请具有审查的权力。除此之外，为防止被告在撤诉中的被动地位，我国还应建立撤诉异议制度，赋予被告对原告撤诉的异议权，也即当原告申请撤诉时，如被告允许，法院经过审查后裁定是否准许撤诉；如被告不允许，并提出相关证据和理由，法院经过审查后决定是否准许撤诉。诚然，在专利侵权诉讼中，撤诉可能具有多方面的原因，需要法院根据具体案情判断是否准许撤诉。如原告在专利侵权诉讼中，采取“打得赢就打，打不赢就跑”的诉讼策略，一旦专利经过无效宣告程序被宣告无效后，原告发现胜诉无望，其不正当诉讼目的已然不能实现，在法院恢复诉讼后遂向法院申请撤诉；又如专利权人为获取高额的专利许可费，以诉讼（禁令申请）为威胁，一旦被许可一方受此要挟，被迫达成双方许可协议，然后以达成和解协议为由，向法院申请撤诉；还如原告以诉讼为工具，通过诉讼影响或贬低竞争对手商誉，削弱竞争对手市场影响力，一旦目的达成，便申请撤诉等。如有学者认为，有的专利权人为实现不正当竞争的目的，向相关当事人提起专利侵权诉讼后，不再向法庭举证也不参加庭审，使案件最终按照撤诉处理，而通过利用立案至庭审期间，对外宣传被告被控侵权，影响被告的生产经营。② 更为重要的是，根据我国《民事诉讼法》第124条第（五）项之规定，对人民法院准许撤诉的裁定，

---

① 《民事诉讼法》第145条规定：“宣判前，原告申请撤诉的，是否准许，由人民法院裁定。”《最高人民法院关于适用〈中华人民共和国民事诉讼法〉的解释》第238条规定：“当事人申请撤诉或者依法可以按撤诉处理的案件，如果当事人有违反法律的行为需要依法处理的，人民法院可以不准许撤诉或者不按撤诉处理。”

② 张晓津：《知识产权司法资源滥用的防控机制》，载《法律适用》2008年第7期。

当事人还可再行提起诉讼，不仅使原有的专利滥诉行为没有得到及时解决，也为专利滥诉的反复发生埋下了伏笔。

对于上述情形，法院在何种情况下准许撤诉，何种情况下不准许撤诉，民事诉讼法并未明确统一的衡量标准，在追求撤诉率的影响下，使得撤诉的审查标准相对宽松，撤诉的裁定形式也相对随意（口头准许撤诉裁定），在实践中也容易产生政策偏差，这不仅留下当事人撤诉后再行起诉的隐患，而且使滥诉行为人利用制度漏洞逃避处罚。对此，可建立撤诉异议制度，明确具体的撤诉审查标准，即根据被告陈述意见和提供的证据，可证明构成专利滥诉的，应对原告的撤诉申请不予准许，随后可判决驳回其诉讼请求，判令由其承担相关诉讼费用，并视情节轻重给予当事人以训诫、罚款、拘留等惩戒措施。同时，如专利滥诉行为使他人遭受经济损失的，法院还可建议受害人提起民事损害赔偿诉讼；专利滥诉行为涉嫌垄断行为的，可及时通知竞争执法机关，并可建议当事人提起反垄断民事诉讼。如有学者认为，对明显的违法垄断行为，即使原告以和解或撤诉的形式终结诉讼程序，为了促进反垄断法的公益目的的实现，法院也可通过司法建议的形式，向反垄断行政执法机关提出启动反垄断审查的建议。①

2. 加大对专利滥诉的程序制裁力度

行为人滥用诉权不仅不能从行使权利的行为中获得程序上的利益，还应当遭承担程序上的不利益乃至法律责任。② 虽然，滥用诉讼权利所受到的程序性制裁是间接的，因为在对其制裁时，仅仅考虑的是违反程序法规定，而非行为本身具有滥用权利的特征。③ 但

① 李志刚、徐式媛：《反垄断法上的民事赔偿责任》，载《人民司法（应用）》2011 年第 7 期。

② 刘静、沈磊：《规制民事诉权滥用的程序法视角》，载《湖南大学学报（社会科学版）》2011 年第 3 期。

③ ［意］米歇尔·塔鲁佛，刘敏、陈爱武译，《诉讼权利的滥用：程序正义的比较标准》，载《金陵法律评论（2007 年春季卷）》，法律出版社 2007 年版，第 146 页。

是，通过不予立案、裁定不予受理、判决其承担案件相关诉讼费用等程序性制裁，可在一定程度上减轻专利滥诉所带来的实体性权益损害。与此同时，对一些专利恶意诉讼行为可纳入妨碍民事诉讼范畴之中，在诉讼过程中综合运用警告、罚款等民事制裁措施，对防止专利滥诉也能起到很好的震慑作用。如果法院在审理过程中发现当事人存在专利恶意提起诉讼，经法院释明后仍不申请撤诉或者多次滥用民事诉权的，则可以对民事诉权滥用者进行司法拘留。① 法国《民事诉讼法》规定："以滥诉方式进行诉讼者，得科处最高3000欧元的民事罚款。"② 我国《民事诉讼法》对妨碍民事诉讼的罚款数额，个人可达10万元，单位可达100万元。此外，对一些严重的专利恶意诉讼行为，构成犯罪的，追究行为人的刑事责任。虽然，程序性制裁往往有严格的适用条件，对专利滥诉的规制只能起到辅助性的作用，但也不能忽视程序性制裁和强制措施的功用，所以，应逐步完善这些制裁措施的适用条件、情形等，有效防止专利滥诉行为。

3. 诉讼费用承担转移规则

诉讼费用负担主要指诉讼终结时，已预交或支出的诉讼费用最终应由谁负担及如何负担。③ 根据《人民法院诉讼收费办法》《诉讼费用交纳办法》等规定，我国对诉讼费用的分担原则上由败诉方负担，但由于一方当事人不当诉讼行为而产生的支出费用则由该当事人负担④。有学者认为，一审案件诉讼费用的负担方式主要包

---

① 王晓、任文松：《民事诉权滥用的法律规制》，载《现代法学》2015年第5期。

② 罗结珍译：《法国新民事诉讼法典（附判例解释）》（上），法律出版社2008年版，第81页。

③ 廖永安：《诉讼费用研究——以当事人诉权保护为分析视角》，中国政法大学出版社2006年版，第274页。

④ 《人民法院诉讼收费办法》第19条第1款规定，案件受理费由败诉的当事人负担，双方都有责任的由双方分担。第25条规定："由于当事人不正当的诉讼行为所支出的费用，由该当事人负担。"

括败诉人负担、按比例负担、法院决定负担、原告负担、协商负担、当事人自行负担等。① 如涉及撤诉和驳回起诉的案件，诉讼费用由原告承担。实践中，如法院即使认定了某一诉讼行为构成滥用，也仅能对无辜被告者做出胜诉的肯定性评价，而对于其身陷诉讼后为证明清白而四处奔波、调查取证、聘请律师等产生的成本，并不能获得有效的赔偿。② 具体到专利滥诉而言，依据当前相关制度规定，如专利权人存在滥诉行为并给被告或他人造成损失时，被告可向法院要求原告承担的费用主要包括案件受理费和部分其他费用。2016年，最高人民法院《关于进一步推进案件繁简分流优化司法资源配置的若干意见》明确提出要充分利用诉讼费用、律师费用等利益杠杆来调整当事人的诉讼行为，若当事人存在滥用诉讼权利并给对方或他人造成损失等情形，对无过错方依法提出的赔偿合理律师费用等要求，法院应予以支持，从而为滥用诉讼权利一方承担相应的律师费提供了依据。

综合来看，我国涉及诉讼费用负担转移制度方面不尽完善，为更好发挥诉讼费用在防止（专利）滥诉方面的作用，还需从以下几个方面加以完善：第一，鉴于诉讼费用问题在本质上属于诉讼制度范畴，应考虑在法律层面而非当前的行政法规层面或最高人民法院出台相关规定来制定诉讼费用规则，也即将民事诉讼费用问题在民事诉讼法中进行专门规定，并在此基础上，就涉及专利滥诉诉讼费用转移等法律适用问题出台相关司法解释。第二，针对专利滥诉案件，应扩大诉讼费用负担转移的范围。现有制度对诉讼费用主要由案件受理费、其他诉讼费用③构成，诉讼费用负担的转移主要局

① 廖永安、王春：《论我国民事诉讼费用负担的立法缺陷与完善》，载《湘潭大学社会科学学报》2003年第3期。

② 王方：《关于保护舆论监督的法律探讨——建立滥用诉权损害赔偿责任制度》，载《西南政法大学学报》2001年第5期。

③ 依据《诉讼费用交纳办法》第6条对诉讼费用的界定，诉讼费用主要包括案件受理费、申请费、证人、鉴定人、翻译人员、理算人员在人民法院指定日期出庭发生的交通费、住宿费、生活费和误工补贴。

限于案件受理费、因一方当事人的不当诉讼而产生的支出费用、部分合理的律师费等，而对于鉴定 、翻译、勘验等费用则采取“谁主张、谁负担”的原则，对此所产生的费用似乎不在诉讼费用负担转移的范围之内。有学者认为，此时的“负担”是否可理解为“预交”，学理和实践中都存在较大分歧，① 若理解为“预交”便可将其纳入诉讼费用负担转移范围之内。民事诉讼成本主要包括国家负担的“审理成本”和当事人负担的“诉讼成本”。② 从我国现有关于诉讼费用的规则来看，其主要调整当事人与法院之间就诉讼费用问题所产生的关系。有学者认为，我国将私人成本完全排除在诉讼费用范畴之外的做法并不科学，诉讼费用不仅应包括法院的审判费用，还包括合理的当事人费用，③ 也即包括案件受理费和应当由当事人负担的实际开支。④ 在诉讼费用范围的扩张的同时，诉讼费用负担转移的范围也应随之延伸。诚然，在我国诸如案件受理费下调的趋势下，仅对诸如案件受理费、申请费等负担进行转移，并不能有效惩处专利滥诉行为。由于专利纠纷案件具有较强的技术性特征，取证费、律师费往往在整个诉讼费用中占有较大的比重，所以，为更加有效的规制专利滥诉行为，应将诉讼费用负担转移的范围扩展至案件受理费、其他诉讼费用、律师费以及鉴定 、翻译、勘验等费用。第三，考虑到受害方针对诸如专利滥诉等诉权滥用行为，可另行提起损害赔偿诉讼或反诉等，所以，对前诉中已交纳的诉讼费用应在后诉中予以返还。正如有学者认为，在受害方提起诉权滥用侵权之诉胜诉以后，在判决中除了要加害人承担相应的侵权

① 邓志伟、肖芳：《论民事诉讼费用负担原则的完善——以诉讼费用裁判差异为分析视角》，载《法律适用》2012 年第 7 期。

② ［日］棚濑孝雄：《纠纷的解决与审判制度》，王亚新译，中国政法大学出版社 1994 版，第 283~296 页。

③ 廖永安：《民事诉讼费用：构成及影响因素》，载《南京大学法律评论》2002 年第 2 期。

④ 伍艳芬：《试论我国民事诉讼费用制度的改革与完善》，载《广西政法管理干部学院学报》2004 年第 5 期。

责任之外，还要解决受害人诉讼费用的返还问题。① 通过诉讼费用负担转移范围的扩张及诉讼费用的返还，增加专利滥诉行为的违法成本，通过发挥诉讼费用的杠杠作用对专利滥诉行为形成一定震慑。

值得注意的是，除了上述的程序性问题的处理以外，法院还须针对审前阶段、庭审阶段、裁判结案等不同诉讼环节采取相应的专利滥诉规制措施，如诉讼风险提示制度、证据交换制度、诚实诉讼宣誓制度等进行完善等，进而构建严密的专利滥诉程序防控体系。

第四节　小结：专利滥诉一体化规制体系的逻辑梳理

专利滥诉的法律规制涉及制度建设、政府管控、司法实践等不同层面的法律问题。通过建构专利滥诉立法规制、行政规制、司法规制三位综合的规制体系，确保规制对象分门别类、规制方式梯次递进、法律责任轻重有别、救济手段多元互补，实现专利滥诉的综合性规制与个别性规制、直接性规制与间接性规制、实体性规制与程序性规制相统一。

一、规制对象分门别类

第一，明确专利滥诉事后规制的范围。以是否具有诉的利益为标准，专利滥诉可划分为“非善意有理由之诉”和“非善意的无理由之诉”。其中，专利恶意诉讼基于“问题专利”提起诉讼，可能缺乏诉的利益，属于“非善意的无理由之诉”；“专利蟑螂”滥诉行为、标准必要专利禁令滥用、专利懈怠虽具有诉的利益，所提起的专利侵权诉讼虽形式上符合程序法律，但实质上违背诉讼目的，违反诚实信用基本原则，僭越了法律的界限，侵犯了他人合法权益，故属于“非善意的有理由之诉”。在此基础上，剖析专利滥

① 高金强：《论民事诉权的滥用和规制》，载《南阳理工学院学报》2016年第5期。

诉可能构成侵权行为、不正当竞争行为、垄断行为、权利滥用、妨碍诉讼行为等情形，从而确立了专利滥诉规制的基本对象和范围。第二，明确专利滥诉事先规制的范围。不同的专利滥诉类型必须拥有以拥有专利权为前提，而专利权自身所处于的风险状态，使得其在提起诉讼之前需尽合理、谨慎的注意义务。如“问题专利”具有权利稳定风险，“标准专利”具有市场垄断风险，“受侵专利”具有交易安全风险、“聚合专利”具有恃强凌弱风险，从而分别为“专利蟑螂”滥诉行为、专利恶意诉讼、标准必要专利禁令滥用、专利懈怠行为的发生埋下了隐患，故要加强对专利的申请、纳入标准、转让、许可等管控手段，进行规制前移，对专利权人不当申请行为、违反 FRAND 原则的行为、专利不当集中行为等进行规制，在源头上防控专利滥诉行为。

二、规制方式梯次递进

不同专利滥诉行为的产生机理和违法性质具有一定差异，对此，其规制重点也不尽相同。专利恶意诉讼的诉讼动机主要是侥幸利用“问题专利”攫取不当利益，抑制竞争对手；“专利蟑螂”的诉讼动机在于利用聚合专利的优势发起诉讼，获取可观的专利损害赔偿金；标准必要专利禁令滥用的动机在于，利用标准必要专利技术优势，以禁令之诉相威胁，迫使标准实施者与其达成不合理、过高的专利许可条件，或将竞争对手的产品排除在目标市场之外；专利懈怠行为的动机在于，通过放水养鱼、欲擒故纵，待对方侵权达成一定规模时，可以获得更多的损害赔偿或竞争利益。由此，对不同的专利滥诉类型应采取差异化的规制措施。第一，在立法规制层面，针对不同专利滥诉样态，考虑到专利滥诉的规制缺乏相应的制度依据等，依据不同专利滥诉类型分别确定了相应的立法规制重点；第二，在行政规制层面，以规制工具及其运用为中心，针对专利权及其行使所处于的风险状态，分别采取相应的防范策略。同时，鉴于标准必要专利禁令滥用、“专利蟑螂”滥诉行为可能构成市场支配地位滥用、经营者非法集中，通过反垄断执法机构的直接介入对涉嫌垄断行为进行反垄断审查；司法规制层面，提出了通过损害赔偿之诉、确认不侵犯专利权之诉、反垄断民事之诉等制度的完善，赋予专利滥诉受害人相应的救济途径，并赋予被诉侵权人以专利懈怠抗辩权、反垄断抗辩权对专利权人的诉讼请求进行对抗。同时，通过规范法院自由裁量权的行使，对专利滥诉司法规制中的实体性和程序性问题进行科学处理。如考虑到不同的专利滥诉类型在司法裁量上所需考量因素的复杂性以及诉讼案件类型的新型性，最高人民法院可通过案例指导，及时公布涉及专利滥诉案件的典型性、代表性案例，建立专利滥诉指导性案例群，统一专利滥诉案件审理的裁量尺度，确保专利滥诉得以有效的司法规制。

三、法律责任轻重有别

基于不同专利滥诉类型的违法程度不同，所设置的法律责任也应有所差异。其一，鉴于在所有的专利滥诉类型中，只有专利恶意诉讼缺乏“诉的利益”，而其他三种类型的专利滥诉形态都是专利权人在专利实施者构成侵权的情形下才提起的诉讼，故专利权人应对其恶意诉讼行为承担相应的反赔责任，而其他三种滥诉类型则较少考虑民事上反赔责任问题。其二，专利懈怠行为之所以构成滥诉，关键是在于其发现他人构成侵权后，怠于行使权利。由于专利懈怠人的主要目的在于“以时间换空间”，此时需通过权利失效制度对其损害赔偿请求权、停止侵害请求权加以限制，在个案中对专利权的权能减损至一定状态即可。其三，对于“专利蟑螂”滥诉行为、标准必要专利禁令滥用而言，虽然其提起的专利侵权诉讼本身符合程序法律规定，但由于可能构成市场支配地位滥用或经营者非法集中，故可能受到反垄断执法机关的审查或引起反垄断民事诉讼。其四，鉴于专利滥诉主要依附于专利侵权诉讼，且形式上可能符合程序法律规定，所以，法院可通过自由裁量权的行使来对专利滥诉加以规制。在程序性问题的处理上，可通过完善撤诉异议审查制度，及时识别、制裁专利滥诉行为。譬如根据我国《民事诉讼法》及相关司法解释的规定，原告撤诉后，当事人可以同一理由再次起诉，为防止被告反复遭受专利权人诉讼侵扰，法院应根据具体案情综合裁量是否准许撤诉。此外，基于专利恶意诉讼缺乏合法基础，违法性质较重，法院可综合运用不予立案、裁定不予受理以及警告、罚款程序性制裁措施等。又如，考虑到专利滥诉大都存在诉讼侵扰的行为，故在诉讼费用的承担上，可酌情判定由原告承担的相关的诉讼费用。在实体性问题的处理上，注重损害赔偿与停止侵权的替代适用，谨慎适用专利停止侵权责任，从源头上防止标准必要专利禁令滥用、专利懈怠的发生等。

四、救济手段多元互补

确定不同专利滥诉类型的法律责任后，还需对不同法律责任的实现方式作出相应的制度安排。针对专利滥诉行为，除了通过行政机关竞争执法权的介入、法院自由裁量权的行使对其加以规制外，还赋予被诉侵权人以抗辩权、受害方以请求权，确保被诉侵权人或受害人在利益受到损害时，有可供选择的救济途径。其一，对于专利侵权诉讼中的抗辩权，包括专利懈怠抗辩权和反垄断抗辩权，分别适用于专利懈怠行为、标准必要专利滥用等专利滥诉类型。其二，请求权方面，专利恶意诉讼受害人可通过反赔之诉、确认不侵犯专利权之诉加以救济。对“专利蟑螂”滥诉行为、标准必要专利禁令滥用所引发的反垄断民事责任，当事人可通过提起反垄断民事诉讼追究专利权人的法律责任。

结　　语

知识经济和经济全球化时代的到来，以专利权为代表的知识产权在市场竞争中发挥着日益重要的作用。竞争是把“双刃剑”，在激活市场活力、实现资源优化配置的同时，也带来市场秩序破坏、损害社会公共利益等弊端。专利权作为一种私权，一种财产权，勾连于创新与市场之间，既可作为激励工具推动技术创新，又可作为竞争工具参与市场竞争。“为天才之火浇上利益之油”乃对专利制度的精辟总结和精当褒扬，然而，当“利益之油”过度地扑向“市场火海”之中时，犹如打开“潘多拉盒子”，专利搭售、不争执条款、差异化许可、回馈授权以及专利许可中的数量限制、销售区域限制、价格限制、专利联营等专利的实体性权利滥用行为层见叠出，与此同时，诸如“专利蟑螂”滥诉、专利恶意诉讼、标准必要专利禁令滥用、专利懈怠行为等专利的程序性权利滥用行为也时伴而行，对技术创新、经济发展造成了严重危害。譬如“华为诉 IDC”案、“华为诉中兴 SEP”案、“苹果与三星专利战”“Uniloc 诉微软”案等专利诉讼案件不胜枚举，其中不乏在专利诉讼过程中进行专利的程序性滥用。

如何突破“成也萧何败也萧何”的困局，需要对专利权的行使进行适当的限制。当前，人们对专利实体性滥用即专利权滥用的竞争法规制进行了体系化的研究，并付诸立法实践，有效地防止了其蔓延的态势。与此同时，对专利的程序性滥用研究，也涌现出诸多颇有见地、有远见的研究，且相关立法也给予了一定关注。但相比之下，在专利滥诉规制的系统化研究及立法方面，或付之阙如，或乏善可陈，甚至对“专利蟑螂”滥诉行为、专利恶意诉讼、标准必要专利禁令滥用、专利懈怠行为等专利的程序性权利滥用行为缺乏统一的称谓表述，理论研究的零散化、碎片化及立法的滞后性，对专利滥诉的法律规制造成较大困难，使得不能及时有效应对、遏制专利滥诉现象。

我国属于大陆法系国家，崇尚“被写下来的理性”，具有成文法传统下的“法典化”情结。所以，将同质性的专利诉讼失范行为予以整合，并进行一体化的规制，实属必要。鉴此，本书以专利滥诉概念的逻辑展开为研究起点，通过概念的整合，以专利侵权救济方式尤其是司法救济方式工具化为角度，对专利滥诉行为形态划分为“专利蟑螂”滥诉行为、专利恶意诉讼、标准必要专利禁令滥用、专利懈怠行为等类型，为形成逻辑自洽的专利滥诉理论分析框架奠定基石。同时，为探究专利滥诉的生成机理，从抑制竞争对手、提高谈判筹码、进行投机获利等方面探察专利滥诉产生的利益动因，从专利激励制度、侵权责任制度、权利保护制度、诉讼制度等方面探讨专利滥诉产生的制度成因。

专利权人既是权利主体，也是市场主体、诉讼主体、社会主体，在权利的行使中，须恪守不同角色下所要求的法律底线，一旦僭越，便有规制之必要。具体观之，专利滥诉作为一种违法现象，可能构成侵权行为、不正当竞争行为、垄断行为、权利滥用、妨碍民事诉讼行为等，这就需要根据不同专利滥诉类型的违法性质、诉讼动机进行分类施策、循因施策。

“前事不忘，后事之师”，通过借鉴美国、英国、德国、日本等国家或地区在规制“专利蟑螂”滥诉行为、专利恶意诉讼、标准必要专利禁令滥用、专利懈怠等方面的具体立法和司法实践经验，以期为我国规制专利滥诉提供启示。譬如在 eBay 案、“橘皮书”案“华为诉中兴案”等案例中所形成的禁令颁发的“四要素检验标准”“反垄断抗辩原则”“协商意愿原则”等，针对专利懈怠而在司法判例中形成权利懈怠抗辩原则、禁止反悔原则、权利失效原则等，这些针对专利滥诉规制措施和做法对我国具有重要的借鉴意义。

唯有找准“病根”，方能对症下药。我国针对专利滥诉的法律规制，在制度建设、制度设计、制度运行等方面，还存在着缺乏制度顶层设计、立法进程缓慢、法律适用困难等诸多困境。鉴此，本书从立法规制、行政规制、司法规制等层面提出了因应之策，如从立法原则、立法形式、立法内容等方面对专利滥诉的立法规制进行了全面系统的分析，以期建立完备的专利滥诉规制制度体系；以规制工具为中心，注重专利滥诉的行政规制；最后，从受害人、被诉侵权人、法院等角度，详细探讨了专利滥诉的司法认定及规制等问题。通过构建三位一体的规制体系，确保规制对象分门别类、规制方式梯次递进、救济手段多元互补、法律责任轻重有别，实现专利滥诉的综合性规制与个别性规制、直接性规制与间接性规制、实体性规制与程序性规制相统一。

专利滥诉的法律规制是一个复杂的法律问题，并无一蹴而就之坦途。其一，专利滥诉的类型是一个开放的体系，并不局限于现有的专利滥诉行为样态。与之对应，如何在专利滥诉的法律规制中保持一定的灵活性，值得进一步研究。譬如在医药领域还出现了专利反向支付和解协议。即专利权人起诉被告被控侵权人侵犯其专利权后，双方达成和解协议，专利权人支付给被控侵权人一定数额金钱，但在专利期限届满前，被控侵权人不得生产专利产品。① 专利反向支付协议的目的在于，一些企业尤其控制某项专利药品的医药公司，在起诉侵权人后，不但不要求相关专利侵权赔偿，反而向仿制药品制造商支付一定费用，从而换取对方许诺不销售与该专利药品功能相似的廉价仿制药品。反向支付和解协议，反映了专利权人阻止竞争对手不进入其相关市场，进而谋求垄断的企图。专利反向支付协议虽也属于专利滥诉的变异类型，但考虑到专利反向支付协议主要局限于医药领域且具体样态尚未定型，故本书并未纳入专利滥诉类型之中。其二，专利滥诉的法律规制涉及不同部门法，在我国尚未形成一部专门规制专利滥诉的法律规范情形下，如何在完善或修正某一规制制度的同时，保持与其他相制度的相对衔接性和同步性，值得进一步思考。其三，“专利蟑螂”滥诉行为、专利恶意

① 宋建宝：《专利诉讼反向支付和解协议的反垄断审查：美国的规则与实践》，载《知识产权》2014 年第 2 期。

诉讼、标准必要专利禁令滥用、专利懈怠行为等专利滥诉的不同类型虽在行为特征表现出一定的同质性，但也存在较大的个性化差异，从而在立法中求同存异，实现制度的统分结合，值得进一步探索。

实践发展永无止境，理论创新永无止境。本书更多在理论层面对专利滥诉法律规制进行了框架性思考，如何通过综合性立法，实现专利滥诉的一体化规制，既离不开学界进一步的理论创新研究、司法实务界进一步的实践探索，也考验着立法者的智慧和水平。然而，“滥诉”一词本身带有较强的主观主义色彩，“欲加之罪，何患无辞”，是否构成专利滥诉须审慎于先、条分缕析、信而有征，立足于正确的价值导向和严格的判定标准之上。若戴着有色眼镜任由相关主体以专利滥诉为由，对专利权动辄加以褫夺和限制，无异于饮鸩止渴、治丝而棼，使权利失去原有的底色和功能。在规制专利滥诉过程中，分寸的精准拿捏至关重要。在聚焦专利滥诉司法规制之余，亦要把握专利维权与专利滥权、诉讼自由与诉权滥用的合理界限，谨防“权利滥用被滥用”，防止过度规制专利滥诉所引发的负面效应，以司法理性使专利权沿着激励创新、促进科学技术进步和经济社会发展的主线有效实施。

参 考 文 献

一、中文类参考文献

（一）中文著作类

1. 崔国斌．专利法：原理与案例［M］．北京：北京大学出版社，2012.
2. 程永顺．专利侵权判定实务［M］．北京：法律出版社，2002.
3. 常怡．比较民事诉讼法［M］．北京：中国政法大学出版社，2002.
4. 陈光中．诉讼法理论与实践（2002年民事、行政诉讼法学卷）［M］．北京：中国政法大学出版社，2003.
5. 陈旭．法官论知识产权［M］．北京：法律出版社，1999.
6. 董美根．专利许可合同的构造：举例、规则及中国的展望［M］．上海：上海人民出版社，2012.
7. 冯晓青、杨利华等．知识产权法热点问题研究［M］．北京：中国人民公安大学出版社，2004.
8. 冯晓青．全球化与知识产权保护［M］．北京：中国政法大学出版社，2008.
9. 冯晓青．知识产权权利正当行使（权利限制）——专题判解与学理研究［M］．北京：中国大百科全科出版社，2010.
10. 费安玲．防止知识产权滥用法律机制研究［M］．北京：中国政法大学出版社，2009.
11. 傅长禄．程序与公正［M］．上海：上海人民出版社，2002.
12. 方立维．专利标准化下专利联盟及其专利授权许可政策［M］．

北京：知识产权出版社，2015.
13. 樊崇义．诉讼原理［M］．北京：法律出版社，2003.
14. 范长军．德国反不正当竞争法研究［M］．北京：法律出版社，2010.
15. 高卢麟．中国专利教程——专利基础［M］．北京：专利文献出版社，1994.
16. 国家知识产权局知识产权发展研究中心组织．海外专利侵权诉讼［M］．北京：知识产权出版社，2012.
17. 国家知识产权局条法司．〈专利法〉及〈专利法实施细则〉第三次修改专题研究报告［M］．北京：知识产权出版社，2006.
18. 国家知识产权局条法司．专利法研究［M］．北京：知识产权出版社，2009.
19 黄铭杰．竞争法与智慧财产法之交会——相生相克之间［M］．台北：元照出版公司，2006.
20. 何勤华．20 世纪外国民商法的变革［M］．北京：法律出版社，2004.
21. 何勤华．英国法律发达史［M］．北京：法律出版社，2012.
22. 姜明安．行政法与行政诉讼法［M］．北京：北京大学出版社，2005.
23. 孔祥俊．反不正当竞争法新论［M］．北京：人民法院出版社，2001.
24. 孔祥俊．知识产权保护的新思维——知识产权司法前沿问题［M］．北京：中国法制出版社，2013.
25. 梁慧星．民法解释学（修订版）［M］．北京：中国政法大学出版社，2000.
26. 梁慧星．中国民法典草案建议稿［M］．北京：法律出版社，2011.
27. 刘春田．知识产权法（第四版）［M］．北京：中国人民大学出版社，2009.
28. 刘家兴．民事诉讼法教程［M］．北京：北京大学出版社，1994.

29. 李明德．美国知识产权法（第二版）［M］．北京：法律出版社，2014.
30. 李响．美国侵权法原理及案例研究［M］．北京：中国政法大学出版社，2004.
31. 李勇．专利侵权与诉讼［M］．北京：知识产权出版社，2013.
32. 李国海．反垄断法实施机制研究［M］．北京：中国方正出版社，2006.
33. 龙卫球．民法总论［M］．北京：中国法制出版社，2001.
34. 廖永安．诉讼费用研究——以当事人诉权保护为分析视角［M］．北京：中国政法大学出版社，2006.
35. 罗结珍译．法国新民事诉讼法典［M］．北京：法律出版社，2008.
36. 宁立志．知识产权法［M］．武汉：武汉大学出版社，2011.
37. 齐树洁．英国民事司法改革［M］．北京：北京大学出版社，2004.
38. 史尚宽．民法总论［M］．北京：中国政法大学出版社，2000.
39. 孙国华．朱景文．法理学［M］．北京：北京大学出版社，1995．
40. 施高翔．中国知识产权禁令制度研究［M］．厦门：厦门大学出版社，2011.
41. 沈达明．比较民事诉讼法初论［M］．北京：中国法制出版社，2002.
42. 邵明．民事诉讼法学［M］．北京：中国人民大学出版社，2007.
43. 孙应征．知识产权法律原理与实证解析［M］．北京：人民法院出版社，2004.
44. 汤维建．美国民事司法制度与民事诉讼程序［M］．北京：中国法制出版社，2001.
45. 汤宗舜．专利法教程［M］．北京：法律出版社，2003.
46. 陶鑫良．知识产权教程［M］．上海：上海大学出版社，2006.
47. 谭兵．民事诉讼法学［M］．北京：法律出版社，2008.

48. 吴广海. 专利权行使的反垄断法规制 [M]. 北京：知识产权出版社，2012.
49. 王泽鉴. 民法学说与判例研究（一）[M]. 北京：中国政法大学出版社，2005.
50. 王泽鉴. 侵权行为法 [M]. 北京：中国政法大学出版社，2001.
51. 王利明. 民法总则 [M]. 北京：中国法制出版社，2006.
52. 王利明、杨立新. 侵权行为法 [M]. 北京：法律出版社，1996.
53. 吴汉东. 中国知识产权制度评价与立法建议 [M]. 北京：知识产权出版社，2008.
54. 吴汉东. 知识产权制度基础理论研究 [M]. 北京：知识产权出版社，2009.
55. 吴汉东. 无形财产权基本问题研究 [M]. 北京：中国人民大学出版社，2013.
56. 王亚新. 对抗与判定——日本民事诉讼的基本结构 [M]. 北京：清华大学出版社，2002.
57. 王先林. 知识产权滥用及其法律规则 [M]. 北京：中国法制出版社，2008.
58. 徐亚文. 程序正义论 [M]. 济南：山东人民出版社，2004.
59. 徐听. 英国民事诉讼与民事司法改革 [M]. 北京：中国政法大学出版社，2002.
60. 徐国栋. 民法基本原则解释 [M]. 北京：中国政法大学出版社，1992.
61. 谢怀栻译. 德意志联邦共和国民事诉讼法 [M]. 北京：中国法制出版社，2001.
62. 薛波. 元照英美法词典 [M]. 北京：法律出版社，2003.
63. 徐士英. 竞争法论 [M]. 北京：世界图书出版公司，2007.
64. 尹新天. 专利权的保护 [M]. 北京：知识产权出版社，2005.
65. 杨立新. 类型侵权行为法研究 [M]. 北京：人民法院出版社，2006.

66. 杨立新. 侵权法论 [M]. 长春: 吉林人民出版社, 2000.
67. 曾世雄. 损害赔偿法原理 [M]. 北京: 中国政法大学出版社, 2001.
68. 张伟群. 规制知识产权滥用法律制度研究 [M]. 北京: 知识产权出版社, 2008.
69. 张新宝. 侵权责任构成要件研究 [M]. 北京: 法律出版社, 2007.
70. 郑玉波. 民法总则 [M]. 北京: 中国政法大学出版社, 2003.
71. 郑友德. 知识产权法 [M]. 北京: 高等教育出版社, 2004.
72. 张晓都. 专利民事诉讼法律问题与审判实践 [M]. 北京: 法律出版社, 2014.
73. 张冬. 专利权滥用认定专论 [M]. 北京: 知识产权出版社, 2009.
74. 赵宝云. 西方五国宪法通论 [M]. 北京: 中国人民公安大学出版社, 1994.
75. 左卫民等. 诉讼权研究 [M]. 北京: 法律出版社, 2003.
76. 张广良. 知识产权侵权民事救济 [M]. 北京: 法律出版社, 2003.
77. 章武生等. 司法现代化与民事诉讼制度的建构 [M]. 北京: 法律出版社, 2003.
78. 张伟群. 规制知识产权滥用法律制度研究 [M]. 北京: 知识产权出版社, 2008.
79. 郑玉波. 民商法问题研究（一） [M]. 台北: 大学法学丛书, 1976.

（二）中文译著类

1. [德] 拉德布鲁赫. 法学导论 [M]. 米健等译. 北京: 中国大百科全书出版社, 1997.
2. [德] 卡尔·拉伦茨. 法学方法论 [M]. 陈爱娥译. 北京: 商务印书馆, 2003.
3. [德] 阿图尔·考夫曼. 类推与“事物本质”——兼论类型理

论（“译序”）[M]. 吴从周译，中国台湾：台湾学林文化事业有限公司，1990.
4. [德] 卡尔・拉伦茨 . 德国民法通论（上册）[M]. 王晓晔等译 . 北京：法律出版社，2003.
5. [德] 迪特尔・施瓦布 . 民法导论 [M]. 郑冲译 . 北京：法律出版社，2006.
6. [法] 路易・若斯兰 . 权利相对论 [M]. 王伯琦译 . 北京：中国法制出版社，2006.
7. [法] 孟德斯鸿 . 论法的精神（上册）[M]. 张雁深译 . 北京：商务印书馆，1959.
8. [美] J. M. 穆勒 . 专利法（第 3 版）[M]. 沈超等译 . 北京：知识产权出版社，2013.
9. [美] 贾尼丝・M. 米勒 . 专利法概论 [M]. 北京：中信出版社，2003.
10. [美] 博登海默 . 法理学法哲学与法律方法 [M]. 邓正来译 . 北京：中国政法大学出版社，1999.
11. [美] 罗尔斯 . 正义论 [M]. 何怀宏等译 . 北京：中国社会科学出版社，1988.
12. [美] 罗纳德・德沃金 . 认真对待权利 [M]. 信春鹰、吴玉章译 . 北京：中国大百科全书出版社，1998.
13. [美] 德雷特勒（Jay Dratler，Jr）. 知识产权许可（上）[M]. 王春燕等译 . 北京：清华大学出版社，2003.
14. [美] 罗斯科・庞德 . 普通法的精神 [M]. 唐前宏等译 . 北京：法律出版社，2010.
15. [美] 罗尔斯 . 正义论 [M]. 何怀宏等译 . 北京：中国社会科学出版社，1988.
16. [日] 兼子一、竹下守夫著 . 民事诉讼法 [M]. 白绿铉译 . 北京：法律出版社，1995.
17. [日] 田村善之著 . 日本现代知识产权法理论 [M]. 李扬等译. 北京：法律出版社，2010.
18. [日] 内田贵 . 契约的再生 [M]. 胡宝海译 . 载梁慧星主编：

民商法论丛（第5卷）［M］. 北京：法律出版社，1996.
19. ［日］中村英郎．新民事诉讼法讲义［M］. 陈刚等译．北京：法律出版社，2001.
20. ［日］棚濑孝雄．纠纷的解决与审判制度［M］. 王亚新译．北京：中国政法大学出版社，1994.
21. ［日］富田彻男．市场竞争中的知识产权［M］. 廖正衡等译．北京：商务印书馆，2000.
22. ［匈］贝拉·弗格拉希．逻辑学［M］. 刘丕坤译．北京：三联书店，1979.
23. ［英］戴维．M. 沃克．牛津法律大辞典［M］. 北京：光明日报出版社，1988.
24. ［英］韦德．行政法［M］. 徐炳等译．北京：中国大百科全书出版社，1997.
25. ［意］彼得罗·彭梵得．罗马法教科书［M］. 黄风译．北京：中国政法大学出版社，1992.

（三）中文论文类

1. 卞辉．知识产权恶意诉讼的程序法应对［J］. 电子知识产权，2009（10）.
2. 曹新明．现有技术抗辩研究［J］. 法商研究，2010（6）.
3. 曹伟．知识产权确认不侵权诉讼的几个基本问题［J］. 知识产权，2014（4）.
4. 陈武．权利不确定性与知识产权停止侵害请求权之限制［J］. 中外法学，2011（2）.
5. 邓志伟、肖芳．论民事诉讼费用负担原则的完善——以诉讼费用裁判差异为分析视角［J］. 法律适用，2012（7）.
6. 邓建志．我国专利行政保护制度的发展路径［J］. 知识产权，2012（3）.
7. 丁文联．专利劫持与反向劫持：裁判定价或谈判定价［J］. 竞争政策研究，2015（2）.
8. 郭禾．关于滥用知识产权问题的法律逻辑推演［J］. 知识产权，

2013（3）.
9. 郭卫华．滥用诉权之侵权责任［J］．法学研究，1998（6）.
10. 胡鸿高．论公共利益的法律界定——从要素解释的途径［J］．中国法学，2008（4）.
11. 胡允银、林霖．当代专利制度改革的理论思潮：劫持论与反向劫持论［J］．科技进步与对策，2016（8）.
12. 黄晓稣、陈静怡．英国知识产权审判体系［J］．科技与法律，2015（1）.
13. 黄凯．法哲学视野中的权利滥用［J］．湖北社会科学，2007（7）.
14. 侯海军．试论起诉权行使的正当界限——也谈“禁止诉权滥用”原则在立案审查程序中的引入［J］．理论界，2008（7）.
15. 郝晶晶．论恶意诉讼应有的实体法规制——以程序法规制及其不足为基点［J］．暨南学报（哲学社会科学版），2014（10）.
16. 和育东．专利侵权损害赔偿计算制度：变迁、比较与借鉴［J］．知识产权，2009（5）.
17. 何怀文、陈如文．技术标准制定参与人违反 FRAND 许可承诺的法律后果［J］．知识产权，2014（10）.
18. 金海军．我国知识产权经典案例统计分析——以《最高人民法院公报》（1985—2014）为据［J］．知识产权，2015（6）.
19. 江必新．论行政规制基本理论问题［J］．法学，2012（12）.
20. 姜明安．正当法律程序：：扼制腐败的屏障［J］．中国法学，2008（3）.
21. 康添雄．专利侵权不停止的司法可能及其实现［J］．知识产权，2012（12）.
22. 廖志刚．专利侵权诉讼时效研究［J］．现代法学，2007（1）.
23. 李汉昌．美国民事审前程序中值得借鉴的几个问题［J］．法学评论，1998（6）.
24. 李扬．知识产权请求权的限制［J］．法商研究，2010（4）.
25. 李志刚、徐式媛．反垄断法上的民事赔偿责任［J］．人民司法（应用），2011（7）.

26. 李明德．“知识产权滥用”是一个模糊命题［J］．电子知识产权，2007（10）．

27. 李剑．反垄断法中核心设施的界定标准［J］．现代法学，2009（3）．

28. 李仕春．案例指导制度的另一条思路——司法能动主义在中国的有限适用［J］．法学，2009（6）．

29. 李棠洁．反垄断民事诉讼与行政执法的衔接与协调［J］．湖北警官学院学报，2013（4）．

30. 李建华、王国柱．论专利权默示许可的认定［J］．河南社会科学，2013（12）．

31 李晓秋．未决之命题：规制专利恶意诉讼的“路”与“困”［J］．学术论坛，2010（2）．

32. 刘友华．我国知识产权纠纷诉讼解决的现状及评析［J］．知识产权，2010（1）．

33. 刘萍．专利侵权诉讼中的侵权滥用［J］．天津大学学报（社会科学版），2009（5）．

34. 刘学在．略论民事诉讼中的诉讼系属［J］．法学评论，2002（6）．

35. 刘晓军．请求确认不侵犯知识产权之诉如何确定地域管辖［J］．中国专利与商标，2007（2）．

36. 林秀芹．中国强制许可制度的完善［J］．法学研究，2006（6）．

37. 林平等．反垄断中的必需设施原则：美国和欧盟的经验［J］．东岳论丛，2007（1）．

38. 梁志文．反思知识产权请求权理论——知识产权要挟策略与知识产权请求权的限制［J］．清华法学，2008（4）．

39. 陆筠．以低成本换取高效益之美国专利争议与诉讼工具［J］．电子知识产权，2010（7）．

40. 龙小宁、王俊．中国专利激增的动因及其质量效应［J］．世界经济，2015（6）．

41. 孟雁北．规制与规制的限制：透视中国反垄断法视野中的知识产权许可行为——兼论中国《知识产权领域反垄断执法指南》

的制定［J］. 中国社会科学院研究生院学报，2012（1）.
42. 宁立志、宋攀峰. 专利侵权警告函的法律规制［J］. 经济法论丛，2014（1）.
43. 聂鑫. 专利恶意诉讼的认定及其法律规制［J］. 知识产权，2015（5）.
44. 钱玉林. 禁止权利滥用的法理分析［J］. 现代法学，2002（1）.
45. 任重. 论虚假诉讼：兼评我国第三人撤销诉讼实践［J］. 中国法学，2014（6）.
46. 宋朝武. 新〈民事诉讼法〉视野下的恶意诉讼规制［J］. 现代法学，2014（6）.
47. 孙远钊. 专利诉讼"蟑螂"为患？［J］. 法治研究，2014（1）.
48. 宋旺兴. 论民事案由确定制度的完善［J］. 法律适用，2012（2）.
49. 邵明. 滥用民事诉权及其规制［J］. 政法论坛，2011（6）.
50. 史少华. 标准必要专利诉讼引发的思考 FRAND 原则与禁令［J］. 电子知识产权，2014（1）.
51. 宋建宝. 专利诉讼反向支付和解协议的反垄断审查：美国的规则与实践［J］. 知识产权，2014（2）.
52. 童之伟. 再论法理学的更新［J］. 法学研究，1999（2）.
53. 汤维建、沈磊. 论诉权滥用及其法律规制［J］. 山东警察学院学报，2007（2）.
54. 王先林. 从个体权利、竞争工具到国家战略——关于知识产权的三维视角［J］. 上海交通大学学报（哲学社会科学版），2008（4）.
55. 王亚新. 我国新民事诉讼法与诚实信用原则——以日本民事诉讼立法经过及司法实务为参照［J］. 比较法研究，2012（5）.
56. 王艳. 法国民事滥诉的规制——以法国司法判例为考察对象［J］. 法律适用，2014（12）.
57. 王芳菲. 我国专利保险制度发展现状及对策完善［J］. 中国发明与专利，2015（7）.
58. 王旭玲. 对"专利蟑螂"滥诉行为法律规制的正当性分析

[J]. 兰州大学学报（社会科学版），2015（5）.
59. 王猛. 民事诉讼滥诉治理的法理思考［J］. 政治与法律，2016（5）.
60. 王晓、任文松. 民事诉权滥用的法律规制［J］. 现代法学，2015（5）.
61. 王晓晔. 标准必要专利反垄断诉讼问题研究［J］. 中国法学，2015（6）.
62. 王华伟. 案说专利侵权滥诉之反赔［J］. 中国发明与专利，2009（8）.
63. 王活涛、郑友德. 专利恶意诉讼及其法律应对［J］. 知识产权，2009（5）.
64. 王洪平. 论权利失效规则及其法典化［J］. 法学论坛，2015（2）.
65. 王玉凯. 反思知识产权领域"利益平衡"［J］. 中国版权，2011（3）.
66. 文希凯. "专利蟑螂"的反垄断法规制［J］. 知识产权，2014（6）.
67. 吴汉东. 试论知识产权的"物上请求权"与侵权赔偿请求权——兼论《知识产权协议》第45条规定之实质精神［J］. 法商研究，2001（5）.
68. 吴汉东. 论反不正当竞争中的知识产权问题［J］. 现代法学，2013（1）.
69. 徐瑄. 知识产权的正当性——论知识产权法中的对价与衡平［J］. 中国社会科学，2003（4）.
70. 徐昕. 通过私力救济实现正义——兼论报应正义［J］. 法学评论，2003（5）.
71. 徐棣枫. 问题专利探析［J］. 东南大学学报（哲学社会科学版），2007（4）.
72. 徐爱国. 英美法中"滥用法律诉讼"的侵权责任［J］. 法学家，2000（2）.
73. 薛亚君. 专利非实施主体与"337条款"的国内产业要求［J］.

对外经贸实务，2014（12）.
74. 谢晓尧、吴思罕．论一般条款的确定性［J］．法学评论，2004（3）.
75. 杨立新．世界侵权法的历史源流及融合与统一［J］．福建论坛·人文社会科学版，2014（6）.
76. 袁真富．基于侵权抗辩之专利默示许可探究［J］．法学，2010（12）.
77. 尹雪萍．标准必要专利禁令之诉的竞争法边界——以欧盟 2015 年华为诉中兴案为视角［J］．东岳论丛，2016（4）.
78. 易继明．美国创新法案评析［J］．环球法律评论，2014（4）.
79. 易继明．禁止权利滥用原则在知识产权领域中的适用［J］．中国法学，2013（4）.
80. 姚兵兵．侵权诉讼中专利权正当行使与滥用的实证研究［J］．科技与法律，2009（5）.
81. 杨晓丽．PAEs 专利诉讼态势分析 专利商业运营模式观察与思考系列 1［J］．电子知识产权，2014（6）.
82. 张剑文．从思科诉华为案论知识产权之诉讼价值［J］．国家检察官学院学报，2003（6）.
83. 张卫平．起诉条件与实体判决要件［J］．法学研究，2004（6）.
84. 张卫平．诉讼公正与效率的双重提升：泛论〈民事诉讼法〉的修改［J］．国家检察官学院学报，2011（5）.
85. 张永忠、王绎凌．标准必要专利诉讼的国际比较：诉讼类型与裁判经验［J］．知识产权，2015（3）.
86. 张雪红．标准必要专利禁令救济政策之改革［J］．电子知识产权，2013（12）.
87. 张文香、萨其荣桂．传统诉讼观念之怪圈——“无讼”“息讼”“厌讼”之内在逻辑［J］．河北法学，2004（3）.
88. 张占江．不正当竞争行为的认定的逻辑与标准［J］．电子知识产权，2013（11）.
89. 张迎春．法律背景差异下非专利实施主体规制选择——以中美比较为例［J］．科技进步与对策，2016（11）.

90. 张伟君、单晓光．规制知识产权权利人滥用诉权法律制度比较研究［J］．重庆工学院学报（社会科学版），2009（2）．
91. 张晓津．知识产权司法资源滥用的防控机制［J］．法律适用，2008（7）．
92. 张伟君．知识产权滥用的概念、表现和规制措施［J］．电子知识产权，2007（12）．
93. 张晓薇．知识产权滥诉的界定与规制［J］．电子知识产权，2007（4）．
94. 周逸．专利蟑螂程序性规制的美国样本与中国路径［J］．广西政法管理干部学院学报，2015（5）．
95. 周逸．中国语境下“专利蟑螂”之诉讼契机及其防范［J］．太原大学学报，2015（3）．
96. 周霞、王勇镔．基于博弈的专利诉讼与交叉许可决策研究［J］．价值工程，2014（10）．
97. 周永坤．诉权法理研究论纲［J］．中国法学，2004（5）．
98. 仲春．互联网领域专利诉讼的滥用与规制——从反垄断与专利制度的视角［J］．电子知识产权，2012（9）．
99. 赵耀、吴玉岭．专利滥用的博弈分析［J］．统计与决策，2009（24）．
100. 赵启杉．竞争法与专利法的交错：德国涉及标准必要专利侵权案件禁令救济规则演变研究［J］．竞争政策研究，2015（2）．
101. 朱理．滥用问题专利的司法规制［J］．电子知识产权，2008（11）．
102. 朱雪忠、漆苏．美国专利改革法案内容及其影响评析［J］．知识产权，2011（9）．
103. 章武生，杨严炎．德国民事诉讼制度改革之评析［J］．比较法研究，2003（1）．

（四）硕士、博士论文类

1. 巢志雄．罗马法“诉”的理论及其现代发展［D］．重庆：西南政法大学，2011.
2. 龚昌盛．专利滥用的法律规制［D］. 北京：中国政法大学，2007.
3. 黄颖．企业专利诉讼战略研究［D］. 武汉：华中科技大学，2011.
4. 寇准．论专利懈怠行为的法律规制［D］. 北京：中国政法大学，2007.
5. 李浩．专利权滥用的法律规制［D］. 长沙：湖南大学，2009.
6. 刘华俊．知识产权诉讼制度研究［D］. 上海：复旦大学，2012.
7. 刘雪微．我国知识产权领域恶意诉讼的程序法规制［D］. 广州：华南理工大学，2014.
8. 刘阳．“问题专利”反滥用［D］. 北京：中国政法大学，2010.
9. 潘牧天．民事诉权滥用的侵权责任［D］. 哈尔滨：黑龙江大学，2011.
10. 曲元宁．专利诉讼中的临时禁令制度研究［D］. 上海：复旦大学，2010.
11. 武长春．论知识产权人诉权滥用及法律规制［D］. 保定：河北大学，2008.
12. 吴志祥．专利恶意诉讼的司法规制［D］. 青岛：青岛大学，2012.
13. 吴艳芳．专利恶意诉讼法律规制研究［D］. 郑州：郑州大学，2011.
14. 王活涛．试论专利恶意诉讼及其法律应对［D］. 武汉：华中科技大学，2009.
15. 夏璇．知识产权确认不侵权之诉研究［D］. 成都：西南政法大学，2012.
16. 肖文祥．专利投机行为的法律规制研究［D］. 长沙：中南大学，2010.
17. 杨艺红．诉讼突袭及其法律控制［D］. 郑州：河南大学，2003.
18. 余凯．专利权人权利懈怠行为的法律规制研究［D］. 北京：中国社会科学院，2015.
19. 张晓薇. 民事诉权规制论［D］. 成都：四川大学，2005.
20. 张江娜. 论专利滥诉［D］. 北京：北京邮电大学，2015.
21. 张留丰. “问题专利”法律规制研究［D］. 上海：华东政法大学，2011.
22. 张健. 专利权滥用及其法律规制研究［D］. 长春：吉林大学，2011.
23. 周林成. 标准必要专利的禁令救济研究［D］. 厦门：厦门大学，2014.

二、外文类文献

1. Anne Kelley. Practice in Patent Marketplace, U. CHI. L. Rev Vol. 78, 2011.
2. Alfred Zaher, Partner, Blank Rome LLP. Npes and other defects affecting patent litigation around the world. Aspatore, 2012.
3. Brian L. Frye. IP as metaphor. Chapman Law Review, Vol. 18, 2015.
4. PHD Batista & G. C Mazutti. Comment on "Huawei Technologies" (C-170/13): Standard Essential Patents and Competition Law-How Far Does the CJEU Decision Go? International Review of Intellectual Property and Competition Law, Vol. 47, 2016.
5. Christian Helmers, Luke McDonagh. Trolls at the High Court? LSE Law, Ssrn Electronic Journal, Vol. 13, 2012.
6. David G Barker. Troll or No Troll? Policing Patent Usage with an Open Post-Grant Review. Duke Law & Technology Review, 2005.
7. Elizabeth Siew Kuan NG. Patent Trolling-Innovation at Risk, European Intellectual Property Review, Vol. 12, 2009.
8. Ferrill ED. Patent Investment Trusts: Let's Build a Pit to Catch the Patent Trolls, N. C. J. L. & TECH. Vol. 6, 2005.
9. Edward Lee. Patent Trolls: Moral Panics, Motions in Limine, Andpatent Reform, Stan. Tech. Vol. 19, 2015.

10. Lemley, Mark A. and Shapiro, Carl, Patent Holdup and Royalty Stacking. Texas Law Review, Vol. 85, 2007.
11. James E. Bessen & Michael J. Meurer. The Direct Costs from NPE Disputes, CORNELL L. REV. Vol. 99, 2014.
12. Robin C. Feldman, The Insufficiency of Antitrust Analysis for Patent Misuse, HASTINGS L. J. Vol. 55, 2003.
13. Moton Denlow. The Motion for A Preliminary Injunction-Time for A Uniform Federal Standard, Review of Litigation, Vol. 22, 2003.
14. Dan LB, Lemley MA. Policy Levers in Patent Law, Vol. 22, 2003.
15. O'Rourke MA, Brodley JF. Antitrust Implications of Patent Settlements: An Incentives Modifying Approach. Minnesota Law Review, Vol. 87, 2003.
16. Brooks RRW, Schwartz WF. Legal Uncertainty, Economic Efficiency, and the Preliminary Injunction Doctraine, Stanford Law Review, Vol. 58, 2003.
17. Griliches Z. Patent Statistics as Economic Indicators: A Survey, Journal of Economic Literature, Vol. 28, 1991.
18. Subramanian A. Intellectual Property Rights in the WTO and Developing Countries by Jayashree Watal Kluwer Law International, London/The Hague/Boston, Vol. 1, 2001.
19. Robert P. Merges, The Trouble withTrolls: Innovation, Rent-Seeking, and Patent Law Reform, BERKELEY TECH. L. J, Vol. 24, 2009.
20. Jiaqing "Jack" Lu. The Myths and Facts of Patent Troll and Excessive Payment: Have Nonpracticing Entities (NPEs) Been Overcompensated? Business Economics, Vol. 47, 20.
21. Katrin Cremers. Settlement during patent litigation trials-An empirical analysis for Germany. The Journal of Technology Transfer. Vol. 34, 2009.
22. Pooley JHA, Huang VT. Multi-National Patent Litigation : Management of Discovery and Settlement Issues and the Role of the

Judiciary, Fordham Intell. Prop. Media & Ent. l. j, Vol. 28, 2011.
23. Lemley MA, Moore KA, Ending abuse of patent continuations. Boston University Law Review, Vol. 84, 2007.
24. Michael A. Carrier. A Roadmap To The Smartphone Patent Wars And FRAND Licensing, CPI Antitrust Chronicle, Vol. 2, 2012.
25. John B, Campbell JR. A Decade of Aukerman: An Analysis of Laches and Estoppel in the Federal Circuit, IDEA-Journal of Law and Technology, Vol. 43, 2003.
26. Dehez P, Poukens S. The Shapley Value as a Guide to FRAND Licensing Agreements, Review of Law & Economics, Vol. 10, 2013.
27. Jean F. Rydstrom, Annotation, Laches as Defense in Patent Infringement Suit, A. L. R. Fed. Vol. 35, 1977.
28. Becker G. The Future of Law and Economics, Review of Law & Economics, Vol. 10, 2014.
29. Tiffany L Willianms. The Intersection Law and Antitrust Law in the Context of Patent Tying Arragements, Mercer Law, Vol. 35, 2007.
30. Sanjoy Dhose & Oded Lowengart. Taste Tests: Impacts of Consumer Perceptions and Preferences on Brand Positioning Strategies, Targeting, Measurement & Analysis For Marketing, Vol. 10, 2001.
31. Takabayashi R. Principle of "Faith and Trust" and "Prohibition aganist Abuse of Right" in Patent Infringement Litigation, Lawyers Association Journal, Vol. 53, 2001.
32. Crampes C, Langinier C. Litigation and Settlement in Patent Infringement Cases, Rand Journal of Economics, Vol. 33, 2002.
33. Lemley MA. Should Patent Infringement Require Proof of Copying? Social Science Electronic Publishing, Vol. 105, 2007.
34. Ronald H. Coase, The Firm, the Market, and the Law, University of Chicago Press, 1988.
35. Mark A. Lemley. Rational Ignorance at the Patent Office, 95 Nw. U. L. Vol. 95, 2001.

36. Mueller, Janiee M. An introduction to patent law, CITIC Publishing House, Aspen Publishers, 2003.
37. Peter Meinhardt. Inventions, Patents and Monopoly, 2nd edition, Stevens, 1950.
38. Paul Goldstein. Copyright, Patent, Trademark and related State Doctrines (5th edition), Foundation Press, 2002.
39. Einer Elhauge. Defining Better Monopolization Standards, Stan. L. Vol. 56, 2003.
40. Alan Calnan. Justice and Tort Law, Carolina Academic Press, 1997.
41. Robert C. Kahrl. Patent Claim Construction. Aspen Publishers, Inc, 2005.
42. Jaffe A, Lerner J, Stern S (ed.). Innovation Policy and the Economy, MIT Press, 2002.
43. Malaga M. The European Patent with Unitary Effect: Incentive to Dominate?. IIC-International Review of Intellectual Property and Competition Law, Vol. 45, 2014.

附录　NPE 诉讼的价值审视与规制选择*

目　次

NPE 即非专利实施主体从产生之初便备受争议。NPE 诉讼作为 NPE 存在的行为逻辑，游离于专利投机与专利运营、权利滥用与正当维权、牟取私利与损害救济、抑制创新与价值实现之间。立足于 NPE 诉讼具有利弊互见的基本定位，对 NPE 诉讼的行政规制，须在对专利聚合状态加以合理限制情形下，对涉及标准必要专利的 NPE 经营者集中审查及 NPE 禁令救济的反垄断执法亦应保持行政介入的谦抑性；对 NPE 诉讼的司法规制，应结合具体案情，综合利用法院在专利侵权赔偿数额、损害赔偿与停止侵权的替代适用、诉讼费用的转移等方面所具有的司法裁量空间，在保障专利诉权正当行使的同时，亦应防止司法工具化趋向，防止 NPE 诉讼异化为谋取不当利益、进行禁令劫持的手段。

NPE（non-practicing entity，NPE）作为近年来专利领域兴起

---

* 原文发表在《知识产权》2021 年第 1 期。

的现象，一般指通过购买专利等方式来积极发动专利侵权诉讼而存在的无实体生产的“非专利实施主体”，如高智发明公司（intellectual ventures，简称 IV）、交互数字公司（Inter Digital Corporation，简称 IDC）、美国专利经营公司（Technology Properties Limited LLC，简称 TPL）等便是例证。NPE 从产生之初就饱受关注、备受争议。当前，我国虽然尚未爆发大规模 NPE 诉讼现象，但我国企业在海外遭受 NPE 诉讼，以及本土化的 NPE、国外企业在我国发动 NPE 诉讼等现象不乏其例，颇值引起广泛重视。

一、NPE 诉讼的价值评判

当前，学理上对 NPE 及其诉讼的认识不尽一致，以至于无法形成统一清晰的概念。对 NPE 秉持何种态度，影响着对其诉讼风险的认知程度及防范措施力度。

（一）聚合形态评价：专利投机 VS 专利运营

理论和实践中，存在着“专利蟑螂（流氓）”（patent trolls）、“专利主张实体”（patent assertion entity，PAE）等与 NPE 概念的同义语。然而，使用诸如“专利蟑螂”或“专利流氓”等充满浓厚负面评价色彩的术语，难免有失价值中立之虞。NPE 作为专利聚合的一种运营状态，鉴于其缺乏实体产业支撑，故“何种主体拥有、出于何种目的持有”，成为人们对 NPE 及其诉讼予以定性的重要依据。在现有专利运营模式下，一些颇具规模的大学、研究机构、实体公司基于成本效益等考虑，可能会专门单独设立与知识产权运营或维权的机构，① 有学者认为，应以“PAE”概念代替“NPE”和“专利蟑螂”等概念，从而将大学、独立发明人等专利权拥有主体排除在外。② 亦有学者认为，应将 NPE 分为善意运营

① 孙远钊：《应对专利操控实体（PAEs）的难题与政策规制》，载《电子知识产权》2014 年第 6 期，第 37 页。

② Christian Helmers，Luke McDonagh：Trolls at the High Court? *LSE* Law，Society and Economy Working Papers，2012（13）：1-33.

和专事运用两种。其中，善意的专利运营型 NPE，有利于专利技术的价值实现，于社会有益，而专事投机的 NPE 并不关心专利技术是否真正实施，而在于对专利暗度陈仓后，寻找正在实施其专利技术的目标对象，然后借由许可、诉讼、威胁诉讼等手段从目标对象那里攫取高额回报。① 换言之，投机型 NPE 更类似于善意运营 NPE 的不良“变种”。

纵然以专利运营方式为标准来对 NPE 作一分为二的归类，进而对不同类型的运营方式保持不同的规制态度，具有一定的合理性。但在专利运营方式形态各异、专利存续状态不断变化背景下，加之专利运营的隐蔽性，NPE 主观意图客观化评价较为困难，试图从中筛选出合理或投机运营 NPE 可能是一种徒劳。即使如此，聚合形态是 NPE 开展诉讼的前提，准确对专利聚合状态加以评价，可从源头上防止 NPE 诉讼的发生。

（二）权利行使评价：权利滥用 VS 正当维权

专利权遭受侵犯，请求停止侵权、损害赔偿乃专利权人保证独占性排他权的应有之义。英美法一般把无形的产权称为“诉讼中的动产”（choses in action）②。诸如专利权、债权等“诉讼中动产”与“占有动产”（choses in possession）之间的区别在于，前者更多通过诉讼的方式方可实现其财产利益，而后者则不需费太多周折便可占有该财产并据此获益。③ 故并不能因专利权人拥有国家赋予其在一定期限的技术垄断权而同情于被控侵权人，进而否定侵权救济的正当性，否则无异于为虎作伥，鼓励他人侵权，动摇专利制

① 刘斌强等：《NPE 的角色定位：是专利运营，还是专利投机》，载《中华全国专利代理人协会 . 2013 年中华全国专利代理人协会年会暨第四届知识产权论坛论文汇编》第 465 页。

② 王干：《知识产权继承制度初论》，载《知识产权》2005 年第 4 期，第 41 页。

③ Samuel K. Murumba. Globalizing intellectual property—linkage and the challenge of a justice-constituency, University of Pennsylvania Journal of International Economic Law, 1998, 19（2）：435-460.

度存在根基。在国家大力实施创新驱动发展战略、知识产权强国战略的背景下，提升专利权行政执法及专利侵权判赔力度蔚然成风，已然成为专利权保护的基本定位和政策取向。正因如此，专利侵权惩罚性赔偿制度亦呼之欲出。与此同时，改革开放以来，我国积极树立“诉讼”在纠纷解决机制中至高无上的排他性地位，并将“诉讼”与“权利意识”相联系，参与诉讼也被认为是权利意识较强的表现。① 为更进一步保护当事人依法行使诉权，我国积极推进案件受理制度改革，立案审查制也由此衍变为立案登记制，实现了立案程序由职权模式向诉权保障模式的转变。然而，权利救济的界限并非漫无边际，而是存有一定的限度。一旦权利救济的手段逾越法律允许的限度，便有“以维权之名、行滥用救济权之实”的嫌疑。“NPE 经营模式改变了专利转化市场‘技术竞争—产品竞争—市场竞争’的传统竞争态势，跨越了中间的产品竞争阶段，省略了技术产品化的过程，而司法诉讼正是专利权直接变现的竞争工具”②。在加强专利权保护力度、保障当事人诉权的大背景下，对专利权、诉权的行使加以限制似乎有种格格不入、不合时宜的违和感，这种所谓的“违和感”对制度的影响便是，权利限制制度“寄人篱下”，依附于权利保护制度之中，充当权利保护制度的“点缀”，而这无疑为 NPE 诉讼提供了较好的政策和制度环境，为 NPE 诉讼游离于权利滥用与正当维权的“灰色地带”提供了滋生土壤。

（三）目的动机评价：牟取私利 VS 损害救济

NPE 诉讼动机在于利用聚合专利的优势发起诉讼，以获取可观的专利损害赔偿金。如相关数据统计显示，“1997—2016 年间，NPEs 在专利诉讼中获得的损害赔偿金额的中位数为 1147 万美元，

---

① 郭星华、郑日强：《励讼：当代中国诉讼文化的变迁》，载《广西民族大学学报（哲学社会科学版）》2015 年第 4 期，第 2 页。

② 张克群等：《专利诉讼与专利特征：以非专利实施实体为例》，载《情报杂志》2016 年第 8 期，第 84 页。

实体企业获得损害赔偿金额的中位数只有492万美元。NPEs在专利侵权诉讼中获得的损害赔偿金的中位数远高于实体企业”①。但在NPE仅要求停止侵权而非损害赔偿的情形下，亦不能自证NPE诉讼具有当然合理性和合法性。专利权人的利益目标往往具有多元性特征，权利人既要考虑纠纷中的损害赔偿数额，又要对未来知识产品的商业市场和利益的垄断予以考量。② 有学者认为，“专利侵权诉讼被当事人更多用于谋取利益，而非寻求正义，侵权与损害赔偿之间的单一关系被打破，权利人不再以获得一定数额的赔偿为唯一目标，以诉讼作为市场竞争的手段也是其目的所在”。③ 诚然，专利权遭受侵犯时，专利权人请求法院判决被诉侵权人停止侵权是最为常见、最为有效、最为直接的专利侵权救济方式之一。较之损害赔偿，停止侵权可能对被诉侵权人而言具有更大的威慑力和杀伤力。

对于停止侵权与损害赔偿之间的关系，有学者认为，“排除侵害，因直接打击侵害，手段比较激烈；损害赔偿，系间接迂回之救济，手段比较温和。”④ 对于涉嫌专利侵权的制造、销售或使用等行为，往往意味着被控侵权人已在前期进行了各方面的投入，或投入了一定的资金，或者生产已具有一定规模，或市场布局逐渐完善等，此时，一旦判定停止侵权，被控侵权人尤其是标准实施者可能会造成比金钱赔偿更为严重的负担。⑤ 可见，停止侵权可造成被诉侵权人在未来任何时间都不能从事与涉案专利相关的生产、制造、

① 闫坤等：《中美欧NPE诉讼趋势研究》，载《信息通信技术与政策》2018年第10期，第36页。

② 刘友华：《我国知识产权纠纷诉讼解决的现状及评析》，载《知识产权》2010年第1期，第54页。

③ 张剑文：《从思科诉华为案论知识产权之诉讼价值》，载《国家检察官学院学报》2003年第6期，第17页。

④ 曾世雄：《损害赔偿法原理》，中国政法大学出版社2001年版，第5页。

⑤ 康添雄：《专利侵权不停止的司法可能及其实现》，载《知识产权》2012年第2期，第14页。

销售活动，也可能导致企业关闭整条生产线，造成被控侵权人前期的资金、生产等投入付之一炬。

正因如此，一些专利权人正是利用专利诉讼周期长、程序复杂、诉讼成本高等特点，并非基于解决专利侵权问题而提起诉讼，而是以诉讼或禁令相威胁，或通过程序的空转以拖延诉讼，或通过禁令的威胁迫其就范，使被控侵权人在“卷入诉讼、拖入诉累、禁令劫持”与“交纳高额的许可费或赔偿金”之间作出选择，被控侵权人为避免陷入诉讼泥沼、影响正常经营活动，往往会选择与专利权人达成妥协，或退出特定市场，或即使 NPE 漫天要价，也不得不忍痛签订城下之盟，支付高昂的专利许可费。据相关统计，在美国，NPE 与被告庭外和解的比例超过 90%。① 与此同时，美国专利侵权纠纷案件大多以和解收场，只有 10%左右案件会真正进入到司法诉讼阶段。② 对 NPE 而言，其诉讼究竟是损害救济抑或是另有所图，对考量其行为正当性具有一定影响。

NPE 诉讼的主要动机在于获得高额专利许可费或索要巨额侵权赔偿，故胜诉率的高低对其利益产生重要影响。胜诉率的高低取决于案件本身的证据和事实，以“事实为根据，以法律为准绳”是法院审理案件的基本要求，单纯谈胜诉率并未太多实际意义。但在一定时空范围内，了解法院对同类案件的胜诉率，有助于把握法院对特定类型案件的司法规制态度。如人们往往以行政诉讼案件的胜诉率作为衡量国家法治水平的重要参考指标。就 NPE 诉讼而言，胜诉率的高低对 NPE 诉讼策略的选择具有重要的影响。譬如美国德克萨斯州地区法院涉及专利诉讼案件的胜诉率较高且其偏向于遵循先例原则，故对“专利蟑螂”较为有利，许多“专利蟑螂”之前曾选择在美国德克萨斯州地区法院提起侵权之诉。

---

① 俞飞：《中企“海外专利被侵权危机”》，载《中国经营报》2014 年 6 月 30 日第 12 版。

② John R. Allison, Mark A. Lemley and Joshua Walker. Patent Quality and Settlement Among Repeat Patent Litigants, Social Science Research Network Electronic Journal, 2010, 99 (3): 677, 708.

当前，我国专利诉讼案件的胜诉率并不高。如有学者通过对《最高人民法院公报（1985—2014）》所编选的案例数据加以分析后得出，专利诉讼案的原告（通常为专利权人）的胜诉率只有39%，而败诉的比率高达46%。① 与此同时，在专利侵权诉讼中，法院判决的专利侵权赔偿数额亦较低，在我国发生 NPE 大规模诉讼的土壤似乎并不存在。但也应看到，随着专利保护意识的逐步增强以及国家对知识产权的日益重视，专利侵权赔偿数额低、胜诉率低的情况得到较大改善。有学者认为，在相对较高的原告胜诉率，相对较低的诉讼成本等因素影响下，NPE 在中国的活动可能会进一步活跃②。我国可能存在的本土“专利蟑螂”所发起的诉讼主要集中在传统制造行业，具有多次发起、低赔偿额、低诉讼摩擦性、高胜诉比率等基本特征③。

（四）创新效果评价：抑制创新 VS 价值实现

近年来，我国逐渐进入了专利侵权诉讼的高发期，专利侵权诉讼案件逐年递增，这从某方面反映了我国知识产权保护意识的增强。但物极必反，有学者认为，“诉讼动力过度”与“诉讼动力不足”具有同质性，都会阻碍最优诉讼效益的实现，过度诉讼会导致社会诉讼成本的浪费。④ 当前，学理上对 NPE 的认识尚存歧见。持消极态度的观点认为，NPE 对创新基本有任何贡献，其提起的诉讼已经对整个专利企业的发展造成了巨大威胁，⑤ 且给社会强加

① 金海军：《我国知识产权经典案例统计分析——以〈最高人民法院公报〉（1985—2014）为据》，载《知识产权》2015 年第 6 期，第 37 页。

② 漆苏：《非专利实施主体研究》，载《知识产权》2019 年第 6 期，第 50 页。

③ 毛昊等：《策略性专利诉讼模式：基于非专利实施体多次诉讼的研究》，载《中国工业经济》2017 年第 2 期，第 136 页。

④ 熊丙万、周院生：《诉讼效益的经济分析框架——以当事人诉讼动力的调节机制为中心》，载《制度经济学研究》2015 年第 1 期，第 207 页。

⑤ Robert P. Merges, The Trouble withTrolls: Innovation, Rent-Seeking, and Patent Law Reform, 24 BERKELEY TECH. L. J, 2009: 1587-1588.

了巨大的成本。① 如一些 NPE 肆无忌惮的滥诉，借助诉讼营利，使相关产业深陷诉讼泥沼，对激励创新机制造成了严重扭曲。如在智能制造业日益成为各国或地区战略性产业的背景下，“NPE” 将目光瞄准了智能制造业，智能制造业由此也成为专利侵权诉讼的“重灾区”，这对技术密集型的智能制造业创新发展造成了严重影响。此外，NPE 利用较之专利权人所具有的资金优势与信息优势，在专利收购中可能将专利转让价格压的较低，同时又以高额赔偿加大实施专利的成本，从而使得创新发明者得不到应有的回报之余，又间接地提高了公众从专利技术中获益的成本，扭曲了专利制度“给天才之火添加利益之薪” 的激励功能。持积极态度的观点认为，NPE 充当着市场中介，在为市场提供流动性、市场出清及提高专利市场的运作效率等方面发挥着重要作用，NPE 只是专利市场自然演化过程中的一个阶段而已。② 尤其是为单个发明者实施其专利提供了一个良好的机会，因为 NPEs 具有资金、资源上的优势，有效克服了单个发明者基于诉讼成本的考量，而不愿轻易发动诉讼的弊端。③

“草蛇灰线，伏脉千里”，基于聚合状态、权利行使、目的动机、创新效果的视角来对 NPE 诉讼加以分析后，不难发现，NPE 及其诉讼具有正面效应和负面效应的双重属性，这使得在 NPE 诉讼规制中，应根据具体案情综合把握各方因素，作出审慎处理决定。

二、NPE 诉讼的行政规制尺度与边界

NPE 与 NPE 诉讼作为一个问题的两个方面，具有前后因果联系。一般而言，一些 NPE 通过诉讼敲诈其他企业的模式可简述为：

① James E. Bessen & Michael J. Meurer. The Direct Costs from NPE Disputes. CORNELL L. REV. 2014, 99: 387, 421.

② J F. Mc Donough. The Myth of the Patent Troll: An Alternative View of the Function of Patent Dealers in an Idea Economy, EMORY L. J, 2006, 56: 190.

③ Michael Risch. Patent Troll Myths, SETON HALL L, REV. 2012, 42: 494-498.

“在以收购等方式囤积专利后，对目标侵权者提起专利侵权诉讼，尔后再与侵权者进行谈判，协商和解或赔偿”。① NPE诉讼行政规制集源头规制和事后规制于一体，既关注专利权的转让与许可，又对NPE诉讼中所产生的竞争法问题予以适当行政介入。

（一）NPE聚合方式的限制

专利聚合是NPE形成的前提条件。在我国不断探索全国专利展示交易中心、高校专利技术转移中心、专利经营公司等多层次的专利转移模式下，须对国外企业收购我国专利的行为保持警惕和关注。专利法虽然属于私法，但交织着实体法与程序法、公法与私法、行政管理与司法救济等因素，从专利申请至授权以及授权后的转让、许可等阶段，相应的专利行政管理渗入其中，所以，通过行政介入可对NPE的聚合加以必要的管控。有学者建议需尽快规范国内高校与外国专利经营公司之间的转让、许可等交易行为，着力完善重大技术、知识产权对外许可的审查和登记制度。② 也有学者认为我国《对外贸易法》《技术进出口管理条例》对重大科技技术的境外转让的规定比较原则，缺乏实际操作性，需要进一步建立重大技术、知识产权向境外出口、转让的审查机制。③ 如针对专利密集型战略性新兴产业，要加强对涉及国外专利经营公司商业行为的合同备案登记和反垄断审查，谨慎评估同条款可能带来的不利影响。④ 当前我国对专利转让的管理较为严格，依据《专利法》第10条之规定，涉外专利转让除了履行有关法律、行政法规的规定的手续外，还须就专利转让许可合同进行登记，专利权或专利权申

---

① 周逸：《专利蟑螂程序性规制的美国样本与中国路径》，载《广西政法管理干部学院学报》2015年第5期，第104~105页。

② 袁晓东，孟奇勋：《专利集中战略：一种新的战略类型》，载《中国科技论坛》2011年第3期，第93页。

③ 刘彬、粟源：《Intellectual Ventures是机会还是威胁——关于“高智发明”现象引发的思考》，载《中国科技产业》2009年第5期，第60页。

④ 姜伟、赵露泽：《专利海盗现象引发的思考》，载《知识产权》2012年第9期，第71页。

请权的转让自登记之日起生效。此外，属于限制出口技术的转让，在进行涉外专利转让合同谈判和登记之前，还应办理技术出口审批手续。而从我国《专利法》关于专利实施许可的规定来看，并没有要求专利实施许可合同需要进行备案，只是根据我国《专利法实施细则》及《专利实施许可合同备案办法》的有关规定，在专利实施许可合同生效之日起3个月内，应就专利实施许可合同办理备案手续，但备案与否不影响合同的效力。

总体观之，我国对涉外专利转让设置了较为严格的条件，但对涉外专利实施许可的管控力度明显不足。对此，国家知识产权局与商务部可联合制定涉及专利技术交易的规范性文件，对专利的转让以及专利实施许可合同的备案或登记等问题进行明确规定，探索性建立涉外发明专利独占实施许可登记审查制度，防止国外NPE利用我国专利市场的不完善，以收购等方式获得专利权或专利独占实施权，进行相应的专利布局，为之后发动NPE诉讼“开山铺路”，进而对我国企业的未来发展埋下隐患。

（二）涉及标准必要专利的NPE经营者集中审查

NPE所拥有的专利不排除含有标准必要专利。在涉及标准必要专利的NPE经营者集中时，反垄断执法机构可能在批准经营者集中的同时，对并购方寻求标准必要专利禁令附加行为条件、结构条件、综合条件等限制。涉及标准必要专利的经营者集中审查更多类似于将事后控制的市场支配地位滥用行为前移至事前予以审查。在涉及标准必要专利经营者集中时，行为性救济一般优先于结构性救济，标准必要专利持有人应受到FRAND承诺约束而不得滥用禁令救济。在“微软收购诺基亚设备和服务业务案”“诺基亚收购阿尔卡特朗讯股权案”中，考虑到该收购方案可能对我国智能手机市场产生限制或排除竞争的影响，商务部在对该收购方案所作出的经营者集中反垄断审查决定中，对该收购方案附加了限制性条件。也即微软、诺基亚等相关标准必要专利权人须在遵守FRAND承诺且不得对我国智能手机行业寻求禁令或排除令的前提下，方能实施收购。譬如在“微软收购诺基亚设备和服务业务案”中，对于微软在智能手机中实施的、为行业标准所必要的且作出 FRAND 承诺的标准必要专利，在集中完成后仍受 FRAND 原则所约束；诺基亚方面，商务部除了要求其继续遵循 FRAND 原则外，还对许可费问题进行了规定。

反垄断执法机构对经营者集中反垄断审查决定主要包括“无条件批准集中、附条件批准或者禁止集中”等几种情形，换言之，其限制性条件类型主要包括结构性条件、行为性条件、综合性条件。若涉及标准必要专利的经营者集中可能引起反竞争效果，对竞争造成严重危害时，反垄断执法机构可决定禁止集中。但是，在要求经营者履行某些义务后便可消除反竞争效果的情形下，反垄断执法机构也可在附加限制性条件的条件下批准集中，而非直接禁止。如通过附加限制性条件，要求合并后的标准必要专利持有人在寻求禁令救济时需满足规定的条件，不得随意寻求禁令。

（三）涉及标准必要专利的 NPE 禁令救济的反垄断执法

鉴于标准必要专利具有较大的市场影响力，NPE 亦会青睐标准必要专利的运营，此时，标准必要专利权人与 NPE 同为一体。如有学者指出，“智能终端企业巨头和非专利实施实体主体是发起标准必要专利诉讼的两股重要的力量”①。基于逐利动机，当 NPE 与标准实施者未能就专利许可达成协议时，可能会寻求禁令救济。然而，标准必要专利禁令滥用主要遵循“标准必要专利权人违背 FRAND 承诺→申请禁令→专利拒绝许可效果→专利劫持（市场支配地位滥用）”的行为逻辑，在标准必要专利权人具有市场支配地位的情形下，申请禁令的行为可能构成市场支配地位的滥用。有学者认为，“正常情况下，专利在纳入技术标准的同时，标准必要专利权人即丧失拒绝许可的权利”。② 但标准必要专利权人是否可

① 郭刚等：《标准必要专利的认定原则和诉讼应对策略》，载《中国电信业》2016 年第 9 期，第 28 页。

② 李丹：《滥用标准必要专利的反垄断法规制》，载《价格理论与实践》2015 年第 10 期，第 30 页。

以寻求禁令应结合具体个案加以判断，拥有标准必要专利并不意味着权利人拥有市场支配地位，也不意味着排除其寻求禁令的可能。由此可见，借助标准必要专利诉讼的相关规则，可对 NPE 诉讼形成必要的牵制。竞争执法机关虽然不因经营者拥有标准必要专利而推定其具有市场支配地位，但对主体涉及 NPE 的标准必要专利禁令救济，竞争执法须对其保持必要的警惕，并将其纳入是否构成垄断行为的重要考量因素。

三、NPE 诉讼的司法规制态度及路径探索

在 NPE 诉讼中，专利侵权赔偿数额、损害赔偿与停止侵权的替代适用、诉讼费用的转移等是重要的司法规制工具，其具体适用能较大程度反映着法院对 NPE 诉讼的司法规制态度。

（一）确立合理的赔偿数额

针对专利侵权损害赔偿，我国专利法主要规定了“侵权人因侵权所获利益、被侵权人因侵权而受到的损失、许可费合理倍数、法定赔偿”四种计算方式。由于对侵权获利的举证能力要求较高，加之对一些诸如并无专利产品制造和销售的许诺销售行为，其侵权获利较难确定，所以“侵权获利”的赔偿计算方式在 NPE 诉讼领域的使用并不具有可操作性；由于权利人自身并不实施其专利，“被侵权人因侵权而受到损失”亦可能无法计算，故该种计算方式在 NPE 诉讼领域的适用余地亦受到较大限制；又由于法定赔偿数额较低，对追求高额利润的 NPE 而言，该种计算方式显然是其无法接受的。而许可费合理倍数这一计算方式具有较大弹性，在 NPE 诉讼领域，学理上对其讨论较多。对于法院而言，即使在认定构成专利侵权的情形下，亦应综合考虑双方市场竞争情况、以往诉讼记录、历史许可记录、专利实施情况、专利市场价值等多方因素，来确立 NPE 诉讼合理的赔偿数额，防止出现矫枉过正的情形。诚如有学者所言，“应建立专利许可费合理的价格形成机制，约束 NPE 获取超值不当利益空间，司法逐步探索将市场价值作为专利

赔偿数额计算的参考，使赔偿数额与专利权市场价值相适应”①。与此同时，在涉及标准必要专利的NPE诉讼中，亦涉及标准必要专利FRAND许可费的问题。鉴于FRAND原则的模糊性，在确定合适的FRAND许可费率时，除了考虑上述一般专利许可费所含因素之外，还应就专利类型、许可条件、议价能力、专利之间的关联性、许可对象、所处地域、专利权利状态、标准实施者的利润、专利技术对标准的贡献等因素加以综合考虑。

（二）损害赔偿与停止侵权的替代适用

1. 专利侵权成立与停止侵害之间的关系

与大陆法系有关国家将侵权责任等同于损害赔偿责任不同，我国法律语境下的侵权责任除了损害赔偿责任外，还将大陆法系相关国家中基于物权请求权、人格权请求权或知识产权请求权所产生的民事责任也纳入到侵权责任体系中来。② 从专利侵权责任承担方式来看，专利侵权成立与停止侵害之间并不存在必然的因果关系。如果一旦认定专利侵权成立，便将停止侵害作为侵权责任的默认选择，将可能导致权利的过度扩张。在知识产权领域，受物权请求权理论影响，知识产权请求权理论日渐兴起，并逐渐被实务界和理论界所认同。然而，由于知识产权的特殊性，能够适用于知识产权请求权的只有停止侵害请求权。③ 将停止请求权视为物权请求权，意味着权利受到侵害时，权利人主张停止侵害理所当然，即“停止侵害当然论”。具体到司法实践中，法院在认定构成专利侵权的情形下，一般都会判令停止侵害，并在此基础上判决损害赔偿等。有学者认为，将知识产权请求权视为准物权请求权的情形下，很容易

---

① 姚兵兵：《浅谈NPE的利弊与诉讼风险防范》，载《中国发明与专利》2017年第12期，第92页。

② 龚赛红：《关于侵权责任形式的解读——兼论绝对权请求权的立法模式》，载《法学杂志》2010年第4期，第44页。

③ 吴汉东：《知识产权法基本问题研究》，法律出版社2005年版，第59页。

将停止侵害请求权作为知识产权的权能来看待，从而引起停止侵害请求权的过度行使。① 譬如知识产权请求权适用无过错责任，使得权利人停止侵害请求权较易获得法院支持。

2. 停止侵害与损害赔偿的替代适用

我国关于民事责任的承担方式既可单独适用或者也可合并适用。法院选择财产规则（禁令）抑或责任规则（损害赔偿）来解决侵权纠纷，还是二者同时采用，将对权利人和资源使用方产生不同的成本影响。② 基于法律传统影响，我国在停止侵害责任与其他侵权责任的适用方面，没有形成一定的位阶排序，即没有很好地考虑损害赔偿与停止侵害两种责任在适用上的递进关系。有学者认为“物上请求权”与侵权赔偿请求权是知识产权权利人寻求法律保护的两种不同救济手段，权利人既可选择其一，也可两种请求权并用。③ 虽然有学者认为，“对停止侵权责任承担的限制并不能使 NPE 因此有所收敛，因为不承担停止侵权责任的同时还应给予专利权人一定的经济补偿，而金钱上的收益则恰好是 NPE 的最终目标”④。NPE 进行专利诉讼的动机虽然在于获得可观的专利侵权损害赔偿，但鉴于停止侵权较之损害赔偿可能具有更大的杀伤力，如果当然适用停止侵权，将极大提高 NPE 在专利许可筹码，诱发 NPE 通过开展大规模诉讼攫取不当利益的动机。

纵观域外在规制专利滥诉方面的具体实践，无论是美国在 eBay 案中所重申的“四因素检验标准”⑤、德国在“橘皮书”案中

① 李扬、许清：《知识产权人停止侵害请求权的限制》，载《法学家》2012 年第 6 期，第 76 页。

② 陈武：《权利不确定性与知识产权停止侵害请求权之限制》，载《中外法学》2011 年第 2 期，第 368 页。

③ 吴汉东：《试论知识产权的“物上请求权”与侵权赔偿请求权——兼论〈知识产权协议〉第 45 条规定之实质精神》，载《法商研究》2001 年第 5 期，第 10 页。

④ 丁碧波：《国际化背景下专利主张实体诉讼行为的规制》，载《电子知识产权》2019 年第 5 期，第 95 页。

⑤ e Bay, Inc. v. Mere Exchange, L. L. C, 126 S. Ct. 1837, 1841 (2006).

所确立的“反垄断抗辩原则”①，还是英美法系国家所确立的“权利懈怠抗辩制度”及“禁止反悔原则”②、大陆法系国家和地区所确定的“权利失效原则”③，都可以看出相关国家或地区对专利权人的损害赔偿、停止侵权（禁令）等救济手段所做的合理限制。在通过损害赔偿能够弥补权利人损失的情形下，并不会必然给予权利人以停止侵害（禁令）救济。《最高人民法院关于当前经济形势下知识产权审判服务大局若干问题的意见》曾明确指出，“如果停止有关行为会造成当事人之间的重大利益失衡，或者有悖社会公共利益，或者实际上无法执行，可以根据案件具体情况进行利益衡量，不判决停止行为，采取更充分的赔偿或者经济补偿等替代性措施了断纠纷。”可见，如果一味固守“停止侵权当然论”，将会强化专利滥诉行为发生的内在动因，也易造成当事人利益间的失衡。

综合观之，涉 NPE 诉讼中，在法院认定构成专利侵权时，其一，法院应审慎判决损害赔偿额。在确定专利侵权赔偿额时适当考虑专利收购额时，若原告自身没有相关专利产品且不具有实施专利的条件下，损害赔偿可在法定赔偿范围内就低确定，且不判决停止侵权。其二，专利实施可通过专利强制许可进行。有学者认为，可在专利侵权案件中，应允许法院颁布专利实施强制许可令，侵权人可以在支付赔偿金后向国家知识产权局申请强制许可令，专利实施强制许可费则可以参照赔偿金执行。④ 但由法院直接颁布专利实施强制许可令，有司法权干预行政权之嫌。可行的办法是，在专利侵

---

① German Federal Supreme Court, 6 May 2009, KZR 39/06- “Orange-Book-Standard”.

② A. C. Aukerman Co. v. R. L. Chaides Construction Co. 960 F. 2d 1020 (Fed. Cir. 1992).

③ 参见［德］迪特尔·施瓦布：《民法导论》，郑冲译，法律出版社 2006 年版，第 183 页；王洪平：《论权利失效规则及其法典化》，载《法学论坛》2015 年第 2 期。

④ 鲁灿、詹锐：《从 eBay 案看美国专利保护趋势兼论我国专利“停止侵权”责任方式》，载《电子知识产权》2006 年第 9 期，第 52 页。

权判决中，法院在要求被控侵权人向专利权支付一定赔偿金的同时，可以不判令停止侵权，但建议被控侵权人向相关行政机关申请强制许可。至于双方是通过谈判方式解决，还是通过强制许可方式、另行起诉方式，交由当事人依据实际情况自行选择。其三，在有充分证据表明权利人发动的NPE诉讼涉嫌滥诉时，应当允许被控侵权人提出反诉，若构成垄断行为时，还可建议并将案件移送至竞争执法机关加以处理。

（三）诉讼费用的转移

诉讼费用负担主要指诉讼终结时，已预交或支出的诉讼费用最终应由谁负担及如何负担。① 我国对诉讼费用的分担原则上由败诉方负担，但由于一方当事人不当诉讼行为而产生的支出费用则由该当事人负担。有学者认为，一审案件诉讼费用的负担方式主要包括败诉人负担、按比例负担、法院决定负担、原告负担、协商负担、当事人自行负担等。② 实践中，NPE诉讼案件中，即使法院判决被控侵权人不构成侵权，但其基于调查取证、聘请律师等产生的成本并不能给予有效赔偿。故针对NPE诉讼案件，应扩大诉讼费用负担转移的范围。胜诉方律师费由败诉方承担。早在2013年，美国国会议员彼得·德法西奥等就提出了《"盾牌"法案》（"SHIELD" Act），根据该法案，NPE在败诉时，要承担被告的诉讼费用，但该法案涉及修改专利制度中的诸多棘手问题，最终搁浅。③ 虽然较之其他国家的诉讼费用，我国诉讼费用并不高，如美国专利诉讼是按阶段收费，平均案件的律师费用为100万~150万美元；德国进

---

① 廖永安：《诉讼费用研究——以当事人诉权保护为分析视角》，中国政法大学出版社2006年版，第274页。

② 廖永安、王春：《论我国民事诉讼费用负担的立法缺陷与完善》，载《湘潭大学社会科学学报》2003年第3期，第63页。

③ "Shield Act can rein in patent trolls" [EB/OL]. [2016-12-25]. http://www.sfgate.com/opinion/editorials/article/Shield-Act-can-rein-in-patent-trolls-4340366.php.

入一审的律师费加官费，平均要花上 20 万欧元①。但总的来说，诉讼费用在一定程度上可约束 NPE 诉讼。

我国现有制度对诉讼费用主要由案件受理费、其他诉讼费用构成，诉讼费用负担的转移主要局限于案件受理费、因一方当事人的不当诉讼而产生的支出费用、部分合理的律师费等，而对于鉴定、翻译、勘验等费用则采取“谁主张、谁负担”的原则，对此所产生的费用不在诉讼费用负担转移的范围之内。由于专利纠纷案件具有较强的技术性特征，取证费、律师费往往在整个诉讼费用中占有较大的比重，所以，为更加有效的规制专利滥诉行为，应将诉讼费用负担转移的范围扩展至案件受理费、其他诉讼费用、律师费以及鉴定 、翻译、勘验等费用。通过增加诉讼成本，将 NPE 诉讼案件控制在合理水平。

四、结语——任其自然与矫枉过正之间：产业政策与竞争政策的平衡

基于聚合状态、权利行使、目的动机、创新效果等多层面评价，NPE 作为市场发展到一定阶段的产物，利弊互见，不宜径直对 NPE 及其诉讼作出正面或负面的判断。从某种意义上来看，对 NPE 及其诉讼的规制程度内蕴着产业政策与竞争政策、促进创新与维护竞争等利益考量。若侧重于产业政策，将着力于以规模化的 NPE 提升专利实施、运营水平，进而对 NPE 及其诉讼保持较为宽容的态度；若偏重竞争政策，将关注于 NPE 及其诉讼对技术创新、市场竞争所带来的影响，对 NPE 尤其含有标志必要专利的 NPE 所发起的诉讼或禁令救济保持较为严厉的态度。美国、欧洲等知识产权保护比较发达的国家和地区，对 NPE 的滥诉行为的态度从克制

① “中兴通讯：NPE 专利战场将从欧美转向中国”，http：//cn.naipo.com/portals/11/web_cn/knowledge_center/industry_economy/ipnd_170616_0704.htm，2020 年 11 月 2 日访问。

容忍转变为积极规制。① 于我国而言，一方面，不能以我国目前尚未发生大规模的NPE及其诉讼行为，而对NPE及其诉讼置之不理、任其蔓延，而应时刻关注NPE及其诉讼发展动态，并提前做好制度防范。另一方面，亦不能惶恐于NPE及其诉讼所带来的负面效应，因噎废食、矫枉过正，从源头上“一刀切”式杜绝NPE所有运营方式或对NPE诉讼采取严厉的规制措施。

① 王旭玲：《对“专利蟑螂“滥诉行为法律规制的正当性分析》，载《兰州大学学报（社会科学版）》2015年第5期，第101页。

后　记

倏忽一瞬，咄嗟之间，本书是在博士论文的基础上完善而来，于学习、科研、生活而言，既有求学求知的艰辛，又有咀嚼真谛的充实；既有苦思冥想不得果的惆怅，又有奋笔疾书成百行的酣畅；既有“不知明镜里，何处得秋霜”的无奈，又有“积迷如望洋，顿悟不违咫”的豁然。“取珞珈之松为笔，蘸东湖之水为墨”，值博士论文完成之际，岁月不逮，我也三十有七，青丝中也增添了些许白发，好在高大的身材依然挺拔、青春的激情依然昂扬，藉此，想表达三层意思。

一

师恩难报。感谢我的博士导师宁立志教授，恩师学识渊博、治学严谨、温文尔雅、为人谦和、奖掖后学、提携晚进、爱生如子。因自己硕士毕业后，曾工作数载，在学术思维、语言表达等方面，尚有诸多不适应，老师只要得空便通过面谈、邮件、电话等方式就论文的观点、写作的方法等与我交流，精心批注我所提交的稚嫩论文，至今我仍保存着老师所批注的密密麻麻文稿，正是老师的不断辛勤付出，使我在知识产权与竞争法交叉领域的研究实现了由“鸭子戏水”向“鸬鹚捕鱼”的转变，沉下心来搞科研。在博士论文写作及后期书稿完善过程中，老师悉心指导、耐心点拨、热忱鼓励，倾注了大量的心血。每逢有与我研究方向相关的学术会议、座谈会、研讨会，老师都会带我去参加，让我去增长见识、开拓视野。平时只要有机会，还会与我一起交心谈心，谈人生哲学、谈理想抱负，沃我心灵、开我盲聩，关爱之情溢于言表。除了在学业上对我耳提面命、谆谆教诲外，在生活上对我更是关爱有加。依然记得，有一次偶染风寒，老师虽出差在外，但在得知我生病后第一时间电话，嘘寒问暖，并叮嘱我不要熬夜，养成良好生活习惯。每周只要时间允许，老师都会带我们一起去锻炼身体，看我每次运动后直接喝冷水，怕是对胃不好，老师特意给我准备保温杯，让我每次带上热水喝，此情此景，如在目前。常言道，“一日为师，终身为父”。师恩念兹在兹，无日或忘。“名师出高徒”，想我天资愚钝，没少辜负恩师的教诲和期望，每念及此，心生愧疚。老师之学识、之厚德，虽不能至，然心向往之。

感谢我的硕士导师华中农业大学文法学院刘旭霞教授，老师文思敏捷、孜孜不倦、温婉淡雅，是我终身学习的楷模。从硕士研究生阶段至今，一直关心我的成长，在学习、生活中给予我慈母般的关怀和爱护，您对我的循循善诱、谆谆教导，终生难忘、历久弥新。感谢和蔼可亲的秦天宝教授，堂庑阔大、崇雅黜浮、钩隐抉微，您的学识、见地令我由衷敬佩。在博士学习阶段能亲耳聆听您的教诲，实乃幸事。感谢温润如玉的聂建强教授，您的每次教诲，纵横捭阖、崇论宏议、醍醐灌顶，至今仍余音绕梁，您的国际化学术视野和独特的人格魅力令我折服。感谢博闻强识的刘学在教授、冯洁菡教授等对我学术和生活的关心、鼓励以及对我博士论文的精心指导。感谢学养深厚的中南财经政法大学胡开忠教授、华中科技大学郑友德教授、华中师范大学刘华教授在博士论文开题、预答辩等阶段对我博士论文的修改和完善所提出的宝贵建议。你们默默付出、无私奉献，激励着我不断成长、不断进步。

感谢武汉大学，感谢武汉大学法学院，期待母校在建设“双一流”大学上凯歌高奏！期待母校更加辉煌！

二

友情难舍。踽踽独行，走的很快；结伴而行，走得更远。在武汉大学学习的三年中，感谢我的师兄李强、王华、周围、王德夫、王博、于连超、徐升权、李晓鸿、王少南、宋攀峰、余飞峰、李明、刘闻、凌洪斌、聂淼以及师姐袁正英、张迎春、李国庆、曾青未、刘庆等在学习和生活中对我提供的帮助和支持；感谢师弟陈俊华、胡常峰、傅显扬、闵仕君、李京普、肖翰、马亚伟、郭壬癸以及师妹戴秋燕、董维、杨妮娜、贾丽娜、宋雅馨、吴雨虹、冯予希等在论文写作和校正过程中所提出的建议；感谢同窗王厚伟、芦加人、张绕新、焦海洋、肖江涛、顾德瑞、明平、汪文渊、钟瑛嫦、毛景、魏晓欣等三年间的陪伴和鼓励；感谢师妹朱梦云在担任答辩秘书期间的辛苦付出和细心工作。感谢好朋友段新安律师、殷俊律师等在我本书写作过程中，在法律实务方面给予我受益匪浅的学习。俗话讲，“涉浅水者得鱼虾，涉深水者缚蛟龙”。科研之路是一条艰辛探索之路，焚膏继晷、朝乾夕惕，博士求学需要耐得住寂寞和孤独。正是有你们的支持和陪伴，才使我能顺利完成学业，谢谢你们让我遇见了最美的花开。友谊是美酒，越陈越香。请君试问东流水，别意与之谁短长？

感谢我先前的工作单位随州市委党校、随州市委组织部及各位领导、同事们对我一如既往的关心和支持。感谢随州市委党校常务副校长詹家安在工作及我博士求学期间对我如沐春风般的关爱和鼓励，您平易近人、才贯二酉、豁达大度，对我的教诲和抬爱，无比感激。“人生没有不散的宴席”，不惧人今千里、梦沉书远，因为心是永远的琴弦。

三

情深难忘。感谢家人默默支持我的学业，感谢父母的养育之恩，生我劬劳、鹑居鷇饮，无以为报。感谢内助夏小琼对我的理解和支持，她温婉贤淑、蕙质兰心、知书明理，在我学习及工作期间，承担着工作、家务、育儿等责任，为我顺利完成本书提供了良好的环境。儿子胡承卓聪慧开朗，女儿胡悦希牙牙学语、乖巧可爱，以你们为傲，你们给予我前进的勇气和动力！

最后，感谢我的所在工作单位华东交通大学及人文学院，感谢学校和单位领导在本书写作过程中所给予的各种支持和帮助！

“往者不可谏，来者犹可追。”书不尽言，言不尽意，“山水一程，三生有幸”，感恩之情，虽无法一一历数，但大爱无言，惟将老师、同学、朋友、亲人们的关心、关爱化作力量，遂行理想所愿！“行百里者半九十”，未来的路还很漫长，定不负时光，以梦为马，奔向诗和远方。

山水依然，初心依然。期待下一个樱花灿烂时！

胡小伟

辛丑年孟春于南昌·孔目湖畔